JN050937

特別支援教育・インクルーシブ教育のかたち

吉利 宗久・千賀 愛　共編著

培風館

執筆者一覧

（2023 年 3 月現在）

1 章　千賀 愛　　　　北海道教育大学札幌校

2 章　吉利 宗久　　　岡山大学学術研究院教育学域

3 章　新井 英靖　　　茨城大学教育学部

4 章　仲矢 明孝　　　岡山大学学術研究院教育学域

5 章　宮﨑 善郎　　　岡山大学学術研究院教育学域

6 章　井坂 行男　　　大阪教育大学教育学部

7 章　山口 真希　　　花園大学社会福祉学部

8 章　檜皮 修　　　　滋賀県立草津養護学校

9 章　平賀 健太郎　　大阪教育大学教育学部

10 章　高木 潤野　　　長野大学社会福祉学部

11 章　津島 靖子　　　就実大学教育学部

12 章　片岡 美華　　　鹿児島大学法文教育学域教育学系

13 章　村上 理絵　　　広島大学大学院人間社会科学研究科

14 章　高橋 彩　　　　新見公立大学健康科学部

15 章　大沼 直樹　　　日本大学教育学会顧問

16 章　是永 かな子　　高知大学教育研究部人文社会科学系教育学部門

17 章　吉利 宗久　　　岡山大学学術研究院教育学域

18 章　渡辺 実　　　　花園大学社会福祉学部

19 章　石橋 由紀子　　兵庫教育大学大学院学校教育研究科

20 章　中川 宣子　　　京都教育大学附属特別支援学校

まえがき

　本書は，特別支援教育の本格実施を目前に編まれた『特別支援教育の理論と方法』（2005年刊行）の後継書である。当時は，特殊教育から特別支援教育への転換期にあり，新たな学校教育システムの構想が具現化される過程にあった。そうした時代を画期する教育改革の動向をふまえ，若い世代の研究者・実践者を中心とする執筆者が集い，自らの問いを追求しつつ，初学者の目線やニーズに近い立場から理解を促進しようとした。その内容は，『特別支援教育の基礎と動向─新しい障害児教育のかたち』（2007年刊行）とその改訂版，さらには『新しい特別支援教育のかたち─インクルーシブ教育の実現に向けて』（2016年刊行）に引き継がれながら，執筆者らによる継続的な研究活動や教育実践の成果によって補強されてきた。特に，それぞれの企画において，各分野をリードする研究者・実践者の方々に随時ご執筆をいただく機会に恵まれ，読者の理解深化に寄与する有用な情報を盛り込むことができた。

　その間にも，特別支援教育の展開には大きな変化がみられた。とりわけ，2006年の国連「障害者権利条約」の採択は，国際的なインパクトを与えた。本条約は，障害に基づく差別の禁止はもちろんのこと，合理的配慮の提供を伴うインクルーシブ教育の実現を求めた。わが国も条約批准に向けた国内法の整備を図り，障害者基本法の改正や障害者差別解消法の制定などを経て，2014年に条約批准を実現した。これにより，条約の理念に基づく制度設計，教育実践，支援体制の再構築がいっそうのスピード感をもって進められている。国連による条約の対日審査（2022年）を経て，インクルーシブ教育の実現に向けた特別支援教育の枠組みが見直されるなか，改めてタイムリーな情報をわかりやすくかつ専門的にまとめたものが本書である。

　本書では，特別支援教育の実践と研究に必要な基礎理論，障害種別の指導法，現代的教育課題の柱を設定し，その基本的事項の確認と応用的視点の提供を意図している。まず，特別支援教育に関する歴史，法制度，合理的配慮，自立活動の要点をまとめた。こうした基礎理論の知識は，日常の教育実践の基盤を形

i

成する骨格ともなる。次に，特別支援教育の実践的な課題を各論的に取り上げた。教育的ニーズの種別に基づく指導法，実態把握，生理・病理といった教育実践に関連する基本的な情報を捉えることにより，個々の実践をより深く根拠づけて発展させることができる。日本語を母国語としない子供や貧困に直面している子供を含めた特別な教育的ニーズへの対応も含め，それらの理解は多様性を育む共生社会の実現のための必須条件でもあろう。加えて，特別支援教育・インクルーシブ教育の推進に派生する解決課題について取り上げた。刻々と変化する教育事情や動向を知り考えることは，スムーズで質の高い教育的対応を可能にするための手がかりを与えてくれるはずである。

　本書は，教員養成や福祉関係の分野で学ぶ学生，より専門的な知識を求める学校教員，特別な教育的ニーズのある子供とその家族など幅広い対象を想定している。その意味で，多様な立場の読者にとって，共通して理解しておくべき重要なトピックを意識し，相互に学びあう視点を導入している。しかしながら，編集にかかわって至らぬ点も多々残されているであろう。多くのご意見とご教示をいただくことができれば幸いである。

　最後になってしまったが，本書の出版の機会を与えて下さった培風館の皆様に心から感謝を申し上げたい。とりわけ，企画段階から丁寧な対応をいただき，細やかな編集作業を進めて下さった近藤妙子氏に心から感謝の意を表したい。編集の過程では，多くのご迷惑をおかけしたにもかかわらず，いつも寛大なご対応をいただいた。そして，当初の出版から十数年が経過するなかで，お力添えをいただいた多くの執筆者の皆様にお礼を述べなければならない。章の構成変更やボリュームの制約から，本書でのご執筆がかなわなかった先生方からも間接的なサポートや激励をいただいた。本書を手に取ってくださった皆様を含め，同じ関心・意欲をもつ仲間たちと特別支援教育の新しい「かたち」を創造していきたい。

　　　2023 年 3 月

　　　　　　　　　　　　　　　　　　執筆者代表　吉利　宗久

目　　次

Ⅱ部　指導法・心理

Ⅲ部　新しい教育課題

18章　共生社会を目指したインクルーシブ教育のための交流及び共同学習 ——— 173

1章　特別支援教育の歴史

　本章では，日本の幕末から明治・大正・昭和・平成にかけて展開された特殊教育から特別支援教育への変遷と変革の過程を学ぶ。第二次世界大戦前の時期は特殊教育の法整備が遅れていたが，障害のある子供の教育の担い手となった先駆者や初期の学校・民間施設が実践に取り組み，事例や実績を蓄積していった。戦後は学校教育法の制定により公教育における特殊教育の位置づけが明確になった。その一方で重度・重複障害の重症心身障害の子供の教育保障には長い年月を要し，1979年にようやく養護学校義務制が実現して就学が可能になった。その後は，ユネスコのサラマンカ声明(1994)や国連の**障害者権利条約**(2006)などの国際動向が日本の特殊教育・特別支援教育の政策に影響を与えてきた。時代と共に障害概念が変化し，2001年のICFの登場を契機として障害のマイナス面ではなく肯定的・積極的な側面に注目し，自己実現や社会参加に向けた支援のあり方が模索されている。

【キーワード】　就学猶予免除，養護学校義務制，特殊教育，障害概念

1-1　特別支援教育の歴史への問いかけ ──────────

　日本の特別支援教育は，2007(平成19)年の**学校教育法**改正から現在まで展開されてきたが，それ以前にはどのような歴史や背景があったのだろうか。
「障害のある人々の教育はいつ頃から始まったのだろうか？」
「障害の種類や程度によって公教育が実現した時期に違いはあるのだろうか？」
「公教育の対象外だった障害のある子供の教育や生活は支えたのは誰か？」
「障害の捉え方や障害概念はどのように変化してきたのだろうか？」
　歴史研究は謎解きに似ている面白さがあり，疑問から出発して様々な資料や記録を照らし合わせ，過去の事象と向き合っていく過程である。1章では特別支援教育の歴史的背景を概説する。なお本章の用語のうち，現代では不適切とされる表現が一部に含まれているが，当時の資料で用いられた呼称を含めて「　」で表記し，現代的な意味が読み取りにくい場合には前後で説明を加えた。

1-2　近世から幕末における障害のある子供の教育と暮らし ───

　障害のある人々の教育はいつ頃から始まったのだろうか。歴史的に見れば
様々な障害の中で最も職業的・経済的な自立が早かったのは視覚障害である。
加藤(1974)によれば「盲人」が祈祷を持って治病に従っていたことは『今昔物
語』などの古代末期の文献に書かれており，その後も治病息災のために祈祷師
や巫医が呪術を用いてきたが，徐々に「盲人」が呪術から脱し，江戸時代(近
世)の初期から「盲人」による鍼治の施術へと進出していった。杉山和一(1610
-1694)を代表とする盲人鍼医は，徳川幕府や諸藩の奥医師として寵遇され，幕
府の庇護の下で組織的な専門家養成を展開した。

　近世の農村部では，農民の家族に視覚障害者がいた場合でも「自家労働力と
しての農業手伝い」として「薪取り・脱穀・臼ひき・わら加工」等を行ってい
た。しかし封建的農村社会にあって「それのみでは自立し得ない補助的な労働」
であるにも関わらず，身体障害者や視覚障害者も厳しい年貢負担の対象になっ
ていた(加藤，1974)。農村社会から脱落した「盲人」の一部は百姓一家からの
「抜け人」として出家し，宗教者や芸能者，医業の集団に入って生活を切り拓
いていったのである。近世中期の「盲人人口」の推移を明らかにした加藤(1974)
によれば，地方の場合には約0.1%であるのに対して人口1万人以上の大都市
では0.3%と3倍近い差があった。中野・加藤(1967)は，江戸では「鍼灸按摩
の諸術や音曲の修行のため，また生業の資が得やすいために」各地から集って
きていたからではないか，と述べている。

　江戸には庶民の教育機関として数多くの**寺子屋**があり，盲児・聾児だけでな
く肢体不自由児や「精神薄弱らしき児童」(知的障害児)までもが日本各地で教
育を受けていた記録が確認されている(中野・加藤，1967)。このように徳川幕
府によって身分を保障されていた「盲人」の職能集団は，都市部を中心に存在
感を高め，盲児や聾児は寺子屋に通っており，限定的な形にせよ社会に包摂さ
れていたことが示唆された。幕末まで長年続いていた「盲人」の地位は，明治
政府による太制官布告によって身分制度が廃止されたことで，「多くの盲人を
それに代わる何らの社会的補償もないまま，資本主義的諸関係の中に投げ込む
結果となった」(中野・加藤，1967)。

1-3　明治から大正時期における特殊教育と就学猶予・免除 ——

　1871(明治4)年7月に明治政府は廃藩置県によって中央集権体制を敷いた行政改革を行い，同年8月にはえた・ひにん等や身分職業の解放を含む身分制度を廃止し，1872(明治5)年には徴兵令，さらに公教育制度を築くために「学制」を公布した。中野・加藤(1967)によると1872年の「学制」は，全国を大・中・小の学区に分けて大学・中学・小学校を配置し，全国画一の学校体系を創設することをねらいとしていたが，**特殊教育**については「廃人学校」の記載があるが詳しい説明はなかった。

　学制に先立って，**福沢諭吉**は1866年の『西洋事情 初編』で，生活に貧窮する者，「身体不具」(身体障害)もしくは「虚弱なる者」を対象とした「貧院」，聴覚障害の子供の学校を意味する「啞院」，視覚障害とりわけ全盲の子供の学校として「盲院」，「児童の天稟智恵なきものを教ゆる学校」として「痴児院」，精神病や殺人等の犯罪歴のある者を治療するための「癲院」(てんいん)の実践的な取り組みを紹介していた。福沢による幕末期における欧米の福祉・教育制度の紹介は，明治政府による近代学校制度に直接反映されることはなかった(文部省，1978)。当時の明治政府は小学校配置に奔走していたため，「廃人学校」の施策や予算は伴っていなかった。1876(明治9)年に東京麹町の「盲人学校」が私立の「廃人学校」として文部省年報に記載されたが，1年で廃業している(文部省，上掲)。

　障害のある子供の最初の公立学校は，幕末から盲・聾教育に取り組んできた**古河太四郎**(1845-1907)によって1878(明治11)年に開設された京都盲啞院である。京都盲啞院では珠算や心算(暗算)による算術のほか，指文字を独自に取り入れた手勢法，展示の前段階であった凸字や符号文字が考案され，東京の**楽善会訓盲院**(1880年開設)の実践にも影響を与えた(中野・加藤，1967)。現在の京都府立盲学校と同聾学校が所蔵する「京都盲啞院関係資料」一括三千点は，2018年に国の重要文化財指定を受け，当時の貴重な教材・教具や作品・資料などの保存環境が改善された(岸，2019)。教材や絵の一部は，京都府立盲学校や京都市学校歴史博物館のホームページで公開されている(2022年9月現在)。

　一方，東京では1875(明治8)年から準備が進められた「楽善会訓盲啞院」が1880(明治13)年に築地の校舎で開校した(文部省，1978)。同校は1885年に文部省の直轄校になり，学校名を東京盲啞学校と改め，筑波大学附属視覚支援学

校・聴覚支援学校として現在まで続いている。

　京都と東京で明治初期から盲・聾教育が始まったが，その他の障害について
は厳しい状況にあった。1886(明治19)年の小学校令では保護者が学齢児童を
就学させる義務を定め，病気や家庭の経済的状況が厳しい等の場合(「疾病家計
困窮其他止ムヲ得ザル事故に由リ」)，**就学猶予**を認めるとし，不就学扱いとし
た(文部省，1978)。さらに，1890(明治23)年の改正小学校令では就学猶予と
就学免除の規定を分けて設け，病気や障害の子供の保護者が就学を免除された
場合は学校教育の対象外となった。1900(明治33)年の小学校令は4年間の義
務教育の授業料を無償としたが，第33条では家計貧窮の事由とは別に，知的
障害や肢体不自由等のために就学する能力がない(「瘋癲白痴又ハ不具廃疾ノ為
就学スルコト能ハス」)と認められた際には児童の保護者の就学義務を免除し，
病弱や発育不全(病弱又ハ発育不完全)の児童は就学時期を延期する就学猶予の
規定が設けられた。

1-4　各種障害に応じた特殊教育の形成と先駆的取り組み ────

　公教育としての特殊教育の大きな一歩は，盲聾教育関係者らがおよそ16年
かけて運動を展開して制定に至った1923(大正12)年制定の盲学校及聾唖学校
令であった(荒川，1974)。同学校令によって長らく続いた盲学校と聾学校の併
設が見直され，盲学校と聾学校を分離して設置すること，初等部・予科の授業
料不徴収の原則が定められ，私立学校にも予算の国庫補助が与えられたほか，
学校令実施後は私立から公立移管も増加した(荒川，1974)。盲学校及聾唖学校
令の制定は関係者の悲願ではあったが，就学義務の規定がなく，附則には当分
の間は盲学校と聾学校の併置を認める記述があり，課題が残った。

　中度・重度の障害や病弱の子供たちの大部分が就学猶予・免除を受けて公教
育から除外されるなか，民間の教育者や医療等の関係者が先駆的な取り組みを
行った。1891年10月の濃尾大震災で被災した孤児を受け入れるために**石井亮
一**(1891-1937)により同年12月末に孤女学院が設立され，後に「滝乃川学園」
と名称を改め，日本初の知的障害児教育に着手した(津曲，2002)。その後，**脇
田良吉**(1875-1948)が1909年に白川学園を創立，「劣等児」「精神薄弱児」(現：
知的障害児)など幅広く治療・教育・養護を提供した。また川田貞次郎(1879-
1959)は1919年に大島藤倉学園，戦後の1958年には多摩藤倉学園を設立し，「精
神薄弱児」のための治療教育に取り組んだ。

　肢体不自由児の教育では，**柏倉松蔵**(1882-1964)が1921年に東京小石川の民家で柏学園を開設し，日本初の肢体不自由教育の取り組みが始まった(精神薄弱問題史研究会，1988)。公立の肢体不自由学校は，1932年に開設された東京市立光明学校が最初であり，東京都立光明学園として現在まで続く。

1-5　第二次世界大戦後の特殊教育法制化と養護学校義務制 ———

　1945年8月に終戦を迎えた日本では，1946年11月3日に日本国憲法が公布され，翌年5月3日より施行された。天皇主権を示した明治憲法に代わって国民主権の日本国憲法が制定され，基本的人権を定めた国憲法第26条には国民の教育を受ける権利が基本的人権の一つとして位置づけられ，1947年3月には**教育基本法**が制定された。制定当時の教育基本法第3条(教育の機会均等：現行法は第4章)は「すべて国民は，ひとしく，その能力に応ずる教育を受ける権利を与えられなければならないものであって，人種，信条，性別，社会的身分，経済的地位又は門地によって，教育上差別されない」と規定された。**川本宇之助**(1888-1960)や**城戸幡太郎**(1893-1985)らが尽力した教育刷新委員会の議論を経て制定された1947年の学校教育法の第6章には初めて独立した形で特殊教育が位置づけられ，都道府県に対する盲・聾・養護学校の設置義務が明記された。学校教育法第23条では「病弱，発育不完全その他やむを得ない事由のため，就学困難と認められる者」の保護者には就学する義務を猶予又は免除すると定めたが，経済的理由による就学困難の場合には援助の対象として，障害や病気の子供の未就学問題が取り残された。戦後の混乱期には**糸賀一雄**(1914-1968)が教師の**池田太郎**(1908-1987)らと共に戦災孤児と「精神薄弱児」を対象に滋賀県立近江学園を設立し，重症心身障害児の療育や地域福祉の開拓に取り組んだ。

　1950年代は不就学問題が色濃く残り，1952年の学校基本調査によると学齢児童生徒の不就学のうち病気や障害を理由とする就学免除が8,097人，就学猶予が21,542人であった(e-Stat，1952)。その後，1960年には就学免除者9,187人のうち「精神薄弱」4,478人，肢体不自由2,462人，病弱・虚弱1,281人であり，就学猶予者は17,811人のうち病弱・虚弱が最も多く6,132人，「精神薄弱」は5,788人，肢体不自由は3,271人であった(e-Stat，1960)。1961年には公立養護学校整備特別措置法が制定され，国が養護学校の建築費用や教職員の給与の二分の一を負担する(国庫負担)を定め，不足する養護学校の設置を促し

た。その一方，1962 年の文部省通達で重度の障害や重複障害の学齢児の就学
を猶予・免除の対象とする規定や 1964 年の厚生省通達で「重度精神薄弱児」
の施設入所の対象にするなど，政策的な矛盾があった。

　戦後から 20 年以上が経過しても重度・重複障害児の就学が進まないな
か，1967 年には「全国障害者問題研究会」が結成されるなど，障害児者の権
利と平等を求めてた運動が全国に広がっていった。その後，1973 年 11 月には
1979 年 4 月から「養護学校の就学及び設置の義務制を実施することを予告す
る「学校教育法中養護学校における就学義務及び養護学校の設置義務に関する
部分の施行期日を定める政令」が公布され，1979 年度から養護学校教育も義
務教育になることが確定した(養護学校義務制実施)。この政令に前後して，当
時の文部省では養護学校が未設置の県には新増築費用の補助率を二分の一から
三分の二まで引き上げ，義務制実施に向けた費用補助も積極的に行った。

1-6　1970 年代以降の海外の障害児教育と特別ニーズ教育

　日本で公教育の対象から外されてきた重度の知的障害児・肢体不自由児や重
度・重複障害児は，1979 年の**養護学校義務制**を経てようやく就学の機会を得
た。1970 年代は海外でも重度の障害児が福祉から教育の対象へと移行する激
動の時代でもあった。米国では 1975 年に**全障害児教育法**(PL 94-142)が制定さ
れ，福祉の対象になっていた重度重複の障害のある子供が，個別教育計画
(IEP)と関連サービスによって無償で適切な公教教育の対象になった。また英
国は 1970 年教育法によって重度の障害のある子供を教育対象に定め，重度障
害児の管轄を保健当局から教育当局に移管し，1970 年代には英国全体の特殊
学校数や児童生徒数が飛躍的に増大した(河合，1990)。英国では教育科学省大
臣の職にあったマーガレット・サッチャーが設置した委員会によって，**ウォー
ノック報告**(1978)「特別な教育的ニーズ」が提出された。同報告では，伝統的
な障害種別による特殊教育の課題やラベリングの弊害を指摘し，複数の障害の
ある子供や通常の学校で学んでいた障害カテゴリーに該当しない子供に対して
「特別な教育的ニーズ」の概念を提起した点で画期的であった。ウォーノック
報告を受けて英国政府は 1981 年教育法を制定し，特別ニーズ教育の制度化を
行った(河合，1990)。このように 1970 年代から 80 年代初頭にかけて，医学的
な障害の診断や知能検査を根拠とする障害カテゴリーだけではカバーしきれな
い特別な教育的ニーズや環境的要因が注目されるようになり，1994 年にはユ

ネスコが開催した「特別ニーズ教育世界会議：アクセスと質」で**サラマンカ声明**を採択した。サラマンカ声明では，生涯にだけでなく学校教育にアクセスできない言語的・宗教的・民族的**マイノリティ**の子供，働く子供，遊牧・移動民の子供等の差異や困難を包括するインクルーシブな学校の必要性を提起した。日本でも 1990 年代には従来の特殊教育の枠組みを問い直す動きが相次いだ。1993 年 4 月から通常の学級に在籍しながら部分的に特別な指導を受ける「通級による指導」が導入された。学術分野では日本 LD 学会（1992）や日本特別ニーズ教育学会（1995）が設立され，従来の特殊教育では対象から外れていた軽度発達障害や特別な教育的ニーズへの関心が高まった。

　また国連では 1981 年を国際障害者年と定め，国連障害者の 10 年として長期的に世界各国で障害者福祉政策の推進を求め，日本政府も具体的な施策の検討に入った。日本では 1970 年制定の心身障害者対策基本法が 1993 年に**障害者基本法**へ全面改正され，その対象は「身体障害，知的障害又は精神障害」があるため「長期にわたり日常生活又は社会生活に相当な制限を受ける者」とされ，精神障害者の位置づけが明確になった。

1-7　障害概念の変化

　第一次・第二次世界大戦やベトナム戦争などを通じて多数の戦傷者が生み出され，戦後にリハビリテーション医学の発展や障害に対する支援機器の開発・普及が本格化した。1920 年代から負傷兵のリハビリテーションや職業教育に取り組んできた米国では，1973 年に**リハビリテーション法**（Rehabilitation Act）が成立し，同法 504 条項では連邦政府から財政支援を受けている機関は障害を理由とする差別を禁止した。

　人々の障害のとらえ方，すなわち障害概念は当事者や教育・福祉・医療の関係者に対して，障害児者の社会参加や自立への見方に大きな影響を与える。医療的なアプローチによる治療や機能訓練でも解決できない問題から生じる社会的不利を補う福祉的な支援が必要になる。このような考え方は，1980 年に世界保健機構（World Health Organization：WHO）によって発表した国際障害分類（International Classification of Impairments, Disabilities and Handicaps：ICIDH）に提示された。図 1-1 に示すように，1980 年の ICIDH では疾病や病気を原因として，形態・機能障害が起こり，活動や行為に際して能力障害をもたらし，就職や一般社会における社会的不利の状況が生じる。ICIDH が示し

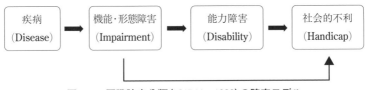

図 1-1　国際障害分類 (ICIDH：1980) の障害モデル

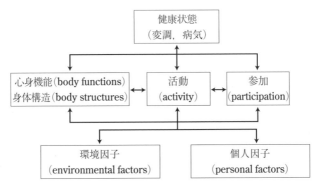

図 1-2　WHO (2001) ICF における構成概念間の相互作用
出典）WHO (2001) より改変

た障害モデルは，治療やリハビリテーションの重要性を示し，社会福祉政策・支援を展開する上では一定の評価を得た。その一方で，障害のマイナス面を強調するあまり，「できないこと」のみに目を向けて訓練や努力によって克服しようとする訓練至上主義を生み出し，その結果として「障害者の社会参加は難しい」とする人々の思考にもつながった。そこで WHO は 1990 年代から ICIDH の問題点に関する議論を重ね，2001 年に改訂版として国際生活機能分類 (International Classification of Functioning, Disability and Health：ICF) を発表した。図 1-2 に示すように，2001 年の ICF による障害概念では，ICIDH にはなかった個人因子・環境因子が登場し，中心には活動，右側に参加があり，各要素は矢印の方向から相互に作用して影響を及ぼしている。ICF は福祉やリハビリテーション分野の共通言語・支援枠組みとして活用されており，特別支援教育の自立活動の学習指導要領 (2018) の冒頭でも解説され，特別支援教育分野でも活用が期待されている。障害児者の活動の実現は本人の意思確認が前提になり，参加の状態は周囲の人々の理解や環境によっても大きく異なってくる。本書の

4章で解説されている障害に応じた合理的配慮の実現についても，ICF を活用して人的・物的な環境調整を進めながら障害児者本人の人生や生活全体をとらえることが重要である。

1-8　おわりに

　戦後の 1948 年には就学猶予・免除者が約 37,000 人であったが，2007 年の特別支援教育の制度化を翌年に控えた 2006 年には 2,436 人まで減少し，このうち障害や病弱・虚弱を理由とする就学猶予・免除者は 91 人であった。巻末に示した年表からも日本と世界の歴史的変化を読み取ることができるだろう。

　ここまで幕末から平成にかけて障害等のある子供の教育がどのように創造と変革を繰り返してきたかを見てきたが，特別支援教育は現代でも未解決の課題が多く残されている。どのような領域・分野であっても疑問や観点を持ち，周囲の人と意見交流することを大事にしてほしい。皆さんの住まいの近くに，戦前から続く施設や特別支援学校はあるかを調べたり，地域の障害児者の教育・生活について上の世代の話を聞いてみよう。また旅行の際に立ち寄ってみると，より先駆者の取り組みが身近に感じられるだろう。

2章　特別支援教育の法制度

　本章では，特別支援教育の法制度とその運用の実態について学ぶ。まず，憲法を頂点とするピラミッド型の法体系を知る。その上で，教育基本法の基本原則や学校教育法の具体的な規定に基づいて，特別支援教育の制度的枠組みを理解する。特に，学校教育法の第8章を中心に，特別支援学校（目的と役割，就学システム，学校組織）や通常の学校（通常の学級，特別支援学級，通級による指導）における特別支援教育の法的根拠と主な動向を確認する。また，就学猶予・免除，学級編成，教員免許に関する関連法令の要点を把握し，インクルーシブ教育システムの構築に向けた新たな制度改革の方向性と今後の課題について考える。

【キーワード】　学校教育法，特別支援学校，特別支援学級，通級による指導

2-1　特別支援教育の理念と制度的構造 ─────────────

（1）　特別支援教育を支える法体系

　わが国の最高法規である**日本国憲法**（1946年公布）は，すべての国民に対する「法の下での平等」（第14条第1項）や「教育を受ける権利」（第26条第1項）を認めており，それらの理念を実現するための法制度が整備されている。まず，憲法の規定に基づき，国会の議決を経て制定される**教育基本法**や**学校教育法**などの「法律」がある。また，法律の委任により，行政機関の権限に基づく「命令」が定められる。命令には，内閣が制定する「政令」（学校教育法施行令など）や，各省の大臣が制定する「省令」（学校教育法施行規則など）がある。これらは，各々の上位にある法律ないし政令の細部を補っている。一般的に，法律や政省令に加え，地方自治体が制定する「条例」及び地方公共団体の執行機関による「規則」を含めて「法令」とされる（行政手続法第2条）。なお，学習指導要領のように法律（学校教育法）に根拠をもつ場合，執行基準を示す「告示」が法的な効力を有することになる（文部省，1992）。

　加えて，2006年に国連が採択した**障害者権利条約**（Convention on the Rights of Persons with Disabilities, CRPD）などの国際条約については，憲法（第98条

第2項)に「日本国が締結した条約及び確立された国際法規は，これを誠実に遵守することを必要とする」との規定がある。条約は国内法としての効力を有するだけでなく，法律に優位すると解されている(衆議院，2004)。こうした憲法を頂点とするピラミッド型の法体系のもと，特別支援教育の制度的枠組みが確立されている。なお，「通知」は，国から地方公共団体等に対し，法令の解釈や運用上の留意点などの特定事項を周知する文書であり，それ自体は法的な拘束力をもたない。

（2）　特別支援教育制度の基盤的枠組み

　1947年に制定された教育基本法は，生涯教育や家庭教育などを含む幅広い教育の基本理念や原則を規定している。2006年改正法は「すべて国民は，ひとしく，その能力に応じた教育を受ける機会を与えられなければならず，人種，信条，性別，社会的身分，経済的地位又は門地によって，教育上差別されない」(第4条第1項)との規定を維持しつつ，「国及び地方公共団体は，障害のある者が，その障害の状態に応じ，十分な教育が受けられるよう，教育上必要な支援を講じなければならない」(第4条第2項)ことを加えた。このような教育基本法が示す方向性に則り，学校教育法が学校制度の具体的な内容を定めている。

　学校教育法は教育基本法と同年に施行されて以来，障害のある子供のための「特殊教育」を展開してきた。ただし，ノーマライゼーションの進展や障害の重度重複化・多様化などの社会情勢の変化を踏まえ，制度の見直しと充実が求められた。そして，2007年改正法の施行により，「特別支援教育」が本格実施された。すなわち，障害の程度等に応じて特別の場で指導を行う「特殊教育」から，障害のある児童生徒一人ひとりの教育的ニーズに応じて適切な教育的支援を行う「特別支援教育」への転換が図られた(文部科学省，2003)。同時に，特別支援教育を支える具体的な仕組みとして，特別支援教育コーディネーター(19章参照)の導入や個別の教育支援計画(20章参照)の策定が促進されることになった。

　わが国は2014年にCRPDを批准し，インクルーシブ教育システムの構築に向けた特別支援教育の推進に取り組んでいる(3章参照)。その実現のために，中央教育審議会(2021)は「通常の学級，通級による指導，特別支援学級，特別支援学校といった，連続性のある多様な学びの場の一層の充実・整備を着実に進めていく必要がある」と指摘している[注1]。それらの多様な学びの場における特別支援教育の具体的内容は，学校教育法の第8章(第72条〜82条)を中心に

定められている。関連する法制度も含め，その規定と運用の実態をみていく。

2-2　特別支援学校に関する法規定と運用の実態

（1）　特別支援学校の目的と役割（学校教育法第72条〜第74条）

　特別支援学校は，「視覚障害者，聴覚障害者，知的障害者，肢体不自由者又は病弱者（身体虚弱者を含む。以下同じ）に対して，幼稚園，小学校，中学校又は高等学校に準ずる教育を施すとともに，障害による学習上又は生活上の困難を克服し自立を図るために必要な知識技能を授けることを目的とする」（第72条）。つまり，特別支援学校の対象となる5つの障害種が列挙され，「準ずる教育」に基づく社会的な自立が目指されている。特別支援学校の設置数及び在籍者数は増加傾向にあり（図2-1），異障害種の受け入れが進みつつある（表2-1）。また，障害の**重度・重複化**が顕著であり，重複学級在籍率は高い水準（2021年，小・中学部31.8%）にある（文部科学省，2022 f）。訪問教育や医療的ケア[注2]への対応（8章参照）も喫緊の課題となっている。そのため，特別支援学校の本務

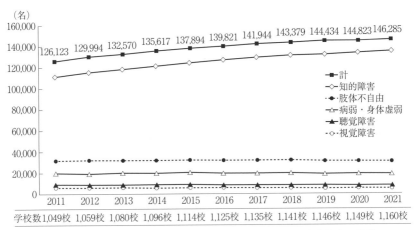

図2-1　特別支援学校（幼稚部・小学部・中学部・高等部）在籍者の推移
　　学校数には分校含む。数値は各年度5月1日現在
　　出典）文部科学省（2022 c）

　注1）　義務教育段階における特別支援教育制度（通級による指導，特別支援学級，特別支援学校）の対象者が全児童生徒に占める割合は，2011年度（2.3%）から2021年（5.6%）の10年間にも大幅に拡大している（文部科学省，2022 c）。

表 2-1 特別支援学校の設置数，学級数，在籍者数－国公私立計

障害領域＼数	学校数	学級数	在学者数						訪問教育学級（再掲）		
	計	計	合計	幼稚部	小学部	中学部	高等部		小学部	中学部	高等部
	1,160	36,701	146,285	1,301	47,815	31,810	65,359		1,217	729	794
単一障害対応校	895	22,093	109,344	1,165	31,925	22,407	53,847		204	152	105
視	62	814	1,659	127	285	226	1,021		0	0	0
聴	85	1,348	4,174	941	1,315	813	1,105		0	0	0
知	574	17,672	98,396	64	28,497	19,836	49,999		47	18	75
肢	118	1,282	3,002	31	1,165	764	1,042		30	20	3
病	56	977	2,113	2	663	768	680		127	114	27
複数障害対応校	265	14,608	36,941	136	15,890	9,403	11,512		1,013	577	689
視覚障害対応校（再掲）	84	2,054	4,775	181	1,552	1,066	1,976		93	70	45
聴覚障害対応校（再掲）	119	2,759	7,651	1,018	2,945	1,674	2,014		57	45	24
知的障害対応校（再掲）	801	32,095	134,962	177	44,252	29,138	61,395		1,002	549	736
肢体不自由対応校（再掲）	354	12,114	30,456	97	13,256	7,836	9,267		996	553	661
病弱対応校（再掲）	154	7,518	18,896	17	7,397	5,032	6,450		612	417	313

学校数は分校（112校）を含む。再掲欄は，上段の数値を障害種別に延べ数で計上し直したものである。
2021年度5月1日現在
　出典）文部科学省（2022 a）

教員数（86,141名）の一人当たりの幼児児童生徒数は1.70人と充実している（文部科学省，2022 a；2021年5月1日現在）。

　次に，特別支援学校は「文部科学大臣の定めるところにより，前条に規定する者に対する教育のうち当該学校が行うものを明らかにするものとする」（第73条）ことが求められている。法令上の「特別支援学校」という名称がどの障

注2）　2021年6月に「医療的ケア児及びその家族に対する支援に関する法律」（**医療的ケア児支援法**）が成立し，すべての学校における支援体制の整備に向けた法的根拠が明示された。2016年改正児童福祉法（第56条の6第2項）が，地方公共団体の医療的ケア児に対する支援体制の整備を「努力義務」にとどめたことに対し，医療的ケア児支援法は「責務」と位置づけた。2021年8月，学校教育法施行規則（第65条の2）に「医療的ケア看護職員」の名称や職務内容が規定されるなど制度的な整備が継続されている。

害種に対応する学校であるのかを明確に示さないため，円滑な就学や対外的な説明責任の観点から，各校の扱う障害種を明らかにする必要がある。また，第74条は特別支援学校が「第72条に規定する目的を実現するための教育を行うほか，幼稚園，小学校，中学校，高等学校又は中等教育学校の要請に応じて，(中略)必要な助言又は援助を行うよう努めるものとする」と規定している。地域の学校に対する**センター的機能**を果たすことが努力義務となっている(19章参照)。

(2)　特別支援学校への就学(学校教育法第75条)

第75条には，「第72条に規定する視覚障害者，聴覚障害者，知的障害者，肢体不自由者又は病弱者の障害の程度は，政令で定める」との規定がある。つまり，特別支援学校への就学の対象となる障害の程度(以下，**就学基準**)については，学校教育法施行令(第22条の3)に委任されている(表2-2)。従来，就学基準に該当する場合は，原則として特別支援学校に就学すべきとされてきた。

表2-2　学校教育法施行規則第22条の3に規定される視覚障害者等の障害の程度

区　分	障害の程度
視覚障害者	両眼の視力がおおむね0.3未満のもの又は視力以外の視機能障害が高度のもののうち，拡大鏡等の使用によっても通常の文字，図形等の視覚による認識が不可能又は著しく困難な程度のもの
聴覚障害者	両耳の聴力レベルがおおむね60デシベル以上のもののうち，補聴器等の使用によつても通常の話声を解することが不可能又は著しく困難な程度のもの
知的障害者	1. 知的発達の遅滞があり，他人との意思疎通が困難で日常生活を営むのに頻繁に援助を必要とする程度のもの 2. 知的発達の遅滞の程度が前号に掲げる程度に達しないもののうち，社会生活への適応が著しく困難なもの
肢体不自由者	1. 肢体不自由の状態が補装具の使用によっても歩行，筆記等日常生活における基本的な動作が不可能又は困難な程度のもの 2. 肢体不自由の状態が前号に掲げる程度に達しないもののうち，常時の医学的観察指導を必要とする程度のもの
病　弱　者	1. 慢性の呼吸器疾患，腎臓疾患及び神経疾患，悪性新生物その他の疾患の状態が継続して医療又は生活規制を必要とする程度のもの 2. 身体虚弱の状態が継続して生活規制を必要とする程度のもの

備考)　1. 視力の測定は万国式試視力表によるものとし，屈折異常があるものについては矯正視力によつて測定する。
　　　　2. 聴力の測定は日本産業規格によるオージオメータによる。

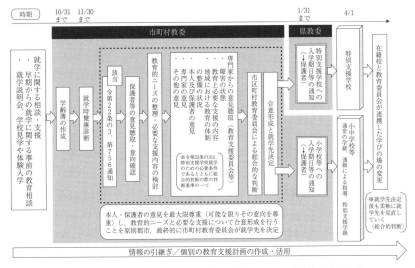

図 2-2　障害のある児童生徒の就学先決定について（手続きの流れ）
出典）文部科学省（2021）

　しかし，2013 年に学校教育施行令の改正が行われ，障害の状態に限らず，本
人の教育的ニーズ，本人・保護者の意見，専門的見地からの意見，学校や地域
の状況等を総合的に勘案して就学先を決定する仕組みに改められた（図 2-2）。
就学基準は，特別支援学校に入学させるための基準ではなく，入学可能な障害
の程度を示すための機能を担うことになった。障害の程度にかかわらず，適切
と認められる場合にはすべての学校種への就学が制度上可能となり，就学基準
に該当かつ特別支援学校に就学することが適当である者を「認定特別支援学校
就学者」とする仕組みとなっている（学校教育法施行令第 5 条第 1 項）。な
お，2007 年から就学先の決定における保護者の意見聴取義務が導入された
が，2013 年には就学に限らず転学の機会にも拡大されている（学校教育法施行
令第 18 条の 2）。

（3）　特別支援学校の組織（学校教育法第 76〜80 条）

　第 76 条は，「特別支援学校には，小学部及び中学部を置かなければならない。
ただし，特別の必要のある場合においては，そのいずれかのみを置くことがで
きる」（第 1 項），「特別支援学校には，小学部及び中学部のほか，幼稚部又は高
等部を置くことができ，また，特別の必要のある場合においては，前項の規定

にかかわらず，小学部及び中学部を置かないで幼稚部又は高等部のみを置くことができる」(第2項)と定めている。特別支援学校における一貫教育が可能とされるとともに，単独での学部設置も認められている。第77条には「特別支援学校の幼稚部の教育課程その他の保育内容，小学部及び中学部の教育課程又は高等部の学科及び教育課程に関する事項は，幼稚園，小学校，中学校又は高等学校に準じて，文部科学大臣が定める」とある。この規定を受け，学校教育法施行規則が教科編成(小学部126条，中学部127条，高等部128条)や，教育課程の基準として教育要領・学習指導要領を示している(第129条)。

　第78条によれば，「特別支援学校には，寄宿舎を設けなければならない。ただし，特別の事情のあるときは，これを設けないことができる」。第79条には「寄宿舎を設ける特別支援学校には，寄宿舎指導員を置かなければならない」(第1項)，「寄宿舎指導員は，寄宿舎における幼児，児童又は生徒の日常生活上の世話及び生活指導に従事する」(第2項)との規定がある。通学が困難な幼児児童生徒に対する寄宿舎の設置と寄宿舎指導員の配置が根拠づけられている。特別支援学校の通学状況別在籍者数(幼稚部から高等部)に占める寄宿舎生の割合は，2011年(9,176人，6.9%)から2021年(6,970人，4.8%)にかけて減少傾向にある(文部科学省，2022a)。第80条においては，都道府県に対して「その区域内にある学齢児童及び学齢生徒のうち，視覚障害者，聴覚障害者，知的障害者，肢体不自由者又は病弱者で，その障害が第75条の政令で定める程度のものを就学させるに必要な特別支援学校を設置しなければならない」との設置義務が示されている。

2-3　通常の学校に関する規定と現状

(1)　特別支援学級等(学校教育法第81条)

　第81条の第1項は，「幼稚園，小学校，中学校，義務教育学校，高等学校及び中等教育学校においては，次項各号のいずれかに該当する幼児，児童及び生徒その他教育上特別の支援を必要とする幼児，児童及び生徒に対し，文部科学大臣の定めるところにより，障害による学習上又は生活上の困難を克服するための教育を行うものとする」と規定している。同条第2項には「小学校，中学校，義務教育学校，高等学校及び中等教育学校には，次の各号のいずれかに該当する児童及び生徒のために，特別支援学級を置くことができる」との定めがある。その対象として，①知的障害者，②肢体不自由者，③身体虚弱者，④弱

表 2-3 特別支援学級の設置数及び在籍者数(2021 年)

		計	知的障害	肢体不自由	病弱・身体虚弱	弱視	難聴	言語障害	自閉症・情緒障害
学級数	小学校	50,909 〔69.6%〕	21,340 41.9%	2,331 4.6%	1,986 3.9%	392 0.8%	945 1.9%	547 1.1%	23,368 45.9%
	中学校	21,635 〔29.6%〕	9,626 44.5%	838 3.9%	880 4.1%	147 0.7%	382 1.8%	140 0.6%	9,622 44.5%
	義務教育学校	601 〔0.8%〕	261 43.4%	22 3.7%	17 2.8%	5 0.8%	14 2.3%	5 0.8%	277 46.1%
	合計	73,145 〔100%〕	31,227 42.7%	3,191 4.4%	2,883 3.9%	544 0.7%	1,341 1.8%	692 0.9%	33,267 45.5%
在籍者数	小学校	232,105 〔71.0%〕	102,250 44.1%	3,480 1.5%	3,137 1.4%	456 0.2%	1,377 0.6%	1,139 0.5%	120,266 51.8%
	中学校	91,885 〔28.1%〕	43,537 47.4%	1,138 1.2%	1,459 1.6%	170 0.2%	537 0.6%	202 0.2%	44,842 48.8%
	義務教育学校	2,467 〔0.8%〕	1,159 47.0%	35 1.4%	22 0.9%	5 0.2%	17 0.7%	14 0.6%	1,215 49.3%
	合計	326,457 〔100%〕	146,946 45.0%	4,653 1.4%	4,618 1.4%	631 0.2%	1,931 0.6%	1,355 0.4%	166,323 50.1%

出典) 文部科学省(2022 a)

視者，⑤難聴者，⑥その他障害のある者で，**特別支援学級**において教育を行うことが適当なものが列挙されている。⑥「その他」には，言語障害者，自閉症・情緒障害者が該当する(25 文科初第 756 号通知)。さらに，同条第 3 項は「前項に規定する学校においては，疾病により療養中の児童及び生徒に対して，特別支援学級を設け，又は教員を派遣して，教育を行うことができる」との規定がある。この規定に基づき，病院内に病弱・身体虚弱の特別支援学級(院内学級)の設置がみられる。第 82 条は，就学年齢などの準用規定である。

　第 81 条第 1 項の対象は，第 2 項に示された特別支援学級対象者以外の教育上特別の支援を必要とする幼児児童生徒であり，「LD，ADHD，高機能自閉症などの発達障害を含め小中学校等に在籍をする障害のある児童生徒等」である(参議院，2006)。その実態の一端として，小中学校の「通常の学級に在籍する特別な教育的支援を必要とする児童生徒」が約 8.8% と推計されている(文部科学省，2022 e)[注3]。また，特別支援学級の多くは知的障害と自閉症・情緒障害によって占められており(表 2-3)，それらの増加は著しい(図 2-3)。2021 年

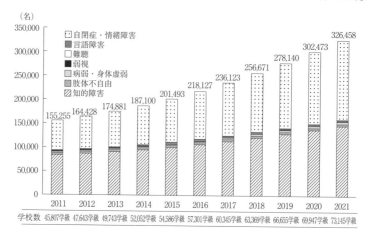

図 2-3　特別支援学級在籍者数の推移(各年度 5 月 1 日現在)
出典）文部科学省(2022 c)

度における特別支援学級の設置率は，小学校(85.1%)，中学校(79.0%)，義務
教育学校(86.1%)を合わせて 83.0% に上る(文部科学省, 2022 a)。

（2）　通級による指導(学校教育法施行規則第 140 条，第 141 条)

　通級による指導とは，大部分の授業を通常の学級で受けながら，障害の状態
に応じた特別の指導を特別な場で受ける指導形態であり，特別支援学校学習指
導要領の「自立活動」(4 章参照)に相当する指導を行う。その実施形態として
は，①在籍校において指導を受ける「自校通級」，②他校に通級し，指導を受
ける「他校通級」，③担当教員の「巡回指導」がある(文部科学省，2018)。小
学校，中学校，義務教育学校，高等学校又は中等教育学校において特別の指導
を行う必要がある者(特別支援学級対象者を除く)に対しては，「通級による指
導」による特別の教育課程の編成が認められている(第 140 条)。また，他校に
おいて受けた指導(他校通級)を特別の教育課程に係る授業とみなすことができ
る(第 141 条)。その対象は，①言語障害者，②自閉症者，③情緒障害者，④弱

　注3)　2004 年 12 月，それまで制度の谷間に取り残されていた発達障害者の早期発見と支援を目的
とする発達障害者支援法が成立した。2016 年改正法は，障害者基本法や障害者差別解消法と同様に，
「社会的障壁」の考え方を追加し，その除去のための支援の必要性を規定している(第 2 条)。また，
国及び地方公共団体に対して「可能な限り発達障害児が発達障害児でない児童と共に教育を受けられ
るよう配慮しつつ」，適切な教育的支援を行い，個別の教育支援計画や個別の指導計画に基づく支援
体制を整備することを求めている(第 8 条)。

視者，⑤難聴者，⑥学習障害者，⑦注意欠陥多動性障害者，⑧その他障害のある者で，特別の教育課程による教育を行うことが適当なものである。⑧「その他」としては，肢体不自由者，病弱者および身体虚弱者が含まれる（25 文科初第 756 号通知）。

　2006 年には，学習障害者および注意欠陥多動性障害者が対象に加えられ，「情緒障害者」についても障害の原因および指導法が異なる自閉症と，心理的な要因による選択性かん黙等に分離された（17 文科初第 1178 号通知）。また，①障害の状態の改善又は克服を目的とする指導，②障害の状態に応じて各教科の内容を補充するための特別の指導，の各々に定められていた授業時数標準について，障害の状態に応じて適切な指導や必要な支援を行う観点から，合計の年間授業時数の標準についてのみを定め，年間 35 単位時間から 280 単位時間までとされた。学習障害者および注意欠陥多動性障害者については，月 1 単位時間

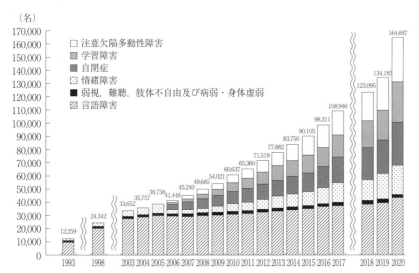

2020 年度のみ，3 月 31 日を基準とし，年度中に通級による指導を実施した児童生徒数について調査。その他の年度の児童生徒数は各年度 5 月 1 日現在。
「注意欠陥多動性障害」及び「学習障害」は，2006 年度から通級による指導の対象となった。併せて「自閉症」も 2006 年度から対象として明示（2005 年度以前は主に「情緒障害」として対応）。
2018 年度から，国立・私立学校を含めて調査。
高等学校については 2018 年度から計上。
小学校には義務教育学校前期課程，中学校には義務教育学校後期課程及び中等教育学校前期課程，高等学校には中等教育学校後期課程を含める。

図 2-4　通級による指導を受けている児童生徒数の推移（各年度 5 月 1 日現在）
出典）文部科学省（2022 d）

表 2-4　通級による指導を受けている児童生徒数（実施形態別）（国公私立計）（単位：名）

		計	言語障害	自閉症	情緒障害	弱視	難聴	LD	ADHD	肢体不自由	病弱・身体衰弱
小学校	計	140,255	42,913	26,387	17,560	184	1,626	23,633	27,808	108	36
	自校通級	89,510	19,592	18,693	12,628	43	359	17,842	20,300	28	25
	他校通級	41,436	21,430	5,995	4,078	119	1,145	3,421	5,228	13	7
	巡回通級	9,309	1,891	1,699	854	22	122	2,370	2,280	67	4
中学校	計	23,142	714	5,401	4,093	50	322	6,796	5,688	45	33
	自校通級	15,371	315	3,568	2,774	13	76	4,910	3,686	5	24
	他校通級	4,817	273	1,212	934	27	212	799	1,349	4	7
	巡回通級	2,954	126	621	385	10	34	1,087	653	36	2
高等学校	計	1,300	3	559	184	3	8	183	331	6	23
	自校通級	1,145	3	482	177	3	4	163	284	6	23
	他校通級	35	0	16	0	0	0	4	15	0	0
	巡回通級	120	0	61	7	0	4	16	32	0	0
計	計	164.697	43.630	32.347	21.837	237	1.956	30.612	33.827	159	92
	自校通級	106.026	19.910	22.743	15.579	59	439	22.915	24.270	39	72
	他校通級	46.288	21.703	7.223	5.012	146	1.357	4.224	6.592	17	14
	巡回通級	12.383	2.017	2.381	1.246	32	160	3.473	2.965	103	6

出典）文部科学省（2022 d）

　程度の指導によっても十分な教育的効果が認められる場合があるため，年間 10 単位時間から 280 単位時間までが授業時数の標準とされている。

　通級による指導の対象者数は，1993 年の制度化以来着実な増加を示している（図 2-4）。ただし指導の実施形態は障害種別によってやや異なるものの，未だ他校通級が少なくない（表 2-4）。通学に伴う保護者や児童生徒の負担が軽減される必要がある。また，通級による指導では，知的障害が対象外であるという制度的な制約がある。その理由として，「通級による指導に関する充実方策について（審議のまとめ）」（1992 年 3 月 30 日）は「精神発達の遅れやその特性から，小集団における発達段階に応じた特別な教育課程・指導法が効果的であり，そのため原則として，主として特殊学級において，いわゆる固定式により指導することが適切である」としている。2018 年から高等学校における通級による指導が制度化されており，今後の発展に期待されている。

2-4　特別支援教育に関するその他の関連規定 ──────────

（1）　就学猶予・免除

　学校教育法第 17 条は，保護者は子を「小学校，義務教育学校の前期課程又は特別支援学校の小学部に就学させる義務を負う」（第 1 項）および「中学校，義務教育学校の後期課程，中等教育学校の前期課程又は特別支援学校の中学部に就学させる義務を負う」（第 2 項）と規定している。ただし同法第 18 条は「病弱，発育不完全その他やむを得ない事由のため，就学困難と認められる者の保護者に対しては，市町村の教育委員会は，（中略）義務を猶予又は免除することができる」とし，**就学猶予・免除**を認めている。障害（病弱・発育不完全）を理由とする就学免除者（11 人）及び猶予者（24 人）は減少傾向にある（文部科学省，2021 a ; 2021 年 5 月 1 日現在）。

（2）　教科用図書

　学校教育法（第 34 条第 1 項）は，「小学校においては，文部科学大臣の検定を経た教科用図書又は文部科学省が著作の名義を有する教科用図書を使用しなければならない」としている（中学校，高等学校，中等教育学校，特別支援学校についても準用）。ただし，附則第 9 条は「高等学校，中等教育学校の後期課程及び特別支援学校並びに特別支援学級においては，当分の間，（中略）教科用図書以外の教科用図書を使用することができる」と規定し，その例外を認めている。これを受けて，学校教育法施行規則は，特別支援学校（第 131 条第 2 項）および特別支援学級（第 139 条）において特別の教育課程による場合，他の適切な図書を使用することができると定めている。

（3）　学級編成

　2021 年 9 月に省令として**特別支援学校設置基準**が公布された。その第 5 条では，幼稚部の 1 学級の幼児数は 5 人以下（第 1 項），小学部又は中学部は 6 人以下（第 2 項），高等部は 8 人以下（第 3 項）と規定され，各部とも「視覚障害，聴覚障害，知的障害，肢体不自由又は病弱のうち 2 以上併せ有する生徒で学級を編制する場合」には，3 人以下とされた（特別の事情があり，かつ，教育上支障がない場合は，この限りでない）。特別支援学級については，学校教育法施行規則（第 136 条）が，「小学校，中学校若しくは義務教育学校又は中等教育学校の前期課程における特別支援学級の一学級の児童又は生徒の数は，法令に特

別の定めのある場合を除き，15人以下を標準」としている。ただし，「公立義務教育諸学校の学級編制及び教職員定数の標準に関する法律」（義務標準法）がより小規模な学級編制の標準を規定している。第3条第2項は，公立校における特別支援学級の一学級の児童又は生徒の数について，小・中学校ともに8人としている。ただし，都道府県教育委員会は，児童生徒の実態を考慮して特に必要があると認める場合，規定を下回る数を基準として定めることができる。また，2017年3月の義務標準法改正により，障害に応じた特別の指導（通級による指導）のための基礎定数化（児童生徒13人に1人）に着手された（第7条第1項第5号）。高校通級についても，2018年3月に「公立高等学校の適正配置及び教職員定数の標準等に関する法律施行令」が改正され，加配定数措置が可能となっている（第2条3）。

（4）　教員免許制度

　教育職員免許法は，「特別支援学校の教員（養護又は栄養の指導及び管理をつかさどる主幹教諭，養護教諭，養護助教諭，栄養教諭並びに特別支援学校において自立教科等の教授を担任する教員を除く）については，（中略）特別支援学校の教員の免許状のほか，特別支援学校の各部に相当する学校の教員の免許状を有する者でなければならない」（第3条第3項）と規定している。ただし「幼稚園，小学校，中学校又は高等学校の教諭の免許状を有する者は，当分の間，（中略）特別支援学校の相当する各部の主幹教諭（養護又は栄養の指導及び管理をつかさどる主幹教諭を除く），指導教諭，教諭又は講師となることができる」（附則15項）と定め，「当分の間」が継続している。文部科学省（2022b）によれば，免許状保有率は着実に向上しているが，未だ充足してはいない（当該障害種の免許状をもつ特別支援学校教員は86.5%，2021年5月1日現在）。なお，特別支援学級担任教員の特別支援学校教諭免許状の保有率は，31.1%であり，これは特別支援教育が本格実施された2007年（32.4%）とほぼ変わっていない（文部科学省，2022c）。専門性の指標ともなる免許状保有状況の早急な改善が求められている。

3 章　合理的配慮の理論と実践

　2006 年 12 月に国連において障害者権利条約が採択された後，日本ではインクルーシブ教育システムを構築してきた。特に，障害者差別解消法が成立したことを受けて，障害のある子供への合理的配慮の提供が進められてきた。そこでは，個別学習や情緒安定のための小部屋の確保などの基礎的環境整備に加え，授業においても適切な支援や配慮を提供することが求められている。一方で，特別支援教育を実践面からみていくと，障害特性をふまえた支援や配慮を提供することは合理的配慮の面から重要であるが，それだけでは十分であるとは言えない。例えば，国語や算数・数学などの教科学習の理解を促進していくためには，発達をふまえた指導の工夫が必要である。今後，現在の特別支援学校学習指導要領が求める育成すべき資質・能力をふまえて，障害のある子供を含めたすべての子供の発達を促進していく指導の工夫や教師の指導技術についても検討することが必要であると考える。

【キーワード】　障害者権利条約，合理的配慮，自立活動，教科学習

3-1　障害者権利条約の採択と合理的配慮 ─────────

　2006 年 12 月に国連において**障害者権利条約**が採択されたことを受けて，日本はインクルーシブ教育を推進していくことが求められた。具体的には，国連において採択された障害者権利条約では，「障害にもとづき通常の教育システム（general education system）から排除されない」（第 24 条第 2 項）ことが明記され，世界的にインクルーシブ教育を推進していくことになった。日本では，国連で上記の条約の採択を受けて，2007 年にこの条約に署名したが，その後，条約批准のために関連法規を整備することが必要となり，2011 年に障害者基本法が改正され，2013 年に**障害者差別解消法**が成立した。

　こうした法整備が進められる一方で，日本ではインクルーシブ教育を実践的に進めるべく**合理的配慮**の内容についても検討された。例えば，2012 年に出された中央教育審議会初等中等教育分科会特別支援教育の在り方に関する特別委員会から出された報告「共生社会の形成に向けたインクルーシブ教育システム構築のための特別支援教育の推進」では，「合理的配慮」について次のよう

表 3-1　合理的配慮の観点

- バリアフリー・ユニバーサルデザインの観点を踏まえた障害の状態に応じた適切な施設整備
- 障害の状態に応じた身体活動スペースや遊具・運動器具等の確保
- 障害の状態に応じた専門性を有する教師等の配置
- 移動や日常生活の介助及び学習面を支援する人材の配置
- 障害の状態を踏まえた指導の方法等について指導・助言する理学療法士，作業療法士，言語聴覚士及び心理学の専門家等の確保
- 点字，手話，デジタル教材等のコミュニケーション手段を確保
- 一人一人の状態に応じた教材等の確保(デジタル教材，ICT 機器等の利用)
- 障害の状態に応じた教科における配慮(例えば，視覚障害の図工・美術，聴覚障害の音楽，肢体不自由の体育等)

出典) 中央教育審議会初等中等教育分科会特別支援教育の在り方に関する特別委員会(第 3 回)配付資料：2010 年 9 月 6 日[注1]

に記述されている。

　　条約の定義に照らし，本特別委員会における「合理的配慮」とは，障害のある子どもが，他の子どもと平等に「教育を受ける権利」を享有・行使することを確保するために，学校の設置者及び学校が必要かつ適当な変更・調整を行うことであり，障害のある子どもに対し，その状況に応じて，学校教育を受ける場合に個別に必要とされるもの

　　出典)　中央教育審議会初等中等教育分科会特別支援教育の在り方に関する特別委員会
　　(第 3 回)配付資料：2010 年 9 月 6 日

　この報告書には「『合理的配慮』の否定は，障害を理由とする差別に含まれる」と記述されていて，今後，すべての学校において「合理的配慮」が提供されなければ「障害者差別」となる可能性がある。具体的には，合理的配慮は「均衡を失した又は過度の負担を課さないもの」という条件をつけた上で，「(ア)教師，支援員等の確保，(イ)施設・設備の整備，(ウ)**個別の教育支援計画**や**個別の指導計画**に対応した柔軟な教育課程の編成や教材等の配慮」を柱として整備することが求められている(具体的には表 3-1 参照)。

注1)　2010 年 9 月 6 日に開催された特別支援教育の在り方に関する特別委員会(第 3 回)配付資料については以下を参照した：最終アクセス日 2022 年 10 月 6 日)。
http://www.mext.go.jp/b_menu/shingi/chukyo/chukyo3/044/attach/1297380.htm

3-2　合理的配慮とバリアフリー・ユニバーサルデザインの提供 —

　中央教育審議会から上記のような報告が出されたことを受けて，文部科学省はインクルーシブ教育システム構築モデルスクールやモデル地域を指定して実践研究を進めてきた。ここでは，「インクルーシブ教育システム構築のための特別支援教育を着実に推進していくため，各学校の設置者及び学校が，障害のある子どもに対して，その状況に応じて提供する『合理的配慮』の実践事例を収集するとともに，交流及び共同学習の実施や，域内の教育資源の組合せ（スクールクラスター）を活用した取組の実践研究を行い，その成果を普及する」ことを目的にした。

　この成果として，例えば，LD，ADHD，自閉症等の発達障害児に対しては，「個別指導のためのコンピュータ，デジタル教材，小部屋等の確保」「クールダウンするための小部屋等の確保」「口頭による指導だけでなく，板書，メモ等による情報掲示」というように，障害特性をふまえた指導や支援を通常の学級の中で行うことが合理的配慮の例として挙げられた[注2]。

　もちろん，この実践研究の事例は，発達障害や情緒障害のある子供への対応ばかりでなく，すべての障害のある子供や病弱の子供への対応が含まれている。一例を挙げると，病弱・身体虚弱児に対しては，「個別学習や情緒安定のための小部屋等の確保」だけでなく，「車いす・ストレッチャー等を使用できる施設設備の確保」「入院，定期受診等により授業に参加できなかった期間の学習内容の補完」「学校で医療的ケアを必要とする子供のための看護師の配置」「障害の状態に応じた給食の提供」が必要であると指摘された。また，通常の学級で学ぶ聴覚障害児に対しては，「FM補聴システム」を使って情報保障をしたり，弱視児が通常の学級で学習する場合には，拡大読書器を用いるなど，支援機器を最大限に活用し，学習参加を促進していくことができるように工夫することも，合理的配慮であると考えられている（独立行政法人国立特別支援教育総合研究所，2014 を参照した）。

　当然のことながら，発達障害児の支援や配慮を考えると，「授業をわかりやすくする」工夫も合理的配慮の一つである。独立行政法人国立特別支援教育総合研究所では，「インクルーシブ教育システム構築支援データベース」を作成

注2）　成果報告の詳細については，以下を参照した（最終アクセス日 2022 年 10 月 6 日）。
http : //www.mext.go.jp/a_menu/shotou/tokubetu/main/006/h25/1339782.htm

しており，そこでは，通常の学級に在籍している広汎性発達障害の診断を受けている中学生に対して，次のような取り組みを紹介している。

　　合理的配慮を提供するための取組の一つとして，校内に学習会を立ち上げ，ユニバーサルデザインを意識した授業について研究を始めた。学習の流れや学習内容の理解に重点を置き，1時間の授業の流れに見通しをもたせることや，学習の仕方を個別に働きかけること，小グループによる活動の設定を多くすることなどを行った。これらの具体的な支援により学習内容の理解につながり，A生徒が安定して登校できるようなった[注3]。

　このように，特別支援教育における合理的配慮は，学習を可能にする施設設備やスタッフの確保といった**基礎的環境整備**と，教師が子供に対応するための「障害特性に対する配慮や支援」の両方が含まれていて，幅広く対応することが求められた。

3-3　合理的配慮と「自立活動」の共通点

　合理的配慮については，海外においても同様に実践されている。例えば，英国では，差別禁止法の制定を受け，2000年以降，学校と地方自治体に対して「アクセシビリティの確保」を求め，障害によって不当に差別を受けることのないように「合理的調整」（reasonable arrangement）を行うことが規定されている。このなかで，教育分野においては，「物理的アクセス」「情報へのアクセス」「カリキュラム・アクセス」といった3側面を確保することが必要であると考えられている[注4]。

　具体的な例を挙げると，物理的アクセスは肢体不自由に対する段差の解消や，光をうまく調整できない子供（弱視児等）のいるクラスにブラインドを設置するなど，いわゆる物理的なバリアを取り除くことに関するものである。また，「情報へのアクセス」については，パソコンやタブレットを有効に活用してテキストを読みやすくするなどが例示されていて，**ICT**の活用と関連して紹介されていることが多い。

注3）　合理的配慮の実践事例データベースについては以下を参照した（最終アクセス日2022年10月6日）。http://inclusive.nise.go.jp/?page_id=15

注4）　英国の合理的配慮に関しては，新井英靖（2013）．英国の障害者差別禁止法とインクルーシブ教育の発展過程に関する検討．茨城大学教育学部紀要（教育科学），第62号，301-302. を参照。

　こうした学校現場における合理的配慮の取り組みは，日本の特別支援教育では教育課程上，**自立活動**に位置づけることができる。周知のとおり，自立活動は，「障害による学習上又は生活上の困難を改善・克服する」ことが目的であるが，学校における教育活動全体を通じて障害に対する配慮や支援を提供するとともに，「授業時間を特設して行う自立活動の時間における指導」を組み合わせて実践していくことが求められている（文部科学省，2018）。

　例えば，「感覚の過敏さやこだわりがある場合，大きな音がしたり，予定通りに物事が進まなかったりすると，情緒が不安定になることがある」という実態の障害のある子供（自閉症児）に対して，「自分から別の場所に移動したり，音量の調整や予定を説明してもらうことを他者に依頼したりするなど，自ら刺激の調整を行い，気持ちを落ち着かせることができるようにする」ことを指導することが自立活動の目的である（文部科学省，2018，pp 57–58 を抜粋）。しかし，上記のような障害特性による困難を改善したり，克服したりするまでのあいだ，毎日のようにパニックを起こしていたのでは精神的によい教育環境とは言えないので，特別支援学校では自閉症児にはイヤーマフを装着させ，物理的に過度な聴覚的刺激を少なくする配慮（合理的配慮）を行っている[注5]。

　以上のように，特別支援教育では，障害特性に配慮した支援を提供することは「合理的配慮」の提供となるが，それを学習指導として展開しようとすると「自立活動」として位置づけられる。こうした「合理的配慮」や「自立活動」は，特別支援教育の専門的な知見を活かして展開することが多く，特別支援教育の専門性の一つであるといえる。ただし，「合理的配慮」については，特別支援学校や特別支援学級に在籍をしていない通常の学級に通う障害のある子供にも同様に提供するべきものでもあり，特別支援教育に詳しい人からのアドバイスを受けて，通教の学級においても提供できるように進めていくことが求められる。

3-4　「効果的な学習」を展開する質の高い教師の指導技術 ————

　一方で，「合理的配慮」を提供していれば，特別支援教育の専門的な対応をすべてカバーすることができるかというと，必ずしもそうではない。なぜなら，子供たちの学習の遅れやつまずきは，必ずしも「障害」からくるものばかりで

注5）　知的障害のある子供に対する自立活動の実践は，新井ほか（2022）の中で詳述した。

表 3-2　効果的な教授・学習を提供するポイント

- もっとも最適な集団編成を考えること
- ICT の活用を支援すること
- 授業のさまざまな側面で複数の感覚を利用すること
- 個人の目標を学習の目標と統合すること
- 計画の中に自律的な学習の機会を設けること
- 学習の次のステップを明確に書き記しておくこと

なく，「生活経験の不足」や「学習に対する肯定的な気持ち（学習意欲等）」とも関係しているので，子供の学びを促進していくための授業改善や教材開発などが必要となるからである。

　前節で挙げた英国では，こうしたすべての子供の学びを促進していくための指導の工夫をインクルーシブ教育実践の一つに位置づけている。具体的には，英国では，子供のニーズに応じて特別に用意された教材や指導方法を効果的に提供する方法や，他者と一緒に活動が行えるグループ編成の方法などが示されている。そして，こうした学習内容や方法を考え，実践していくことを，英国では「効果的な教授・学習」(effective teaching and learning)とよび，通常の学校で障害のある子供の学びを促進していくことをめざす「インクルーシブ教育」の実践的な柱として示されている（表 3-2 参照）[注6]。

　こうしたすべての子供の学びを促進していく教師の指導技術は，日本においても古くから提供されてきた。例えば，学習が苦手な子供であっても授業に主体的に参加することができるように，授業をドラマ的に展開し，教師が問いを立て，学びあう集団で意見を対立させながら，矛盾や葛藤を統一していく授業論が 1980 年代においてすでに提起されている。日本ではこうした教師の指導技術をあえて「インクルーシブ教育」とよんでこなかったが，上記の授業論を提起した吉本は，「底辺の子ども」を集団のなかに包摂し，「分けない」で指導していくことを基本にしていたことからも，インクルーシブ教育と通底する考え方は存在していたと考えられている（新井，2022）。

　先に挙げた英国のインクルーシブ教育実践においても，「特別な支援」とよぶのではなく，「学習上のバリア」を除去するための「学習支援」(support for learning)という言葉で説明されていたり，子供の困難や特性を「指導スタイル」という言葉を用いて解説するなど，すべての子供を対象とした用語が使用

注6）　この点については，湯浅・新井(2018)の中で詳述した。

されている。そして，インクルーシブ教育実践では，すべての教師がこれまでの指導方法を見直すきっかけとなるように，新しい教授方法を開発していくことが求められている。

3-5　インクルーシブ教育実践と ICT 活用の課題

　ここまで述べてきた合理的配慮とインクルーシブ教育実践をめぐる課題は，「障害による学習上，生活上の困難」に対する特別な配慮や支援・指導を提供するという点と，通常の学校の教育・指導を変化させるべく，子供に合わせた指導方法を柔軟に採用していくという点の両方を実現していくことが求められているということである。こうした実践については，近年，教育現場で求められている ICT の活用について取り上げるとわかりやすい。

　すなわち，特別支援教育で「ICT の活用」というと，まず思いつくのが視覚化による学習支援であろう。例えば，自閉症児などに対して，「あと何分で授業（課題）が終了するのか」という点を見やすく，わかりやすく表示するために，タイムタイマーを活用することが挙げられる。また，聴覚障害児に対しては，教師がマイクに話した内容がタブレットに文字として表示されるシステムが開発され，近年では多くの学校現場で活用されている。加えて，視覚障害児に対しては，墨字で書かれた文章データを読み上げてくれるソフトも簡単に入手できる時代となり，障害者が社会のなかで他の人と一緒に（インクルーシブに）活動する際のハードルはだいぶ低くなってきている。

　一方で，教育実践における「ICT の活用」は，障害者支援（特別支援教育）にとどまるものではなく，すべての子供の学びの促進（深まりや広がり）に貢献できるものである。例えば，現在の日本では，教科書などの学習資料に QR コードが付いていて，そこにアクセスすると，英語であればネイティブ・スピーカーが文章を読み上げてくれて，リスニングの勉強が自宅でできるようになっている。また，歴史では当時の様子が映像（演劇）で見られるようになっていたり，地理では日本で生活していたのでは体験したり，イメージしたりすることが難しい地域の映像が見られるようになっていたりする。

　もちろん，こうしたすべての子供の学びを促進するために用いられている ICT 活用は，障害のある子供などの特別な支援を必要とする子供にとっても有効であることは間違いない。例えば，文字を読むことに困難のある学習障害（読字障害）のある子供に対しては，英語の学習でネイティブ・スピーカーが読み

上げてくれるなら，読むことを最小限にして，音声で聞き取りながら英語を学ぶことが可能となる。また，文字を読むだけでは学習内容を想像することが苦手な発達障害(自閉症等)の子供に対しては，これまでであれば歴史や地理の教科書と資料集といった文字や写真からイメージしなければならなかった内容を映像で学ぶことができるようになる。

　以上のように，ICTの活用は，「障害者支援＝合理的配慮」としてとらえると，音声ガイドや視覚的映像による補助となるが，「学習支援」としてとらえると，すべての子供の効果的な学習のための指導の工夫であるといえる。これは，インクルーシブ教育実践の推進には，「合理的配慮(バリアフリーやユニバーサルデザイン)」の考え方をベースにして，学習困難を最小限にとどめるような対応が必要であるという側面と，すべての子供に有効な学習支援を提供していくという側面の両方を同時に充足できることが求められているということを示唆するものであると考える。

　以上の点をふまえると，障害のある子供に対して現行の学習指導要領が求めている「資質・能力」を育成するには，障害のある子供の学びを単なる知識や技能の習得に偏重することなく，ICTの活用などを含めて，子供の学びを広げ，深めていくことが重要であり，そのために指導方法を工夫していくことが重要であると考える。本章では，英国の取り組みなども例示しながら，合理的配慮の考え方とインクルーシブ教育実践の方法を紹介してきたが，今後，日本の授業づくりの特徴をふまえた学習支援の方法や教師の指導技術について解明していくことがインクルーシブ教育を推進していくために重要であると考える[注7]。

注7)　日本におけるインクルーシブ授業の方法やカリキュラムづくりについては，新井英靖(2016)および新井(2022)のなかで論じている。

4章 自立活動の基本

　　自立活動は特別支援学校の教育課程において特別に設けられた指導領域であり，障害のある児童生徒の教育において重要な位置を占めている。個々の児童生徒の学習上又は生活上の困難の改善・克服を目指す自立活動は，特別支援学校のみならず，小学校等の特別支援学級や通級による指導等でも重要な役割を果たしている。自立活動は，個別の指導計画を作成し，そこに設定された指導目標や具体的指導内容等に基づいて指導されるものであり，個別の指導計画の作成と活用の仕方によって，指導の効果が大きく左右される。実際の指導に当たっては，自立活動の時間における指導のみならず，学校の教育活動全体を通じて指導されるものであり，各授業を担当する教師全員が対象児童生徒の指導目標や指導内容等を共有することが極めて重要となる。

【キーワード】　自立活動，個々の課題，個別の指導計画，作成と活用

4-1　自立活動の概要 ─────────────

（1）　自立活動の教育課程上の位置づけ

　学校の教育課程を構成する各教科等は，学校教育法施行規則に定められている。小学校は第50条に「小学校の教育課程は，国語，社会，算数，理科，生活，音楽，図画工作，家庭，体育及び外国語の各教科，特別の教科である道徳，外国語活動，総合的な学習の時間並びに特別活動によって編成するものとする」，特別支援学校小学部の場合は第126条に「特別支援学校の小学部の教育課程は，国語，社会，算数，理科，生活，音楽，図画工作，家庭，体育及び外国語の各教科，特別の教科である道徳，外国語活動，総合的な学習の時間，特別活動並びに自立活動によって編成するものとする（下線は筆者加筆）」と規定されている。両者の教育課程上の違いは，特別支援学校の教育課程に下線部の**自立活動**が加わっていることである。

　また，特別支援学校の目的が学校教育法第72条に「特別支援学校は，視覚障害者，聴覚障害者，知的障害者，肢体不自由者又は病弱者（身体虚弱者を含む。以下同じ。）に対して，幼稚園，小学校，中学校又は高等学校に準ずる教育

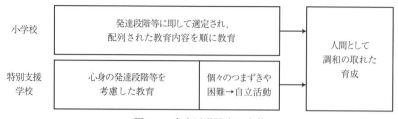

図 4-1　自立活動設定の意義

を施すとともに，障害による学習上又は生活上の困難を克服し自立を図るため
に必要な知識技能を授けることを目的とする（下線は筆者加筆）」と規定されて
いる。この前段（点線部）は，特別支援学校では，幼稚園，小学校，中学校又は
高等学校（以下，小・中学校等）に「準ずる教育」を行うことを示しており，小
学校の場合には，各教科，道徳科，外国語活動，総合的な学習の時間及び特別
活動の指導に該当するものである。一方，後段（実線部）は，個々の幼児児童生
徒（以下，児童生徒）が自立を目指し，障害による学習上又は生活上の困難を主
体的に改善・克服するために必要な知識，技能，態度及び習慣を養う指導，つ
まり，自立活動を中心とした指導に該当する。自立活動は，特別支援学校の教
育課程において特別に設けられた指導領域であり，障害のある児童生徒の教育
において，教育課程上重要な位置を占めている。
　特別支援学校の教育課程に自立活動が設けられていることについて，特別支
援学校教育要領・学習指導要領解説自立活動編（文部科学省（2018 a），以下，
解説自立活動編）の中で次のように説明されている。つまり，小・中学校等の
教育では，児童生徒の発達段階等に即して選定・配列された教育内容を順に教
育することで，人間として調和のとれた育成が期待されるが，障害のある児童
生徒の場合，様々な場面でつまずきや困難が生じるため，個々の障害による学
習上又は生活上の困難を改善・克服するための指導が必要となる。そこで，自
立活動を設定して指導し，人間として調和の取れた育成を目指しているのであ
る（図 4-1）。

（2）　養護・訓練から自立活動へ

　自立活動は，1971 年の学習指導要領改訂において創設されたが，それ以前
から，盲学校や聾学校，養護学校では，障害の状態を改善・克服するための指
導が重要視され，様々な取り組みが行われていた。盲学校（小学部）では歩行訓

練を「体育」，感覚訓練を「理科」，聾学校（小学部）では聴能訓練を「国語」と「律唱」，言語指導を「国語」等，各教科の中で指導が行われていた。しかし，このような指導は部分的な取り組みが多く，系統的・継続的な指導には至らなかった。この状況を踏まえ，1970 年 10 月にまとめられた教育課程審議会の答申において，障害のある児童生徒の教育では，障害による困難を克服して児童生徒の可能性を最大限に伸ばし，社会によりよく適応していくための資質を養う特別の指導が重要であること，さらに，その指導は個別的，計画的かつ継続的に指導すべきものであること等から，各教科等とは別に「養護・訓練」とし

表 4-1　学習指導要領における自立活動の主な変遷

1964 年告示 ＊各教科の中で指導	盲学校小学部 ：歩行訓練(体育)，感覚訓練(理科)	聾学校小学部 ：聴能訓練(国語・律唱)，言語指導(国語)	養護学校小学部肢体不自由：体育・機能訓練	養護学校小学部病弱：養護・体育	養護学校小学部精神薄弱：＊障害に対応した独自の教科
1971 年告示 ＊「養護・訓練」新設	（目標）児童または生徒の心身の障害の状態を改善し，または克服するために必要な知識，技能，態度及び習慣を養い，もって心身の調和的発達の基盤をつちかう。 （内容）4 つの柱の下に 12 の項目 　　A：心身の適応(3 項目)　　　B：感覚機能の向上(3 項目) 　　C：運動機能の向上(3 項目)　D：意思の伝達(3 項目)				
1979 年告示	＊盲学校，聾学校，養護学校学習指導要領が共通の学習指導要領となり，「指導計画の作成と内容の取扱い」が一本化された。				
1989 年告示	（内容）5 つの柱の下に 18 の項目 　　1. 身体の健康(3 項目)　2. 心理的適応(3 項目)　3. 環境の認知(3 項目) 　　4. 運動・動作(5 項目)　5. 意思の伝達(4 項目)				
1999 年告示 ＊「自立活動」に名称変更	（目標）個々の児童又は生徒が自立を目指し，障害に基づく種々の困難を主体的に改善・克服するために必要な知識，技能，態度及び習慣を養い，もって心身の調和的発達の基盤を培う。　　（＊アンダーライン：変更箇所） （内容）5 区分 22 項目 　　1. 健康の保持(4 項目)　2. 心理的な安定(4 項目)　3. 環境の把握(4 項目) 　　4. 身体の動き(5 項目)　5. コミュニケーション(5 項目)				
2009 年告示	（内容）6 区分 26 項目 　　1. 健康の保持(4 項目)　2. 心理的な安定(3 項目)　3. 人間関係の形成(4 項目)　4. 環境の把握(5 項目)　5. 身体の動き(5 項目)　6. コミュニケーション(5 項目)				
2017 年告示	（内容）6 区分 27 項目 　　1. 健康の保持(5 項目)　2. 心理的な安定(3 項目)　3. 人間関係の形成(4 項目)　4. 環境の把握(5 項目)　5. 身体の動き(5 項目)　6. コミュニケーション(5 項目)				

て，時間を特設して指導する必要のあることが示された。これを受け，1971年の学習指導要領の改訂の際に，盲学校，聾学校及び養護学校に共通な「養護・訓練」という名称の新たな領域が設定されたのである。この養護・訓練の内容については，主障害を対象とした対症療法的とも言える固有の内容だけでなく，二次的障害を含め，心身の機能を総合的に改善する必要があること等から，心身の発達の諸側面という観点を含めて検討し，構成された。その内容は，「心身の適応」「感覚機能の向上」「運動機能の向上」「意思の伝達」の4つの柱の下に合計12の項目にまとめられた。その後，わかりやすさや児童生徒の障害の多様化への対応等の観点から内容が見直され，現在は6区分27項目となっている（表4-1）。

　また，「養護・訓練」が新設された1971年以降，国際的に障害者に対する取り組みが進められ，障害者の「自立」の概念が従前より広く捉えられるようになるとともに，障害のある人々を取り巻く社会環境や障害についての考え方に大きな変化が見られるようになった。一方で，特殊教育諸学校（現在の特別支援学校）に在学する児童生徒については，障害の重度・重複化，多様化の傾向が顕著になってきた。このような状況を踏まえ，1999年の盲学校，聾学校及び養護学校学習指導要領の改訂の際，「養護・訓練」という名称は受け身的に受け止められることがあることや，この指導が児童生徒個々の自立を目指した主体的な取組を促す教育活動であることを明確に示す必要があること等から，名称が「養護・訓練」から「自立活動」に改められた。

（3）　自立活動の目標と内容

　2017年告示の現在の特別支援学校幼稚部教育要領・特別支援学校小学部・中学部学習指導要領（文部科学省（2018 b），以下，学習指導要領）に示されている自立活動の目標は以下の通りである。

> 　個々の児童又は生徒が自立を目指し，障害による学習上又は生活上の困難を主体的に改善・克服するために必要な知識，技能，態度及び習慣を養い，もって心身の調和的発達の基盤を培う。

　ここでいう「自立」とは，他者の援助がなくても日常生活を営むことができたり就労して経済的に自立したりすることではなく，児童生徒がそれぞれの障害の状態や発達の段階等に応じて主体的に自己の力を可能な限り発揮し，より

表 4-2　自立活動の内容

健康の保持
（1）生活のリズムや生活習慣の形成　（2）病気の状態の理解と生活管理 （3）身体各部の状態の理解と養護　　（4）障害の特性の理解と生活環境の調整 （5）健康状態の維持・改善 　＊生命を維持し，日常生活を行うために必要な健康状態の維持・改善を身体的な側面を 　中心として図る観点から内容を示している。

心理的な安定
（1）情緒の安定　（2）状況の理解と変化への対応 （3）障害による学習上又は生活上の困難を改善・克服する意欲 　＊自分の気持ちや情緒をコントロールして変化する状況に適切に対応するとともに，障 　害による学習上又は生活上の困難を主体的に改善・克服する意欲の向上を図り，自己の 　よさに気付く観点から内容を示している。

人間関係の形成
（1）他者とのかかわりの基礎　（2）他者の意図や感情の理解 （3）自己の理解と行動の調整　（4）集団への参加の基礎 　＊自他の理解を深め，対人関係を円滑にし，集団参加の基盤を培う観点から内容を示し 　ている。

環境の把握
（1）保有する感覚の活用　（2）感覚や認知の特性についての理解と対応 （3）感覚の補助及び代行手段の活用 （4）感覚を総合的に活用した周囲の状況についての把握と状況に応じた行動 （5）認知や行動の手掛かりとなる概念の形成 　＊感覚を有効に活用し，空間や時間などの概念を手掛かりとして，周囲の状況を把握し 　たり，環境と自己との関係を理解したりして，的確に判断し，行動できるようにする観 　点から内容を示している。

身体の動き
（1）姿勢と運動・動作の基本的技能　（2）姿勢保持と運動・動作の補助的手段の活用 （3）日常生活に必要な基本動作　（4）身体の移動能力　（5）作業に必要な動作と円滑な遂行 　＊日常生活や作業に必要な基本動作を習得し，生活の中で適切な身体の動きができるよ 　うにする観点から内容を示している。

コミュニケーション
（1）コミュニケーションの基礎的能力　（2）言語の受容と表出　（3）言語の形成と活用 （4）コミュニケーション手段の選択と活用　（5）状況に応じたコミュニケーション 　＊場や相手に応じて，コミュニケーションを円滑に行うことができるようにする観点か 　ら内容を示している。

備考）　学習指導要領では，例えば「情緒の安定に関すること。」とされているが，「・・・に関す
　　ること。」は省略した。また，「＊」は各区分の説明を表している。

よく生きていこうとすることを意味している。「障害による学習上又は生活上の困難を主体的に改善・克服する」とは，日常生活や学習の場面で，障害によって生ずるつまずきや困難を自ら軽減しようとしたり困難の解消に向けて努力したりすることである。また，「調和的発達の基盤を培う」とは，自立活動の指導によって学習や生活の基盤を作ることであり，児童生徒が「生活しやすく，学びやすくなる」状態にすることと言うことができる。自立を目指すのは「個々の児童生徒」であり，自立活動は，一人ひとりの児童生徒が自立を目指し，様々な困難の改善に向けて自ら取り組む学習である。それは，治療や訓練ではなく教育活動であり，児童生徒が主体的に学習するものである。

　自立活動の内容については，障害による学習上又は生活上の困難を改善・克服するために必要な要素と，人間としての基本的な行動を遂行するために必要な要素の代表的な27項目を，健康の保持（5項目），心理的な安定（3項目），人間関係の形成（4項目），環境の把握（5項目），身体の動き（5目），コミュニケーション（5項目）の6つの区分に分類・整理されている（表4-2）。なお，これらの内容は，各教科等のように，そのすべてを取り扱うのではなく，対象となる児童生徒の障害による学習上又は生活上の困難を改善・克服するために必要な項目を選定して取り扱うものである。

（4）　小学校等における自立活動の指導

　2017年告示の小学校学習指導要領（文部科学省，2018c）では，従来に比べ，特別支援教育に関する記述が大幅に増えている。自立活動に関しては，総則の中で，「イ特別支援学級において実施する特別の教育課程については，次のとおり編成するものとする。（ア）障害による学習上又は生活上の困難を克服し自立を図るため，特別支援学校小学部・中学部学習指導要領第7章に示す自立活動を取り入れること。（下線は筆者加筆）」，「ウ障害のある児童に対して，通級による指導を行い，特別の教育課程を編成する場合は，特別支援学校小学部・中学部学習指導要領第7章に示す自立活動の内容を参考とし，具体的な目標や内容を定め，指導を行うものとする。（下線は筆者加筆）」とされている。下線部の「特別の教育課程」については，特別支援学級の場合には，学校教育法施行規則第138条，通級による指導では第140条に，特に必要がある場合には小学校等の学習指導要領等に示されている内容や授業時数等の基準にかかわらず，特別の教育課程を編成できることが規定されている。

　また，自立活動の指導は，個々の児童生徒の的確な実態把握に基づいて個々

の指導目標や具体的指導内容が設定され，指導されるのであり，児童生徒一人ひとりの個別の指導計画の作成が必要となる。個別の指導計画作成の考え方や手順等については，解説自立活動編に詳しく説明されているが，改訂された小学校学習指導要領解説総則編（文部科学省，2018 d）の中でも手順等が示されている。

　なお，個別の教育支援計画及び個別の指導計画は，特別な教育的ニーズのある児童生徒一人ひとりに対してきめ細やかな指導や支援を組織的・継続的かつ計画的に行うために重要な役割を担っており，特別支援学級に在籍する児童生徒や通級による指導を受ける児童生徒全員については，これら 2 つの計画を作成することとなっており（義務），通常の学級においては，これらの計画を作成し活用に努めることとなっている（努力義務）。

4-2　自立活動の指導

（1）　個別の指導計画の作成

　解説自立活動編には，個別の指導計画作成の考え方や作成手順等が詳しく解説されている。作成手順は，大まかに次のようにまとめられる。

> ①　実態把握，②課題の整理，③指導目標設定，④項目選定，⑤具体的な指導内容設定

　まず，個々の児童生徒の障害の状態や特性及び心身の発達の段階等を的確に把握する（①**実態把握**）。次に，実態把握で収集した情報を整理して指導すべき課題を明確にし（②**課題の整理**），指導目標を設定する（③**指導目標設定**）。さらに，表 4-2 に示した内容の中から目標達成に必要な項目を選定し（④**項目選定**），選定した項目を相互に関連づけて具体的指導内容を設定する（⑤**具体的な指導内容設定**）。この過程をわかりやすく示すために，解説自立活動編では，「実態把握から具体的指導内容を設定するまでの流れの例（流れ図）」に沿って説明され，巻末には 11 の事例も掲載されている。この個別の指導計画の作成の考え方や作成手順等に基づき，各地の教育センター等は，地域の学校等での活用を目的として独自にハンドブック等を作成している。岡山県総合教育センターが2015 年に作成し，2019 年に改訂した「自立活動ハンドブック—知的障害のある児童生徒の指導のために—Ver.2」（以下，ハンドブック）もその一つである。

　このハンドブックに示されている「自立活動の指導『手順シート』」に沿って
作成された記述例を図4-2に示す。この指導計画の対象は，知的障害を伴う高
等部生徒Aである。実態把握の欄は省略しているが，この欄に書かれている様々
な情報を整理・検討し，抽出された生徒Aの課題，つまり，学習上又は生活
上の困難を図4-2の「課題の抽出」欄に記述している。記述された各課題に関
連する自立活動の区分・項目を（　）内に記している。次の「課題関連の検討と
中心的課題の特定」の過程に関連し，ハンドブックには課題を整理する際の視
点が示されている（表4-3）。この事例では，個々の課題について，「課題の背
景要因」（視点①）を推測しており，推測された要因を「課題の抽出」欄に「→」
で示している。さらに，視点②の適時性・必要性・実現性を加味して検討し，
中心的課題を特定している。この検討過程，つまり，中心的課題を特定するに
至った教師の考えを「課題関連の検討と中心的課題の特定」欄に記述している。
次に，中心的課題に基づいて長期及び短期目標を設定するとともに，目標達成
に必要な区分・項目を自立活動の内容の中から選定し，各々の欄に記述してい
る。選定した項目を相互に関連づけ，目標達成に必要な具体的指導内容を設定
するとともに，その内容の指導場面を想定し，各欄に記述している。

表4-3　課題を整理する際の視点

【課題を整理する視点①】
・課題の背景要因：なぜそのような行動になるのか
・原因と結果：（課題A）だから（課題B）になる
・相互に関連し合う：課題Aと課題Bが原因にも結果にもなる
・発達や指導の順序性：〜の前に〜の指導をする
【課題を整理する視点②】
・適時性：今，指導することが適切な時期か
・必要性：現在の生活だけでなく，将来の生活も見通して，今，必要なことか
・実現性：予定の指導期間内で達成できるか

（2）　個別の指導計画の活用（指導の実際）

　図4-2の個別の指導計画に基づいて展開された指導事例の概要を以下に示す。

a. 前期の指導計画と指導結果(評価)

　生徒Aの長期の指導目標を踏まえ，前期の短期目標を「教師の説明を聞いて
課題の内容や取り組み方を正しく理解することができる」と設定し，指導が行

実態把握	障害の状態，発達や経験の程度，興味・関心，学習や生活の中で見られる長所やよさ・困難，学習の習得状況，本人のニーズ等　＊（ ）は自立活動の区分
	—省　略—
	その他の情報（保護者や担任等のニーズ，将来期待する姿など）
	—省　略—

<table>
<tr><td rowspan="11">課題の整理</td><td colspan="2" align="center">課題の抽出</td></tr>
<tr><td colspan="2">
・大きな音がするとその場を離れたいと訴える。（健康（4）・環境（2））→　聴覚過敏，未知なことへの不安等
・話を聞くとき，話をしている人の方を見ないで，よそを向いたり，手元にあるものを触ったりすることが多い。（人間（2）（4）・環境（2）・コミュ（2））　→言語理解の困難さ，不注意等
・靴箱を拭く際，一つ置きに拭いてしまうことが多い。（健康（4）・環境（4）・身体（5））　→視覚認知に関わる困難さ，不注意等
・プリントを取る際，1枚とばしてしまう。（環境（2）・身体（5））→視覚認知に関わる困難さ，不注意等
・板書の文字をノートに正確に書き写すことが難しい。（環境（2）・身体（5））→視覚認知，ワーキングメモリ，メタ認知に関わる困難さ等
・服のボタンのかけ間違いが度々ある。（環境（2）・身体（5））→手指の巧緻性に関わる困難さ等
＊各区分・項目の正確な名称・内容は表2を参照</td></tr>
<tr><td align="center">⇩</td><td align="center">推測された要因等を踏まえ，次のように中心的課題を捉えた。</td></tr>
<tr><td colspan="2" align="center">課題関連の検討と中心的課題の特定</td></tr>
<tr><td colspan="2">　日常生活や学習の場面で，正確に課題を行うことが難しい姿が多く見られる。その際，不正確であることに気付かなかったり，気付いたときも修正しようとしなかったりすることがある。本生徒は，視覚を中心とした周囲の情報の受け止めの難しさや，ワーキングメモリに関わる課題，不注意などにより，課題理解や，課題遂行に困難さがあり，その結果，成功経験も少なく，苦手意識を抱えていると考えられる。高等部である生徒Aの生活年齢や卒業後の生活を想定し，視覚認知能力を高めることに焦点を当てるのではなく，課題理解や課題遂行に関わる困難さを自分で補う方略に気付き，それを自ら活用し，その有用性を実感できるようにする指導が重要と考える。さらに，その方略を学習場面や生活場面でも進んで活用することにより，本生徒の学習上，生活上の困難さの改善につながり，成功経験を重ね，自信をもって生活や学習ができるようになっていくと考えられる。以上のことから，本生徒の場合，提示される視覚を中心とした情報を受け止めて理解し，自分なりの方略を活用しながら正しく課題に取り組むことを中心的な課題と考えた。</td></tr>
</table>

長期目標	提示された情報を理解して，正確に取り組もうとすることができる。
短期目標 （後期）	提示される視覚を中心とした情報から求められている課題を理解し，自分の方略を活用しながら取り組むことができる。

項目の選定	健　康	心　理	人　間	環　境	身　体	コミュ
	（4）障害の特性の理解と生活環境の調整	（2）状況の理解と変化への対応	（1）他者とのかかわりの基礎 （2）他者の意図や感情の理解 （3）自己の理解と行動の調整	（1）保有する感覚の活用 （2）感覚や認知の特性についての理解と対応 （4）感覚を総合的に活用した周囲の状況についての把握と状況に応じた行動	（1）姿勢と運動・動作の基本的技能 （5）作業に必要な動作と円滑な遂行	（2）言語の受容と表出

	項目と項目を関連つける際のポイント・
	—省　略—

具体的指導内容の設定	ア　提示される課題について，注目するところや気を付けることが分かる。	イ　見本や指示書などを確認し自分なりの取り組み方を見つけ，その方法で課題に取り組む。	ウ　自分の取り組み方や結果を振り返り，できていること，難しいことに気づく。
指導場面の選定	ア　自立活動の時間における指導，作業学習，生活学習，日常生活の指導　など	イ　自立活動の時間における指導，作業学習，生活学習，日常生活の指導　など	ウ　自立活動の時間における指導，日常生活の指導　など

図 4-2　自立活動の個別の指導計画の記述例

備考）「項目の選定」欄の正式な表記は表 4-2 を参照

われた。その結果は，以下の2点にまとめられる。

・聴覚情報を理解して行動できることが増えた。

　簡単な説明を聞いて，正しく行動できることが増え，わからなかったときは，自分から教師に質問することもできた。集団の中では，話している人を注視していないこともあるが，話の内容は理解できていた。

・視覚情報の受け止めに困難さがあると考えられる姿が多く見られた。

　個別指導で「見本を見ながら左から順にシールを貼る」学習の中で，次にシールを貼る位置を注視せず，順に貼ることは難しかった。学級等では，提示されている情報に注目したり，その内容に沿って行動したりすることが難しく，「見る」ことへの苦手意識もあり，活動への取り組みを諦める姿も見られた。

b. 後期の指導計画と指導結果(評価)

　前期の評価を踏まえ，後期の中心的課題を捉え直し(図4-2「課題の整理」欄参照)，後期の短期目標を「提示される視覚を中心とした情報から求められている課題を理解し，自分の方略を活用しながら取り組むことができる」と設定し，以下の指導が行われた。

【個別指導(自立活動の時間における指導)の例】

　個別指導では，生徒Aが，自分で活用できる解決方法を見つけ，「○○すれば楽にできるんだ」と実感し，それを日々の学習や生活の場面で活用できるようにすることを意図し，生徒Aが「何とか解決しよう，解決したい」と思う活動を設定し，スモールステップで学習が進められた。主な指導内容を以下に示す。

・**学習活動「絵本の制作」**(①台紙に貼る絵や写真の配置確認，②指示書に沿って写真や絵を順番に台紙に貼る，③見本の文字を台紙に書き写す)
「文字を書き写す(③)」：生徒Aは，学習に取り組む中で，「書字する用紙のすぐ上に見本を置き，見本の文字を1文字ずつ左手で押さえて確かめながら右手で書く」，という自分にとって書きやすい方法を見出した。その方法で書き写していくことにより，正確性や書字速度が増していった。

・**学習活動「宝探し」**：保管庫にあるたくさんの小さな扉付きの棚の一つに隠された宝物を見つける学習活動に取り組んだ。取り組みの中で，すべての棚の中を探すには，「既に探した棚の扉に付箋を貼り，残りの棚を順に探していく」方法が有効であることに気づいた。この方法により，宝物を速く確実に見つけ出すことができるようになった。

【学級等での指導の例】

・**学習活動「文字を書き写す」**：学級等では，個別指導と関連させながら指導が行われた。ある日，生徒Aの学習グループで，プリントの文字を書き写す学習が行われていた。生徒Aは書字する用紙の枠のすぐ上に見本を置き，見本の文字を1文字ずつ指で確かめながら書字していた。教師が「〇〇流（生徒Aの名前）の書き方ですか？」と言うと，生徒Aは，嬉しそうに「そう」と言って微笑んでいた。

・**学習活動「靴箱の掃除」**：生徒Aは，たくさんの棚がある靴箱の拭き掃除を担当しており，既に拭いた箇所に小さい磁石を付け，その磁石の次の箇所を拭くやり方を順に行っていた。「これは，自立活動で見つけた〇〇流のやり方ですか」と尋ねると，「そうです」と，自信に満ちた表情で答えてくれた。

（3）　自立活動の指導で大切にしたいこと

a. 各教科等と関連させながら学校の教育活動全体で指導すること

　学習指導要領の総則に「学校における自立活動の指導は，障害による学習上又は生活上の困難を改善・克服し，自立し社会参加する資質を養うため，自立活動の時間はもとより学校の教育活動全体を通じて適切に行うものとする。」と示されている。指導事例で示したように，計画段階において，設定した具体的指導内容について，主にどの学習場面で指導するのかを想定しておくとともに，自立活動の時間における指導（事例の場合は個別指導）は勿論，普段の学習や生活の場である学級等の教育活動と関連させて指導することにより，指導の効果が期待でき，実際の生活上の困難さの改善につながるのである。

b. チームとして組織的に取り組むこと

　学習指導要領に，「自立活動の指導は，専門的な知識や技能を有する教師を中心として，全教師の協力の下に効果的に行われるようにするものとする」とされている。指導事例の学校では，専任の自立活動担当者が対象児童生徒を抽出して個別指導を行うとともに，学級担任や各授業担当者が学級等で指導を行っている。生徒Aの実際の学習・生活場面での困難を改善するため，個別指導担当者のみならず，生徒Aに関わる教師全員が，生徒Aの指導目標や指導方針，具体的指導内容等を共有して実践した結果，生徒Aの困難の改善につながったといえる。この学校では，個別の指導計画の作成及び評価の際に，関係する教師全員が集まって検討会を実施している。検討会では，各学部の全児童生徒を対象とし，①短時間で効率的に行う，②指導計画の妥当性を高める，③教師

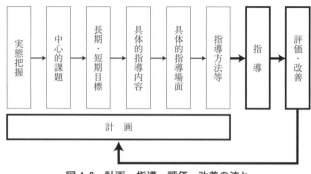

図 4-3　計画・指導・評価・改善の流れ

間で気づきや学びのある会にする，の３点を目指して運営されている。そのた
め，検討会のファシリテーター役の教師は，①参加者が考えやすい「問い」を
示す，②ホワイトボードの使い方を工夫する，③ケースに応じて時間配分を変
える，等の工夫をしながら会が進められている。

c. 指導と評価の一体化

　学習指導要領に，「児童又は生徒の学習状況や結果を適切に評価し，個別の
指導計画や具体的な指導の改善に生かすように努めること」とされている。自
立活動における計画・指導・評価・改善の流れを図 4-3 に示す。授業は，通常，
「計画→指導→評価・改善→計画・・」と循環しながら展開されていく。この
過程において，児童生徒の学びの姿を捉えることが学習評価であり，その評価
に基づいて授業が改善される。より質の高い授業を行い，児童生徒の学びを深
めるには，授業づくりの過程における指導と評価の一体化が強く求められる。
教師は，授業における児童生徒の学びの姿から授業の課題や改善の方向性，自
身の課題に気づくのであり，授業を通じて，児童生徒と教師が学び合い，高め
合っているのである。この学び合いが授業づくりの楽しさであり，教師にとっ
ての喜びと言える。

5章　視覚障害者への教育的支援

　本章では，視覚障害児童生徒の教育的支援について理解することを目的とする。教育における視覚障害や弱視（ロービジョン）の定義をふまえ，眼球の構造，視力や視野，眼球運動，眼疾患など，生理・病理の基本的な内容と教育的支援に必要な教育的視機能評価について学ぶ。次に全盲児童生徒の指導における，概念と言葉とを結びつけた指導の在り方，弱視児童生徒の指導における拡大教科書や視覚補助具の選定，教材・教具などの環境整備，重複障害児童生徒の指導における基本的な考え方について，国語や算数の点字教科書編集例や弱視児童生徒の文字際サイズ決定のための読書評価ツール（MNREAD），弱視レンズや拡大読書機などの視覚補助具の活用などと関連づけて学習する。さらに，教科指導の実際や自立活動の指導の留意点についても学習する。

【キーワード】　視覚障害，視機能評価，言語化，音声教材，視覚補助具，
　　　　　　　　自立活動

5-1　視覚障害とは

（1）　視覚障害の定義

　視覚障害とは，何らかの原因で見えにくくなったり見えなくなったりすることであり，この心身機能の制約により，社会の仕組みなどの社会的障壁において，不利益や困り事が生じることを指す（青柳・鳥山，2020）。教育における視覚障害者の定義は，学校教育法施行令第22条の3（2章参照）にも規定されているが，この場合，眼鏡やコンタクトレンズによって良好な視力が得られる場合や，片眼の視力が低くても，もう一方の眼の視力が高い場合は含まれない。矯正しても両眼の視力が十分でないことなどにより，通常の文字や図形等の視覚による認識にかなりの時間を要し，すべての教科等の指導において特別の支援や配慮を必要とし，障害を改善・克服するための特別の指導が系統的・継続的に必要となることから，このような教育措置の規準が示されている。同様に，視覚障害教育における**弱視**（ロービジョン）は，医学的治療によっても改善の望みがなく，両眼の矯正視力が 0.3 未満のもののうち，主として視覚を用いた学

習や日常生活などが可能なものを指す(香川, 2016)。

(2)　視覚障害者の特性

　日本視覚障害者団体連合(2022)によれば，視覚障害者の感じる生活上の不自由には，次の3つがあると述べている。1つ目は安全に一人で自由に移動できないこと，すなわち移動の困難性である。移動に必要な空間関係の把握は，視覚が大きく関与しており，視覚に依存しない方法で環境を理解し，保有感覚から得た情報をもとに目的の場所へ安全，かつ効率的に移動できるようになるためには，系統的な指導が必要である。2つ目は読む・書くという文字処理が自由にできないこと，すなわち文字処理の困難性である。視覚障害者は視力などに障害があることで，視覚に障害のない者と同じように普通の文字を使用することが困難となる。その場合，点字の使用や，文字サイズの拡大などが必要となる。3つ目は生まれつき視力がない人は色や形の実態がわからないこと，すなわち視認の困難性である。形や色に関する情報は，視覚を活用すれば瞬時に多くの情報を得ることができるし，離れている物の色や形に関する情報も把握することもできる。視覚障害がある場合，触覚や保有視覚などによって形などの情報を入手するが，遠くにあるものや触ることのできないもの，触ると危険なものなどは認知が困難である。つまり，視覚障害は空間に関する情報の障害であることから(香川, 2013)，実際の指導にあたっては，視覚障害の状態等を考慮した指導方法を工夫することが求められている。

(3)　視覚障害の生理・病理

a. 眼球の構造

　眼球(図 5-1)の大きさは成人で直径約 24 mm，前方に角膜，後方に網膜があり，網膜から視神経が出ている。視覚情報は光として角膜に入り，水晶体，硝子体を通過し，網膜へと到達する。角膜，水晶体，硝子を総称して透光体とよぶ。眼の屈折力は主に角膜と水晶体が担っており，角膜の屈折力は約 43 D(ディオプター，屈折力の単位。焦点距離をメートルで表したものの逆数)，水晶体の屈折力は約 20 D である。

　眼球の角膜を外から見ると，周辺部分が茶色，もしくは青色，灰色，緑色など，色のついた部分と中心の黒い部分に分かれている。いわゆる「黒目」である。色のついた周辺部分は虹彩，中心の黒い部分は瞳孔である。虹彩は網膜に光を通す際に伸縮することにより，眼球に入る光の量を調節している。虹彩や

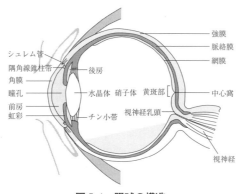

図 5-1　眼球の構造

　瞳孔が黒目の部分である一方で,「白目」とよばれる部分が, 眼球のいちばん
外側部分にある強膜である。強膜は前方で角膜とつながっており, 角膜と違い
白色で光をほとんど通さず, 眼球の形を保ち, 保護する役割を担っている。角
膜とつながる部分にはシュレム管が存在する。シュレム管は, 眼球を球形に保
つための房水を眼球から排出する役割をもつ。房水は毛様体で作られ, 血管の
ない透光体に栄養を与えており, 正常な眼球は, この房水が角膜と水晶体の間
で絶えず循環している。

　強膜の内側には前述した虹彩, 水晶体の厚さを調節する毛様体, 網膜に栄養
を送る脈絡膜があり, 総称してぶどう膜とよぶ。毛様体は虹彩と脈絡膜の間に
ある組織で, 水晶体の調節を行うほかに, 房水を産生する。脈絡膜の前部は毛
様体とつながり, 後部は視神経の周囲に至る。脈絡膜はメラニン色素が豊富な
組織で黒く, 瞳孔以外の部分から光が入ることを防いでいる。また, 脈絡膜の
血管を通して眼球内に栄養を補給している。

　網膜はぶどう膜の内側にあり, 眼球に入った光を刺激として信号に変え, 視
神経を通して脳へ送る役割を果たしている。0.2 mm 前後の薄い膜で, 光に反
応する視細胞が多く分布している。この視細胞には錐体細胞, 桿体細胞とよば
れる 2 種類の視細胞があり, 錐体細胞は主として明所で機能し色覚に関与する。
錐体細胞には特性の異なる S, L, M の 3 種類があり, それぞれ異なる波長の
光に反応する。この異なる反応が脳に伝えられて処理されることにより, 色と
して知覚する。一方, 桿体細胞は色の認識はしないものの, 暗所でも機能する
ことができ, 明暗を認識することができる。

　眼球に入った光は, 角膜と水晶体により適切に屈折して網膜に像を結ぶこと

により，はっきりと見えるようになる。網膜の最も後方の部分は黄斑部とよばれ，黄斑部には錐体細胞が多く分布し，良好な視力を得ることができる。黄斑部の中心には直径2mmに満たない中心窩があり，特にはっきりと見える部分となる。視対象を固視している時は黄斑部で見ており，細かく見分ける際には，わずかな範囲である中心窩でものを見ている。良好な視力が得られるのは中心窩でとらえた時であり，網膜周辺部分へいくに従って得られる視力は低下することとなる。中心窩で得られる視力は中心視力，他の部分で得られる視力は周辺視力とよばれ，通常視力を測定する場合は中心視力を測定している。

b. 視力や視野の評価

　乳幼児の視機能は生後間もなくから発達する。生後1か月ごろから特定の視覚的な刺激に対して注視できるようになり，その後徐々に追視も可能となる。視力については測定方法により異なるが，Teller acuity card Ⅱ（図5-2）を用いて測定した場合，新生児で0.02，1歳児で0.1，2歳児で0.3程度の視力があるとしている（小枝，1998）。Teller acuity cardⅡには片側半分に縞模様が描かれており，検査者が縞模様の粗いカードから提示し，カードにあけられた穴から被験者の目の動きにより視反応を評価する。この方法により，自覚的検査が困難な乳児や，知的障害などがある幼児児童生徒の視力評価も可能となる。3歳頃からは自覚的な視力検査であるランドルト環による測定が可能となり，6歳頃になると視力はほぼ完成するといわれている。

　視力について，国際眼科学会ではその測定にランドルト環を用い識別できる最小視角の逆数をもって視力とする小数視力が採用されている。このランドルト環は直径7.5mm，太さ1.5mmの環に1.5mm幅の切れ目がある視標を用い，切れ目がある方向を5mの距離から見分けることができる視力を1.0と定義している。この場合，4方向のうち3方向を正しく判別する必要がある。検査距離は通常5mであるが，対象者の年齢によっては視距離を2.5mで実

図5-2　Teller acuity cardⅡ

施し，5 m の小数視力に換算する場合や，ランドルト環を用いずに，魚や鳥，蝶などの動物が描かれた絵指標を用いて測定する場合もある。また，これらの検査法で測定が困難な場合，ウサギや熊の顔の絵が描かれたカードを提示し，目の有無を答えさせる森実式ドットカードを用いて測定を行う場合もある。また，前述した Teller acuity card Ⅱ などによる他覚的な測定を実施する。

　視野は眼球を動かさないで見ることのできる範囲である。上方が約 60 度，下方向が約 70 度，耳側が約 100 度，鼻側が約 60 度である。視野は中心視野と周辺視野に大別され，評価には対座法，動的視野検査法，静的視野検査法などを用いて行う。視野の評価は対象者が注視点を固視して行う必要があるため，幼児児童生徒に対して視野の評価を行う際は，評価者の技量や対象者の状態が測定結果に影響を及ぼすことを念頭におく必要がある。

c. 眼球運動

　眼球運動は，ヒトが視対象を網膜の中心窩でとらえるために重要な役割を果たしている。代表的な眼球運動として，追従性眼球運動，衝動性眼球運動，輻輳開散運動，視運動性眼振などがあげられる。

　追従性眼球運動は，動いているボールや書字の運筆など，運動する視対象を中心窩でとらえようとする際に起こる眼球運動である。追従性眼球運動は限界があり，視対象の運動速度が速く追従できない場合は，後述する衝動性眼球運動でとらえることとなる。

　衝動性眼球運動は，広い範囲から視対象を見つけたり注視する視対象を変えたりする場合に起こる眼球運動である。読書時の改行や，板書とノートテイクの切り替えなどの場面などで見られ，日常的な行動においても，ヒトの眼球では絶えず衝動性眼球運動が生じている。追従性眼球運動，衝動性眼球運動は共に両眼が同じ方向に動く眼球運動（むき運動）である。

　輻輳開散運動は近くの視対象や遠くの視対象を両眼でとらえる時に起こる眼球運動である。現在の視対象よりも近くに対象を移動する時に起こるのが輻輳運動であり，現在の視対象よりも遠くに対象を移動する時に起こるのが開散運動ある。追従性眼球運動，衝動性眼球運動と異なり，輻輳開散運動は眼球が同じ方向ではなく，対称的な方向へ動く運動（よせ運動）である。

　視運動性眼振は視対象連続的に同じ方向へ大きく動く際に，視対称を追う比較的ゆっくりとした動きと，逆方向の速い動きが繰り返される運動であり，網膜像を中心窩に保つうえで重要な働きをしている。

　眼球運動や視知覚を教育的に評価する際には，DTVP フロスティッグ視知覚

発達検査や，指導者の観察による定性的な評価が用いられてきたが，近年では竹田らによって開発された The Waves を用いた評価も行われている。

（4）主な眼疾患

a. 未熟児網膜症

未熟児網膜症は，未熟児の目に発症する，小児の失明原因の代表的な疾患である。網膜血管の発達が十分完成していない在胎 26 週未満の段階で予定より早く出生した場合に多く見られ，網膜血管の急速かつ異常な発達により，血管が切れてしまったり出血したりすることで網膜剥離を引き起こし，視力障害になる場合がある。視力に関する予後は軽度の視力障害から失明まで様々である。

b. 網膜色素変性症

網膜色素変性症は，視細胞の変性によって機能が低下する進行性の疾患である。初期の症状は網膜周辺部分に多く分布する桿体細胞の機能低下による，夜間や暗い室内など，暗所での見えにくさである。また，次第に周辺部から中心に向かって視野が狭くなる，求心性視野狭窄となる。このように初期段階においては中心窩の状態が比較的良好なため，視野狭窄があるものの視力がある程度保たれている場合があるが，進行に伴って視力低下も生じる。視野の周辺部が欠損すると，周囲の状況把握が困難となり，歩行時の周囲の環境把握や読書に困難を生じたり，暗所での見えにくさが生じたりする。

c. 視神経萎縮

視神経萎縮は，網膜や視神経の疾患，緑内障などにより，網膜からの信号を脳へ送る視神経が萎縮し，機能しなくなる疾患である。視力低下や中心部の視野欠損が生じるが，見え方は様々である。中心視野が障害されると，中心窩は最も視力が高く，細かいものを認識することができるため，視力が大きく低下することとなる。また，視野の中心部で視対象をとらえることが困難であるため，周辺視野を用いて見ることとなる。

5-2 指 導 法

（1） 全盲児童生徒に対する指導

全盲児童生徒の指導にあたって最も重要なことは，概念と言葉とを結びつけて指導を行うことであり，指導の際には，基本的な事物や事象を選び，観察体験から言語化へのプロセスを踏むことが求められる。体験に基づく事物や事象

のイメージが言語として身についていれば，類似の事象についても言語をもと
にイメージすることが可能となるからである。この具体的な体験をもとにして
言葉を育てる指導は，言語を主として取り扱う国語だけでなく，数量や形を取
り扱う算数，運動動作を取り扱う体育をはじめとして，あらゆる教科で意図的
に組織されることが必要である。多くの場合，学習の初期の段階においては，
具体物を用いて概念形成を図ることになるが，学習が発展するにつれ，概念の
表象としての言語により学習を進めることになる。算数の学習を例にあげると，
全盲児童も，最終的には言語から図形を想起し，音声で読み上げられた数式を
頭の中にイメージしながら学習する力が必要であり，その際には定義された言
葉が教師と児童とのあいだで正しく共有されている必要がある。その際は，加
減乗除の演算符号で表された数式について，演算符号の決まりに従って計算を
行うことができるだけにとどまらず，数式が表している関係性を日常の言葉で
表現したり，反対に言葉で表現された関係を数式で表現できたりすることが重
要である。また，図形の学習においては単に図形の名称や性質を知識として理
解するのではなく，模型や触図などを活用して学習を進め，基本図形の概念を
形成することが重要である。基本図形の概念と名称とを結びつけて理解できる
ようになれば，その後の学習でも言語から図形のイメージを正しく想起するこ
とが可能となる。

　このように，具体的な体験をもとにして言葉を育てる指導を行うためには，
視覚の活用が困難であることに配慮した指導上の工夫が必要となる。視覚障害
は空間に関する情報の障害であるから，触覚教材，音声教材といった種々の教
材を効果的に活用し，児童が効率的に情報を取得することができるよう配慮が
求められる。例えば国語においては，文字について点字の読み書きを系統的に
指導していく必要があることから，小学部国語科**点字教科書**には，原典教科書
にはない点字教科書独自の教材である触読に習熟するための点字導入教材を設
定し，点字の読み書きに関する指導に配慮している。また，漢字や漢語の理解
は，将来的な情報処理能力習得の基盤にもなることから，点字使用の児童に対
する指導においても，漢字や漢語について，その読みや意味を中心として取り
扱うこととしている。そのため，国語の正しい理解を促すための普通文字に関
する教材など，漢字や漢語に関する独自の教材が設定されている。また，点字
使用の児童が触覚により適切な方法で観察し，図などを継時的に認知する方法
（香川，1974）を身につけるためには系統的な指導が必要であることから，算数
においては図形の触察能力を高めるための配慮として，触運動の統制や図形認

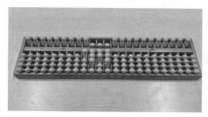

図5-3　視覚障害者用算盤

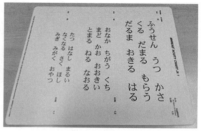

図5-4　MNREAD-Jk

知の基礎となる，原典教科書にはない点字教科書独自の教材が設定されている。さらに，主として第4学年以降に多く用いられる見取り図は，原則的に展開図や投影図に差し替えられている。これは見る角度により面の表現パターンが多様になる見取り図は，触覚を活用して認知を行う点字使用の児童にとって理解しがたいものであることによる。そのため実際の指導を行う場合は，立体模型などの教材を補いながら学習を進めることになる。加えて計算手段についても，点字使用の児童に筆算の使用はなじまないことから，主として珠算と暗算によって計算を行うこととし，点字教科書には，珠算に関して原典教科書にはない点字教科書独自の教材を設定し，視覚障害者用算盤(図5-3)を用いた指導を行っている。

　以上のように，全盲児童生徒が保有感覚を活用し，具体的な事物・事象や動作と言葉とを結びつけて概念形成を図りながら見通しをもって意欲的な学習活動を展開できるよう配慮した指導が行われている。

（2）　弱視児童生徒に対する指導

　弱視児は主たる教材として拡大教科書を用いて学習を進めていくことになる。拡大教科書の選定にあたっては，適切な文字サイズの評価が必要であり，読書速度や最適文字サイズなどを評価する方法として，ミネソタ大学ロービジョン研究室によって開発された MNREAD を用いることが有効である。この MNREAD は，読書速度，読書に適した文字サイズ，ルビや図表で使用する際など，なんとか読むことが可能となる文字サイズなどを評価することができる。MNREAD は，漢字かな混じり版の MNREAD-J やひらがな版の MNREAD-Jk（図5-4）も開発され，日本語による評価が可能となっており，これらにより得られたデータを拡大教科書の文字サイズ検討や，後述する弱視レンズの機種や倍率選定の際に根拠とすることができる。

　拡大教科書とともに，弱視児の見えにくさを補うためには単眼鏡やルーペなどの**弱視レンズ**，拡大読書機など，視覚補助具を活用することも必要である。弱視レンズは携帯性に優れ，多くの場合電源を必要としないことから，ICT 機器が普及した現在においても視覚補助具としての利点は大きいといえるが，使用技術を身につけるための適切な指導を早い段階から系統的に行うことが必要である。一方，拡大読書器は，画面上に直接拡大された文字が表示されることや見る時の姿勢の自由度が高いことなどが，弱視レンズと比較した場合の利点といえる。それぞれの特徴を理解し，弱視児童生徒が効果的に使い分けることのできる態度が求められる。また，近年においては ICT の発展にともない，デジタル端末による**画像付き音声教材**（pdf 版拡大教科書）の活用が広がっている。通常の拡大教科書にはない読み上げ機能や文字サイズ，フォントなどのカスタマイズ機能，書き込みや意味調べの機能を備えていることから，積極的な活用が求められる。

　視覚補助具や ICT 機器の活用に加えて，弱視児童が扱いやすい教材や教具の整備も重要である。例えば算数の作図や測定などの場面では，目盛りが視認しやすいものさしや定規類，扱いやすいコンパスなど，社会科では見やすい地図帳などの活用が有効である。いずれにしても弱視教育は見えにくいものを無理やり見せるものではなく，弱視児童生徒個々の見やすい環境を整備しながら見る意欲を育ていくことに留意する必要がある。

（3）　重複障害児童生徒に対する指導

　特別支援学校学習指導要領では，学校教育法施行令第 22 条の 3 に規定する障害を複数併せ有する児童生徒を重複障害者と規定している。重複障害児の指導に関する困難として，外界への興味・関心・意欲が少ないことや，コミュニケーションを図ることなどが挙げられる。しかし，障害が重度化多様化していても，基本的な発達の道筋は定型発達の児童生徒の場合と同じであり，指導にあたっては，適切な実態把握に基づいて児童生徒の全体像をとらえることにより，児童生徒の苦手な点のみ着目することなく，得意とすることを生かし，長期的な視点で指導を行うことが必要である。また，重複障害児童生徒の教育課程の編成にあたっては，児童生徒の障害の状態により特に必要がある場合は，各教科等の目標及び内容について，一部を取り扱わないことや，下学年，下学部の目標及び内容に替えること，自立活動を主として指導を行うことなどが可能となっている。このように，単一障害児童生徒とは異なる重複障害児の学習

上，生活上の困難を改善・克服する指導を行うため，特別支援学校では教育課程を柔軟に取り扱い，実態に即した教育を行うことが可能であるが，教育課程について特別な取り扱いを行う場合は，当該児童の生育歴，視覚の状況，認知発達指導の状況などを十分に考慮し，実態把握に基づいて適切に判断する必要がある。また，実際の指導にあたっても専門的な知識，技能を有する教師や特別支援学校間の連携，医師などの専門家の指導・助言を活用するなどの工夫が求められる。

（4）　教科の指導

　視覚に障害のある児童生徒の教科教育については，小中高等学校の各教科の目標内容に準じて行うことが原則であるが，視覚障害児にとって理解が困難な題材については，学習方法や題材を変更して指導を行うことになる。例えば，理科における月の満ち欠けの学習は視覚に依存した現象のため，視覚に障害がある児童生徒には学習が難しい内容といえる。この場合，光の明暗を音の高低に変換する感光器などを用いて太陽の動きの観察を丁寧に行うことによって太陽の動きについての理解を十分促したうえで，太陽の動きと関連づけながら月の動きについても言語による説明を補いながら指導を行い，視覚に依存しなくても理解できるよう配慮している。また，社会科の学習で取り扱う建造物など大きな物体に関する全体像の把握は，全盲児童生徒のみならず，弱視児童生徒にとっても困難な場合がある。このような場合，建物を模型で示して全体像をおおまかに把握させてから，実際の見学などによって今いる場所や触っている部分が模型のどの部分であるかを説明することにより，全体と部分，部分と部分との関係理解の促進をはかることで全体像の把握が可能である。その際は，建物の周りを歩いて大きさを実感したり，建物の端で声を発してもらったりすることにより，音から位置関係や広がりを把握する方法も考えられる。さらに，体育の球技の場合，空中を飛ぶボールの認知が必要とされることから，一般的に視覚障害者には参加が困難である。このような場合，方法やルールを視覚障害者用にアレンジした独自の種目が考案されている。視覚障害者用の球技であるグランドソフトボールは，ソフトボールのルールをベースとし，ハンドボールを使用し，ピッチャーが転がしたボールをバッターが打つようになっている。走者と守備側が接触しないよう走塁用ベースと守備用のベースをそれぞれ設けたり，全盲走者にはコーチが走塁用のベースへ声で誘導したりするなどの工夫がされており，視覚障害者でも安全に球技を行うことができる。

（5）　自立活動の指導

　自立活動は，特別支援学校の教育課程に設けられた，障害に基づく学習上又は生活上の困難を改善・克服するための指導領域であり，人間としての基本的な行動を遂行するために必要な要素と，障害に基づく学習上又は生活上の困難を改善・克服するために必要な要素について6区分27項目に整理・構成され，個別のニーズに基づいて必要な項目を相互に関連づけて具体的指導内容が設定される（4章参照）。具体的な指導内容として，全盲児童生徒については歩行指導や日常生活動作の指導，弱視児童生徒については視知覚を育てる指導や視覚補助具活用の指導などが考えられるが，児童生徒が興味をもって主体的に取り組み，障害に基づく学習上，生活上の困難を改善・克服しようとする意欲を高めることができるような指導が求められる。また，具体的な指導内容の決定にあたっては,実態把握に基づいた個別の指導計画を作成し，活用することとなっている。適切な指導計画となるためにも，学習の状況や指導の評価を行い，さらに実態把握を深めることで，指導を絶えず改善していくことが重要である。

6章 聴覚障害者への教育的支援

　この章では聴覚障害を理解するために，初めに聴覚の仕組み(外耳・中耳・内耳・聴神経及び大脳)と聴覚障害の種類(伝音難聴・感音難聴・混合難聴)及びその原因を概説する。その上で，聴覚障害に対するアセスメントに必要な3つの視点(聴覚障害の程度・障害の生じている部位・障害の生じた時期)から理解した総合的な状態像に基づく教育支援のあり方について説明する。次に，これらの理解を踏まえて，聴覚障害教育の現状，言語学習支援方法と発達段階(乳児期・幼児期・児童期・生徒期)ごとの教育目標とその支援方法について解説する。最後に，聴覚障害教育の今日的課題を「専門性の維持継承と充実及び9歳レベルの壁の解決」「関係諸機関間の連携」「耳科学研究」という3つの視点から概説した。これらのことから，聴覚障害教育の現状と課題，発達段階ごとの教育目標，今日的課題等の概要を理解して頂きたい。

　【キーワード】　聴覚障害，言語学習支援，教育支援方法，今日的課題

6-1　聴覚の仕組みと聴覚障害について

(1)　聴覚の仕組みと聴覚障害の種類及びその原因

　聴覚障害とは「聞こえない・聞こえにくい，あるいは聞き分けにくい等，聞こえに関する課題が恒常的に生じている」状態である。このような聞こえに関する課題が生じている聴覚障害児に適切な教育的支援がなされなければ，言語の獲得習得に課題が生じるとともに他者とのコミュニケーション関係の成立にも著しい制限や制約が生じ，孤独感や疎外感を抱くこともある。聴覚障害は「聞こえに関する障害」という理解とともに「言語情報の受容発信」及び「コミュニケーション関係」に関する課題についても併せて理解する必要がある。

　初めに聴覚障害を理解するために，人間の聴覚の仕組みについて概説する。

　空気中の振動としての言語音・音楽・環境音等の音波を大脳へ伝える聴覚の仕組みは2つの機構から構成されている。それは空気中の振動である音のエネルギーを**外耳**(耳介，外耳道)・**中耳**(鼓膜，鼓室，耳小骨，耳管)と伝達していく伝音機構と，その振動エネルギーを聴覚の感覚細胞である**内耳**(蝸牛)の有毛

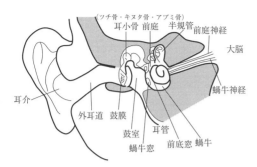

図 6-1　聴覚の仕組みと難聴の部位

細胞が神経インパルスに変換し，さらに，聴神経・大脳の聴覚中枢へと音を分析しながら伝達していく感音機構の2つの機構である。

　外耳は耳介と外耳道から構成され，集音と音源定位の働きがある。外耳道は共鳴管として 2,500〜4,000 Hz の音波を 10〜15 dB 増幅する。中耳は鼓膜，耳小骨（ツチ骨・キヌタ骨・アブミ骨），鼓室，耳管から構成される。鼓膜は厚さ約 0.1 mm で直径約 9 mm の円形で内側にはツチ骨の柄が付着している。ツチ骨はキヌタ骨・アブミ骨とつながり耳小骨連鎖を形成して，容積が約 2 mℓ の鼓室内に吊り上げられている。耳管は鼓室と上咽頭をつなぐ細い管で通常は閉鎖して鼓室内の気圧調整を担っている。鼓膜の振動は耳小骨を介して内耳のリンパ液を振動させるが，空気中を伝播した音波は内耳のリンパ液表面でほとんど反射してしまうことから中耳には鼓膜とアブミ骨底の面積比による約 25 dB，ツチ骨とキヌタ骨のテコ比による約 2.5 dB の2つの音圧増幅作用が備わっている。図 6-1 は聴覚の仕組みと難聴の部位を示した。

　感音機構の内耳は耳石器と三半規管が平衡感覚を司り，**蝸牛**が聴覚を司っている。蝸牛は外リンパ液で満たされた前庭階と鼓室階の間に内リンパ液で満たされた蝸牛管から構成された管で2回転半巻いている。中耳のアブミ骨は蝸牛の前庭窓と接して音波を蝸牛内の前庭階の外リンパ液に伝える。蝸牛管にはラセン器があり聴覚の感覚細胞である約 3,500 個の内有毛細胞と約 12,000 個の外有毛細胞が配置されている。人間の聞こえの周波数範囲は 16 Hz〜20,000 Hz で蝸牛の基底回転は高周波数の音を，頂回転は低周波数の音を受容する。この有毛細胞の興奮による電位反射は神経伝達路でもさらに周波数分析が加えられ，大脳皮質の一次及び二次聴覚野から言語中枢にも伝えられる。

　伝音機構を「伝音系」とよび，この部位に聞こえの障害がある場合を**伝音難**

聴といい，聴力レベルの低下は60 dB（HL）程度までである。「伝音難聴」は音や音声が小さく聞こえることが特徴で，耳科学の手術等の治療により，改善が可能で補聴器等の装用効果も大きい。同様に感音機構を「感音系」とよび，この部位の障害を**感音難聴**という。「感音難聴」は音や音声が小さく歪んで聞こえることがその特徴の一つである。「感音難聴」は耳科学の治療による改善は期待できない場合も多いが，内耳由来の難聴では人工内耳を埋め込む手術によって聴力レベルの改善が認められる。また，これらの双方の機構に聞こえの障害がある場合は**混合難聴**という。

　伝音難聴の原因は外耳道狭窄や閉鎖，鼓膜穿孔，耳小骨奇形や連鎖離断及び固着，急性・慢性・滲出性等の中耳炎，耳硬化症等である。感音難聴の原因は様々で先天性難聴の60～70％は難聴遺伝子が関与している遺伝性難聴である。ウイルス性難聴には風疹ウイルス，ムンプスウイルス，麻疹ウイルス，水痘帯状疱疹ウイルス，サイトメガロウイルス等の感染症による難聴もある。その他，突発性難聴，外リンパ瘻，音響外傷，騒音性難聴，耳毒性薬剤，老人性難聴，心因性難聴等も感音難聴の原因となる。

（2）　聴覚障害のアセスメントに必要な3つの視点

　聴覚障害のある乳幼児児童生徒の教育的支援を考慮するには聴覚障害の実態を適切にアセスメントする必要がある。聞こえの程度・障害の生じている部位・障害の生じた時期の3つの視点からの理解が必要となる。

　聞こえの程度は聞こえの状態を測定するオージオメータによる純音聴力検査結果等による。聞こえの程度による分類は軽度難聴（25～50 dB（HL）：1対1の会話はそれほど困難ではないが集団での会話では聞き取りが困難な場合も生じる），中等度難聴（50～70 dB（HL）：1 m位の距離での会話は可能であるが聞き間違いも多く集団での会話は困難な場合が多い），高度難聴（70～90 dB（HL）：耳元での大きな声は聞き取れる場合もあるが子音が聞き取れないことが多い），重度難聴（90 dB（HL）以上：大きな声や音を感じることができる）である。これに加え，聴力型，補聴器や人工内耳による聴覚補償等の効果に基づいて，一人ひとりの配慮や教育的支援を考慮する必要がある。

　障害の生じている部位は「伝音難聴」「感音難聴」「混合難聴」に基づく分類による。障害のある部位によって，音や音声情報がどのように受容されるのかは上述のような聞こえの違いが生じるために音や音声の聞こえの実態に応じた配慮や教育的支援を考慮する必要がある。

聴覚障害の原因は遺伝的な障害，胎生期・周生期に生じる障害，先天異常による障害，後天的な障害，原因不明に分類され，障害の生じた時期とその教育的支援は言語獲得習得の実態からも考慮する。出生前後に重度な聴覚障害が生じている場合には早期からの**言語学習支援**が非常に重要となる。言語獲得習得後に障害が生じた場合には心理的なケアにも十分に配慮し，すでに獲得している言語レベルを維持しながら可能な**コミュニケーション手段**の習得を促す必要がある。

これらの3つの視点から捉えられた聴覚障害の総合的な状態像に基づき，本人や保護者の願いや思いにも寄り添いながら適切な一人ひとりの教育的支援を考慮することが重要である。特に発達早期から重篤な聴覚障害が生じている場合には適切な教育的支援がなされないと言語や知的発達，さらにコミュニケーション関係や対人関係，情緒や社会性の発達にも影響が生じる場合がある。

現在は自動聴性脳幹反応検査(AABR：automated auditory brainstem response)・聴性定常反応検査(ASSR：auditory steady-state response)や耳音響放射検査(OAE：otoacoustic emission)による**新生児聴覚スクリーニング検査**が実施され，聴覚障害児の超早期発見・診断・補聴及び教育・療育支援が可能になっている。また，新生児聴覚スクリーニング検査の結果から，聴覚障害を有する新生児はおおよそ1,000人に1人の割合であるといわれている。

6-2　聴覚障害教育について

（1）　聴覚障害教育の現状

聴覚障害教育の目的は聴覚の障害によって生じるより早期からの様々な生活上及び学習上の課題を解決して，一人ひとりの調和的な発達及び社会参加や自立を目指す統合的な教育支援を実践することである。また，一人ひとりの教育的ニーズは多種多様であり，医療・福祉・労働・教育機関等の関係諸機関との連携を重視するとともに言語学習支援においては保護者や家庭との連携が特に重要である。

2020年5月現在の文部科学省の特別支援教育資料(令和2年度)によると，従来の聾学校に匹敵する聴覚特別支援学校は全国に85校あり，総合制や併置校によって，聴覚障害児を教育対象としている特別支援学校は34校である。小学校段階においては聴覚特別支援学校小学部では1,756人の児童が学んでいる。一方，小学校難聴特別支援学級では1,400人の児童が，通級による指導を

受けている児童は 1,775 人であり，小学校で教育を受けている聴覚障害のある児童は合計で 3,175 人となり，聴覚特別支援学校小学部で教育を受けている児童の約 2 倍である。これらの現状からも聴覚特別支援学校は在籍児の教育支援の充実とともにセンター的機能を発揮して，通常の学校における聴覚障害教育の充実を目指した支援が求められている。

　また，聴覚特別支援学校在籍者数のピークは 1960 年前後の約 2 万人で，その後は医療や科学技術の進歩や通常の学校に在籍する聴覚障害児の増加によって，多くの聴覚特別支援学校においては在籍者数の減少が続いている。そのために，減少傾向が続く聴覚特別支援学校では複数学年の児童生徒によって適切な集団形成をして，集団による学びの促進にも取り組んでいる。

　2020 年 5 月の聴覚特別支援学校小・中学部の重複障害学級児童生徒の在籍率は 28.9 ％で，1990 年 5 月の 12.7 ％と比較すると 2 倍以上の増加が認められる。さらに，大鹿・渡部・濱田 (2019) は 2017 年度の全国聴覚特別支援学校の小・中学部における発達障害の可能性のある聴覚障害児の割合を調査した結果，33.1 ％であったと報告している。これらのことから，聴覚特別支援学校では在籍児の障害の多様化が生じており，知的障害等を併せ有する聴覚障害児のみならず，発達障害を併せ有する聴覚障害児に対する教育支援の充実も求められている。

　聴覚特別支援学校におけるコミュニケーション方法は**聴覚口話法**から**手話を併用する方法**までが用いられているが，最近では人工内耳装用児が 3 人に 1 人の割合になっており，**聴覚活用**も重視されている。また，ろう家庭に育つ聴覚障害児は**日本手話**を獲得していることも多く，日本語対応手話のみでなく日本手話も用いられている。日本語対応手話は日本語の話し言葉の語順に手話の単語を一語一語対応させて綴っていくもので日本語である。一方，日本手話は日本語とは語順も文法も異なるろう者独自の手話言語である。また，ろう者には聴者の文化とは異なるろう文化もある。これらのことから，聴覚特別支援学校ではコミュニケーション方法においても，その多様性を尊重することが重視されている。

　聴覚特別支援学校における障害に基づく種々の困難を主体的に改善・克服するための自立活動の内容は書き言葉を含む言語の獲得習得を促す言語学習，補聴器等を装用して聴覚の活用を促す**聴覚学習**，口形等から話し言葉を言語情報として読み取るための読話学習，明瞭な音声の習得を促す発音学習，手話等の習得を促す手話学習，障害の肯定的な認識や受容を促す自己認識や心理的適応，

福祉制度，ろう者の歴史や文化等である。個々の児童等の具体的な学習内容は自立活動の 6 つの区分の下に示された 27 項目の中から必要とする項目を選定しそれらを相互に関連づけて設定することが求められている。これらの学習内容は学齢段階ごとに，一人ひとりの発達の状況やその教育的ニーズ，個別の教育支援計画に基づいて作成される個別の指導計画を利活用して実践されている。

（2）　聴覚障害教育における言語学習支援方法

　聴覚障害教育の重要な目標の 1 つは，一人ひとりの聴覚障害児に最も適切な方法を用いて，早期に言語の獲得習得を促していくことである。聴覚障害教育における言語学習支援方法は当初，音韻や文字等の言葉の形態的な要素を教え，それを用いて単語や文章を学ばせる**要素法**から始まり，その後は言葉の意味の単位である単語や文章から教える**全体法**へと発展していった。また，現在は日本語を系統的に学習させようと考える構成法的なアプローチと，児童等の日常の自然な生活場面での言語活用に基づく自然法的なアプローチによって，言語学習支援が実践されている。

　構成法的なアプローチは日本語を分析的に各要素に分け，容易なものから難解なものへと配列し，この配列に基づく系統的な言語学習を展開するための教材等を準備して，言語学習を実践していく方法である。しかし，学習した言葉を様々な場面で自由に活用すること等が課題となる。自然法的なアプローチはその場面ごとに幼児自身の心の動きに応じた言葉を活用しながら，コミュニケーション活動の中で言語学習を実践していく方法である。しかし，幼児等の興味・関心を重視すると，言葉の活用の範囲が限定されてしまうことがある。また，教員には幼児等とのコミュニケーション関係や信頼関係の確立，幼児等の心の動きを捉える観察力や言語感覚等の専門性が要求される。現在は，自然法的なアプローチを基盤にして，必要に応じ構成法的なアプローチを取り入れて，両アプローチの効果的な点を重視した**折衷法**が実践されている。

　さらに，医学の進歩や社会の価値観および個人の考え方の多様化，聴覚障害の理解の促進等によって，聴覚障害教育は聴覚口話法から手話を併用する方法，日本手話によるバイリンガルろう教育まで，多様なコミュニケーション手段を用いた教育支援方法が求められている。さらに**多様な学びの場**（通常の学級，通級による指導，難聴特別支援学級，聴覚特別支援学校）を教育的ニーズに応じて適切に選択する時代である。しかし，1960 年代から聴覚障害教育の課題とされている **9 歳レベルの壁**の課題，聴覚障害児一人ひとりの日本語の獲得習

得に関する課題は解決されたとはいえない現状もある。言語学習支援において
は特に書記日本語の習得が重要となる。言語的思考力が育ち，書記日本語の習
得が促進され，自ら読書等に励むようになると，この痕跡型の書記日本語に基
づいて，抽象的な言語力や思考力がより習得され，社会参加や自立がより促進
されるようになる。

（3）　聴覚障害教育におけると発達段階ごとの教育目標とその方法

　乳児期の早期教育では障害の早期発見が重要で，現在では新生児聴覚スク
リーニング検査が導入され，生後2，3日に障害の発見が可能になり，教育の
開始時期が超早期化している。聴覚障害乳幼児教育相談研究会成果報告書
(2018年)には聴覚特別支援学校乳幼児教育相談の定期的支援乳幼児数は1,813
名で，0〜2歳が各約600名，その内の23％が他の障害を併せ有しており，初
回相談は生後2〜6か月が多く，1歳未満児の教育相談開始月は平均4.3か月
であったと報告されている。この時期の教育支援の重点は全人的発達を促すた
めの基礎となる対人的コミュニケーション関係の成立を促進することである。
愛情や信頼関係に基づいた安定した主たる養育者との関係構築を促すとともに，
人間関係・遊び・言語学習・聴覚活用に関する支援が実践される。保護者支援
としては乳児の障害を受容するための心理的サポートやピアカウンセリング等
も含め，保護者自身に聴覚障害児の理解を促すことが大切である。

　幼児期の教育支援の重点は，年齢相応の調和的な心身の発達を促進しながら，
基本的な生活習慣を身につけ，豊かなコミュニケーション関係に基づいた人間
関係や興味・関心の拡充を目指すことである。特別支援学校幼稚部教育要領に
示された6領域(健康・人間関係・環境・言葉・表現・自立活動)を総合的に取
り扱う必要がある。また，言語学習支援は豊かな生活体験に基づく生活言語の
習得を促すとともに，後半には平仮名文字が導入され活用されることも多い。
加えて，聴覚活用および発音学習も大切である。聴覚特別支援学校幼稚部では
キュードスピーチや指文字，手話等の手指メディアを併用している学校も多い。

　児童期の教育支援はより大きな集団学習の場としての学校に慣れ，教科学習
の基礎を確立した上で抽象的な思考力を促進すること，人間関係の拡充に基づ
く社会性を身につけること等である。低学年段階では記憶中心の学習や関係的
思考の習得，高学年段階では書き言葉による自発的な知識の習得も求められる。
生活言語から抽象的な学習言語への移行も重要な課題となり，これらの移行の
ための「わたりの指導」が小学部低学年段階で実践されている。加えて「9歳

レベルの壁」という抽象的な言語及び思考力が十分に習得されない状態が生じることもある。また，伝え合う内容も複雑になるため，一人ひとりの児童がよりスムーズにコミュニケーションできる手段の習得とその保障も大切となる。

　中学部段階の生徒はこの時期特有の感情的な不安定さが顕在化する場合もあり，自己主張も強くなる。また，教科学習に関しても目的を持って主体的に学習できるように導いていくことも大切であり，自分の障害に関する認識が芽生え，肯定的な自己認識が形成されるように個別の対応も含めて支援していくことや社会自立に向けた自己の将来像を考えることも重要である。さらに，様々な得意分野の能力が伸長し，特に部活動の活躍等で自信を得ることも多い。この時期の**コミュニケーション手段**は聴覚特別支援学校中学部では手話を併用する場合が多い。しかし，家庭でのコミュニケーション関係が希薄になることもあるため，家庭内での良好なコミュニケーション関係の維持に配慮することも必要である。

　高等部段階の生徒に対する教育支援はより高度な教科学習が展開され社会自立に向けた職業教育も開始されることから，将来に対する明確な目標を描けるようにすることが大切である。基礎学力や言語力に著しい個人差が生じることもあるが様々な学校生活場面を通して，一人ひとりが集団の一員として円滑な人間関係を形成できるように支援することも忘れてはならない。就職や大学等へ進学する場合も含めて，必要な対人的コミュニケーション能力や言語能力，社会性を習得しておくことも重要である。

　難聴特別支援学級に在籍する児童生徒の実態は多様であるが，言語的な情報が不足するために語彙や文構造が習得されにくい面もあり，言語力が十分に育っていなかったり，算数等の文章題が苦手だったりすることもある。これらの課題を補いながら，教科指導を展開していくための工夫や配慮が必要になる。また，自ら周囲の情報が受容できるようになるための支援や，読書に親しみ，自らの言語習得を促すための支援，孤立感や孤独感を強く抱く場合もあることから聴覚障害児同士の交流も充実させ，自らの障害の認識や受容に関する支援等も体系的に取り組むことが重要である。

　聴覚特別支援学校での他の障害を併せ有する重複障害児の教育は 1970 年代から整えられてきた。現在は**聴性脳幹反応検査**(ABR)により早期に聴覚障害が発見され，重複障害児の早期教育も実践されている。併せ有する障害は視覚障害，知的障害，自閉的傾向等，様々である。また，コミュニケーション手段はジェスチャー・身振り・絵・手話・指文字・文字・音声等のすべての有効なコ

ミュニケーション手段の中から，一人ひとりの児童生徒に最も適した手段を選択することが重要である。さらに，コミュニケーション関係の成立に基づく基本的な生活習慣の確立と言語学習支援等を含めた取り組みが大切である。現在は発達障害を併せ有する児童生徒等の研究及び教育支援にも取り組みが進んでいる。

　文部科学省中央教育審議会の「共生社会の形成に向けたインクルーシブ教育システム構築のための特別支援教育の推進(報告)」においても，教員養成課程で学ぶ学生に手話や点字等を教えることが言及された。また，多様な子供たちがともに学ぶと同時に，同じ障害のある子供たちがともに学ぶことで，コミュニケーション能力を高める等，相互理解を促すことも述べられている。

　インクルーシブ教育における通常の学級での聴覚障害児の学びの保障は**基礎的環境整備**及び**合理的配慮**によって行われる。文部科学省の合理的配慮等環境整備検討ワーキンググループによる心理面・環境面の配慮は「情報が入らないことによる孤立感を感じさせないような学級の雰囲気作りを図る。また，通常の学級での指導に加え，聴覚障害がある児童生徒等が集まる交流の機会の情報提供を行う」ということである。通常の学級で学ぶ聴覚障害児が孤立感や孤独感を抱くことなく，適切な情報補償及び教室環境の整備や座席配置によって授業への参加が促進されることが重要な課題である。現状では通常の学級で学ぶ聴覚障害児には特別支援教育支援員の配置や手話通訳者・要約筆記サポート等によって情報保障が実施されている。また，音声認識ソフトの活用やICTを活用した遠隔情報補償等，今後も適切な合理的配慮の提供が求められている。

　聴覚障害学生が学ぶための高等教育機関は2005年に4年制大学になった筑波技術大学がある。産業技術学部には産業情報学科と総合デザイン学科があり入学定員は50名である。また，2021年度の日本学生支援機構の調査結果では全国の大学・短期大学及び高等専門学校で学ぶ聴覚・言語障害学生は1,852人(4.5%)であった。

6-3　今日的課題

(1)　専門性の維持継承と充実及び「9歳レベルの壁」の解決

　聴覚障害教育の専門性は聴覚口話法や手話を併用する方法，聴覚学習や言語学習，教科学習・職業教育等において維持継承され，研究も蓄積されてきた。しかし，聴覚障害教育の現状からすると，特別支援学校教員の異動，地方にあ

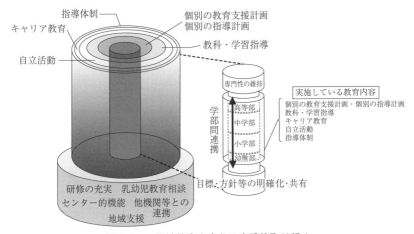

図 6-2　一貫性教育を支える実践的取り組み
出典）上福井・井坂(2016)

る聴覚特別支援学校の総合化や在籍児童生徒等の減少等によって，専門性の維持継承に関する課題が生じている。今後も専門領域ごとの専門性を維持発展させるとともに，一人ひとりの児童等の教育的ニーズに基づいて，社会参加や自立を目指した教育実践の蓄積が必要である。一貫性のある聴覚障害教育は図6-2の上福井・井坂(2016)による一貫性実践モデルに示したように目標・方針等の明確化・共有によって，個別の教育支援計画・個別の指導計画や教科・学習指導，キャリア教育等の実践的な取組に基づく連携による学部間連携によって学校としての取り組みの実践が充実することで「9歳レベルの壁」の課題解決を図っていくことにもつながると考えられる。

（2）　関係諸機関間の連携

　2019 年 6 月には厚生労働省・文部科学省の副大臣を共同議長とする「難聴児の早期支援に向けた保健・医療・福祉・教育の連携プロジェクト報告」がまとめられた。「難聴児の早期支援を促進するため，保健，医療，福祉及び教育の相互の垣根を排除し，新生児期から乳幼児期，学齢期まで切れ目なく支援していく連携体制を，各都道府県それぞれの実態を踏まえて整備する」ことが目指され，手引書や推進プランの策定の促進，新生児聴覚検査の推進，難聴児への療育の充実等が提言された。これらの取り組みの促進によって，保健・医療・福祉・教育等の関係諸機関が相互に連携強化し，一体となって聴覚障害児とそ

の家族の将来のための切れ目のない支援を行うための体制整備が目指されている。これらの取り組みを推進するとともに聴覚障害児に対する関係諸機関の連携強化は非常に重要な課題である。

（3）　耳科学研究と聴覚障害教育

　現在の耳科学分野の研究は難聴遺伝子の解読・治療・予防に関する研究，内耳における聴神経の再生医療技術の研究開発等が取り組まれている。これらの研究において，将来，一定の成果が得られるようになると，遺伝性及び内耳性の難聴は治療可能なものになると考えられ，その結果，私たちの聴覚障害に対する認識や理解に新たな視点や対応が求められるようになると思われる。

　ろう者がろう者として，その言語である手話とろう文化を発展させながら，社会参加し自立していくこと，聴覚障害を治療対象として治療法を開発していく医学とのはざまで，聴覚障害教育はこれまで以上に自らの教育支援のあり方において，聴覚障害児一人ひとりの実態や思いや願いを尊重し，教育支援方法そのものの充実と多様性を尊重しながら，その目指すべき方向性を明確にして，これまで以上に，聴覚障害児一人ひとりの教育支援の本質を見極めていかなければならないのではないかと考える。

7章 知的障害者への教育的支援

　本章では，知的障害のある子供への理解を深めることを目指し，診断基準や生理病理，発達・学習特性，特性に応じた教育と支援のあり方について学ぶ。国内外における知的障害の定義について知るとともに，知的障害につながる背景要因の多様性を理解する。知的障害においては，全般的な発達の遅れがみられるのが特徴であるが，一人ひとりを見ていくと得意不得意も大きい。知的障害の状態像が多様であることから，一人ひとりの子供をよく知ることが大切である。アセスメントの一環として，知的・発達機能を客観的に測定するための検査を役立てることができることも理解したい。知的障害教育を特徴づける指導法については，学習指導要領の改訂により一つの転換点を迎えている。障害に関連する発達・学習・心理特性をできるだけ具体的に把握し，授業や学校生活での教育的支援を考えるための手がかりを得てほしい。

【キーワード】　知的障害，知能検査，各教科等を合わせた指導，スモールステップ，非言語コミュニケーション

7-1　知的障害とは

　知的障害の定義として国際的に広く用いられているものには，世界保健機構（WHO）が公表している「国際疾病分類 ICD-11」（WHO, 2018）やアメリカ精神医学会（APA）の「精神障害の診断と統計マニュアル DSM-5」（APA, 2013），アメリカ知的・発達障害協会（AAIDD）のマニュアル（AAIDD, 2010）がある。これらの診断基準には多少の違いがあるが，おおむね以下の3項目が共通に含まれている。

① 明らかに平均以下の知的機能である（ IQ 70 以下が目安）。
② 社会適応行動に明らかな制約があり，支援を要する。
③ 発症が18歳以前であり，発達期から上記の状態である。

　APA による DSM-5 では，乳児期から児童期にかけて発症する中枢神経系の機能障害を「神経発達症」と定義し，どの能力にかかわる症状であるかによって分類し，その一つを「知的能力障害」と捉えている。概念的領域・社会的領

表 7-1　DSM による知的能力障害の診断基準

（基準A）　臨床的評価および個別化，標準化された知能検査によって確かめられる，論理的思考，問題解決，計画，抽象的思考，判断，学校での学習，および経験からの学習など，知的機能の障害。
（基準B）　個人の自立や社会的責任において発達的および社会文化的な水準を満たすことができなくなるという適応機能の欠陥。継続的な支援がなければ，適応上の欠陥は，家庭，学校，職場，および地域社会といった多岐にわたる環境において，コミュニケーション，社会参加，および自立した生活といった複数の日常生活活動における機能を限定する。
（基準C）　知的および適応の欠陥は，発達期の間に発症する。

出典）日本精神神経学会日本語版用語監修　高橋・大野監訳（2014）をもとに作成

域・実用的領域における知的機能と適応機能両面の欠陥を含む障害であるとされ，表 7-1 における 3 つの基準を満たす必要がある。

　診断の際には，個別の**知能検査**による**IQ（知能指数）**のみで評価をせず，文化的背景の違いを含めた「生活上の困難さ」を把握して総合的に判断することが重要である。知的障害の重症度は，必要とされる支援のレベルと考えられ，軽度・中度・重度・最重度と区分されている。

　日本では，国際的な基準を参考に，それぞれの分野で知的障害に関する記述がある。教育分野では，「知的障害」を同じ年齢の者と比べて，①「認知や言語などにかかわる知的機能」が著しく劣り，②「他人との意思の交換，日常生活や社会生活，安全，仕事，余暇利用などについての適応能力」も不十分であるため，特別な支援や配慮が必要な状態と示している（文部科学省，2013）。

　福祉分野では，「知的機能の障害が発達期（おおむね 18 歳まで）にあらわれ，日常生活に支障が生じているため，何らかの特別の援助を必要とする状態にあるもの」と定義されており，「知的機能の障害」については，「標準化された知

IQ ＼ 生活能力	a	b	c	d
Ⅰ　（IQ 〜20）	最重度知的障害			
Ⅱ　（IQ 21〜35）	重度知的障害			
Ⅲ　（IQ 36〜50）	中度知的障害			
Ⅳ　（IQ 51〜70）	軽度知的障害			

図 7-1　知的障害の程度
出典）厚生労働省（2007）より作成

能検査(ウェクスラーによるもの, ビネーによるものなど)によって測定された結果, 知能指数がおおむね 70 までのもの」としている。「日常生活能力」については, 4 つの水準を設け, 知的障害の程度を知能指数と日常生活能力水準によって図 7-1 のように分類している(厚生労働省, 2005)。

7-2　生理・病理

(1)　障害の発生要因

　知的障害という状態を引き起こす要因は様々であり, 病因が特定できるものもあれば, 原因不明のもの, 心理・社会的なものがあるとされている。また, 発症時期で区分し理解することができる(表 7-2 参照)。

　出生前の要因として示している染色体異常(ダウン症候群, 脆弱 X 症候群, クラインフェルター症候群, ターナー症候群など), 代謝異常(フェニルケトン尿症, ガラクトース血症など), 脳発生異常(無脳症, 二分脊椎), 周産期の要因として示している新生児仮死(低酸素脳症), 出生後の要因として示している感染症(脳炎, 髄膜炎など), 変性疾患(レット症候群), 発作性疾患(ウェスト症候群などの難治性てんかん), 頭部外傷などは, 原因が特定できる病理型の知的障害とされている。また, 心理・社会的要因としては, 出生後の要因として示している養育者による虐待やネグレクト, 適切な養育刺激の欠如といった環境剥奪が挙げられる。

　実際には, 上記に挙げた要因が単一で知的障害の状態像を作り上げているのではなく, 生物学的な要因や心理・社会的要因, さらには行動的要因, 教育的要因といった多因子が相互に関係しているとする考え方(AAIDD, 2010)が広まりつつある。

表 7-2　知的障害を引き起こす主な要因

出生前の要因	外的要因：母親の栄養失調などによる子宮内発育不全, 母親の疾患, 薬物・毒物摂取また放射線照射による胎生期の環境不全 内的要因：遺伝子疾患, 染色体異常, 代謝異常, 脳発生異常
周産期の要因	低出生体重, 新生児仮死, 出産時の事故
出生後の要因	感染症, 変性疾患, 発作性疾患, 頭部外傷, 栄養障害, 環境剥奪

（2）合併症

　知的障害は合併症を伴うことも多く，心臓や消化器などに気質的に異常が起こることや中耳炎などの感染症を起こしやすいという特徴がある。**ダウン症候群**と関連する知的障害では，近視，遠視，乱視といった屈折異常や斜視といった視覚機能問題，中耳炎の罹患による難聴の問題を抱える割合が高い。視覚機能の発達は 8～10 歳ごろまでが感受性の高い時期であり，聴覚機能については言語獲得に影響を与えるため，いずれも早期に発見し対応する必要がある。また，肢体不自由の原因となる疾患の中で，脳性まひ，先天性筋ジストロフィーは知的障害の併存率が高い。その他，てんかん，自閉スペクトラム症，など障害が重複する場合もある。

7-3　知能検査・発達検査

　知能を客観的に測定するための心理検査として知能検査がある。知能検査は，ある個人の知能の全体的な水準を測定することができ，その結果は精神年齢（Mental age : MA），知能指数（Intelligent Quotient : IQ）として示される。また，知能の構造的特徴を把握する目的にも使用される。現在，広く使用されているのが，ビネー式の知能検査とウェクスラー式の知能検査である。ビネー式は，2歳から成人までの知能水準を簡便に把握でき，日本では田中ビネー知能検査Ⅴが一般的である。ウェクスラー式は，適用年齢によって 3 種類に分かれ，WIPPSI（幼児用），WISK（児童用），WAIS（成人用）がある。言語性 IQ，動作性 IQという 2 種類の IQ を用いて知能構造を把握でき，下位項目により個人内の発達特徴を細かく理解するところに特徴がある。

　乳幼児の段階では，諸機能の発達がまだ未分化な状態にあり，知的機能のみを測定する知能検査では，対象児の発達をとらえることが困難なことがある。知的機能に限らず運動や言語，社会性や生活習慣といった複数の発達領域を総合的にとらえることが，乳幼児期の子供の発達を理解し，適切な働きかけを考えるにあたって有用となるため，発達検査を用いることも多い。代表的な発達検査には，新版 K 式発達検査 2020，津守式乳幼児精神発達診断，遠城式・乳幼児分析的発達検査，KIDS 乳幼児発達スケールがある。

7-4　発達・学習・心理特性

　知的障害は多様な要因が相互に関係し合うことから生じ，その重症度を含めると幅広い状態像を含むため，その特徴を一括りに述べることは難しい。それを踏まえた上で，知的障害に見られやすい発達特性や学習の特徴・成長の過程で生じやすい心理傾向について順に説明する。

（1）　知的障害児に見られやすい発達特性

　知的障害がある場合，注意，記憶，言語，運動に代表される幅広い領域において，障害による発達特性があるといわれている。

a．注　意

　通常，私たちの脳は見えるもの聞こえるものあらゆる情報をすべて受け取っているわけではなく，その時々で重要度の高いものにだけ注意を払うようにできている。それを心理学では選択的注意という。例えば，教室で教師が話し始めると，子供が教師に視線を向けて話を聞こうとするようなイメージである。授業では，教師の言葉を聞き漏らさないようにしばらくの間集中し続けることも必要になる。教師の話を聞きながらノートに板書を書き写す場面では，2 つの作業を同時に行うために注意をどちらにも払う必要がある。それぞれ持続的注意，分割的注意という。知的障害がある場合，選択的注意を必要とする場面で，周囲の刺激から妨害を受けやすいことが知られている。また，すべての知的障害に当てはまるわけではないが，持続的注意に弱さがあるともいわれている。一度に 2 つ以上の作業に注意を配ることの難しさもある。ただ，作業内容によっては，分割的注意が可能であることや練習によってパフォーマンスが向上することなどがわかっている。

b．記　憶

　心理学では，数秒から 10 数秒程度保持される短期記憶，半永久的に保持される長期記憶があると考えられている。知的障害がある場合，短期記憶容量が定型発達よりも小さいと推測されている。例えば，短い単語を聞いて覚えるような課題では，記憶を保持できる時間が定型発達よりも短いという。どちらかというと，絵（視覚情報）を覚える方が得意であり，単語（音声）よりも短期記憶として保持されやすい。

　通常，覚えたことをその場限りにせずに，長期間忘れないようにしておくためには，覚える際に工夫が必要になる。例えば，九九を何度も唱和して覚えよ

うとしたり，歴史の年号を語呂合わせで覚えようとしたり，漢字の成り立ちや熟語，部首など様々な枝葉を関連づけて漢字を覚えようとしたりするイメージである。心理学では，体制化や精緻化とよぶ作業である。知的障害がある場合，覚える工夫を自発的に行う姿が見られにくく，そのため長期間記憶しておくことに難しさを抱えていると指摘されている。

　一方，私たちの脳は，一度に一つの情報ではなく様々な情報を受け取り，それを一時的に保持しながら目的ごとに情報を振り分け，必要な処理をそれぞれ同時に行っている。これを担っているのがワーキングメモリ（作動記憶）とよばれる機能である。すべての知的障害に当てはまることではないが，子供によってはワーキングメモリの弱さがあることも知られている。

c. 言　語

　言語獲得については，通常，1歳後半に認められる語彙スパート（語彙の急激な増加）の時期が遅れることがわかっている。ダウン症と関連する知的障害の場合，聞いたり読んだりして理解できる語彙が定型発達と比較して少ないことや文法構造の理解が苦手であること，構音障害が高い頻度で生じ，発音が不明瞭になりやすいことなどが指摘されている。他方で，コミュニケーションにおける指さし行動が多くみられる特徴がある。音声言語でのやりとりに苦手さはあるが，豊かな**非言語コミュニケーション**を持っている。

d. 運　動

　知的障害がある場合，就学前にすでに運動発達の遅れが見受けられる。ダウン症に関連する知的障害の場合は，歩行が定型発達と比較して1年程度遅れること，歩けるようになってからも歩行速度が遅いこと，微細運動にも大きな困難を抱えることが指摘されている。筋力や最大酸素摂取量の低い子供もいる。しかしながら，運動を続けていれば，発達に伴って機能的にも運動体力的にも向上がみられることがわかっている。

（2）　知的障害児に見られやすい学習・心理特性

a. 読み書き・数の理解と遊びの経験不足

　定型発達の場合，就学前より文字に親しみ，就学の頃にはひらがなを読み書きできることが多いが，知的障害のある場合，ひらがなの読み書きに困難がある子供が多い。とくに，ひらがな一音を読むこと以上に単語や文などまとまりのある読みが難しいといわれ，単語を構成する音韻を正確に弁別する力（音韻意識）が育ちにくいためであると考えられている。書字については，運筆コン

トロールが難しい子供が多く，巧緻性の問題と関連していると考えられている。視写場面では，一文字ずつ丁寧にノートに転写することに注力し，意味を考えながら作業することになりにくい子供も多い。しかしながら，読み書きについては，個人差がみられる領域であり，文字に親しむ環境や文字に関する教育，読書経験の違いなど文化的背景によっても影響を受けると考えられている。

　定型発達の場合，乳幼児期に園や家庭生活の具体的な活動と結びついた数量概念を学んでいる（「インフォーマル算数」とよばれる）。それは，数唱，計数，多少関係などであり，学校でのフォーマル算数にとって重要な基礎力とみなされている。知的障害がある場合，インフォーマル算数の知識が欠如したまま算数学習が進められることも多い。知識の土台がない中ではあるが，繰り返しの中で計算問題に対応できるようになっていく。ただ，筆算や九九，わり算といった計算問題が解けるようになっても，それ以前に習った計算の解き方を忘れてしまったり，計算の意味を理解していなかったり，文章問題が解けなかったりすることも多い。金銭の支払いや調理場面など実生活で計算を必要とする場面においては，持っている知識を活用することに困難を抱えやすい。計算の手続きを身につける力はあるが概念として理解しにくい実態がある。

b. 学習の積み上がりにくさ，広がりにくさ

　算数は抽象的な科目であることから，知的機能の障害がハンディとなりやすく，指導上の悩みとして「学びが定着しない，汎化しない，活用できない」という声がよく聞かれる。従来，知的障害のある子供においては，学習によって得た知識や技能が断片的になりやすく，実際の生活の場で生かすことが難しいといわれてきた。実際の生活の場面に即しながら，繰り返し継続的かつ段階的に学習する中で身につけた知識や技能が着実なものとなることも広く知られている（詳しくは，文部科学省，2018 a）。

c. 失敗と成功体験の偏り

　発達全般に制約を抱えているため，日常生活において自分一人でできたという成功体験が少なく，代わりにしてもらうことや失敗を経験することの方が多くなりがちである。その偏った積み重ねが，子供の意欲，自信，自己評価の低下を招き，積極性が乏しく，判断や行動を他者に依存する傾向につながりやすいと考えられる。初めてのことや変化，新しい挑戦に対して億劫に感じる気持ちにもつながっている。このような心理特性は，生来的にあるものではなく，成長の過程で経験を通して二次的に獲得される障害である。もちろん，成功経験を多く積み，自発的でいきいきと生活ができている子供もいる。

7-5　教育的支援

（1）　知的障害教育における教育課程の特徴

　教育課程編成の基本的な要素である各教科等の種類や授業時数等は，学校教育法施行規則に規定されている。特別支援学校小学部の教育課程は，知的障害者である児童を教育する場合に，生活，国語，算数，音楽，図画工作及び体育の各教科，特別の教科である道徳，特別活動並びに自立活動によって編成するものとされ，必要に応じて外国語活動を加えることができると示されている（同規則第126条第2項）。中学部，高等部もそれぞれ同規則第127条第2項，第128条第2項に規定されている。図7-2に示す通り，知的障害教育における教育課程は，教育内容の分類と指導形態が必ずしも一致せず，二重構造になっている特徴がある。教育内容の分類に沿って独立した時間を設定して指導を行う「教科別・領域別の指導」に加えて，各教科・領域を合わせて指導する形態が認められていることによる（同規則第130条第2項）。この**各教科等を合わせた**

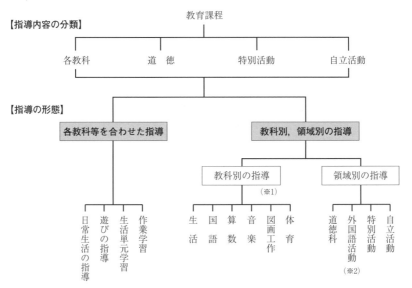

図7-2　教育課程の構造（知的障害特別支援学校小学部の場合）

（※1）中学部の場合は，「国語」「社会」「数学」「理科」「音楽」「美術」「保健体育」「職業・家庭」と必要に応じて「外国語科」を設置する。

（※2）必要に応じて設けることができる。中学部の場合は，「総合的な学習の時間」を設置する。

出典）名古屋（2022）より作成

表 7-3　各教科を合わせた指導の指導形態と内容

日常生活の指導	児童生徒の日常生活が充実し，高まるように日常生活の諸活動を指導するものである。基本的生活習慣の内容やあいさつやきまりを守ることなど社会生活における基本的な内容である。生活科を中心として，特別活動など広範囲に各教科の内容が扱われる。
遊びの指導	主に小学部段階において，遊びを学習活動の中心に据えて取り組み，身体活動を活発にし，仲間とのかかわりを促し，意欲的な活動を育み，心身の発達を促していくものである。生活科の内容をはじめ，体育科など各教科等に関わる広範囲の内容が扱われる。
生活単元学習	児童生徒が生活上の目標を達成したり，課題を解決したりするために，一連の活動を組織的・体系的に経験することによって，自立や社会参加のために必要な事柄を実際的・総合的に学習するものである。広範囲に各教科の内容が扱われる。
作業学習	作業活動を学習活動の中心にしながら，児童生徒の働く意欲を培い，将来の職業生活や社会自立に必要な事柄を総合的に学習するものである。小学部では生活単元学習の中で作業学習につながる基礎的な内容を含みながら単元を構成することが効果的であり，中学部以降では職業・家庭科の内容を中心と広範囲の内容が扱われる。

出典）文部科学省（2018 a）より作成

指導は，**日常生活の指導**，**遊びの指導**，**生活単元学習**，**作業学習**として実施されており，それぞれの特徴と留意点については，学習指導要領解説において具体的に示されている（表 7-3 参照）。各教科等を合わせて指導を行う場合は，取り扱われる教科等の内容をもとに，児童生徒の障害や発達，学習，経験の状況に応じた具体的な指導内容を決定し，指導内容に適した授業時数を配当して計画することとされている。

（2）　知的障害のある子供の多様な学びの場と学びの連続性

　知的障害児に対する特別支援教育は，特別支援学校と特別支援学級で行われることが多かったが，インクルーシブ教育システム構築のための特別支援教育が推進される中で，通常の学級，通級による指導を含めた多様な学びの場の整備と充実，学校間の有機的なつながりが目指されている。

　2017 年度に改訂された学習指導要領においては，学校間並びに幼小・小中・中高の接続における「学びの連続性」が重要な視点として示され，特別支援学校（知的障害）の各教科における目標及び内容は，小・中学校と同様に「資質・能力」の柱によって構造化され，項目が細分化された。

　従来，知的障害教育においては，生活に結びついた具体的・実際的な学習活動の中で各教科の内容を学ぶことが効果的とされ，前述の「各教科等を合わせた指導」の実践が大切に積み重ねられてきた。「各教科等を合わせた指導」を実践している学校においては，各教科の目標及び内容の取り扱いについて検討を始めており，「各教科等を合わせた指導」を廃止した学校も出てきている。生活経験を軸に学ぶことと教科の系統性を軸に学ぶことの両立は難しく，知的障害のある子供の学び方については継続して議論をしていく必要がある。

（3）　障害や発達の状態に応じた支援と配慮の視点

　知的障害がある子供は，発達や学習につまずきを経験することが多いが，その障害状態は，決して個別的で不変的なものではなく環境的あるいは社会的条件によって大きく変わり得る可能性がある。一人ひとりの子供の発達の可能性を最大限に引き出せるように，障害特性と発達状況，子供の興味関心・得意不得意を適切に理解し，それらに基づいた支援を行うことが基本である。

a.　学びやすい環境をつくる

　特別支援学校においては，毎日同じ時間帯に同じ学習を繰り返し経験できるように時間割が設定されているところがあり，「帯状の時間割」とよばれている。子供が見通しを持って学習に取り組めるようにすることも必要な調整になる。注意機能に制約を抱えている子供の場合は，学習内容に関心を持てるよう課題を工夫することや，学習を妨げる刺激物を減らし，選択的注意を助ける環境を調整することも必要だろう。

b.　遊びや生活の中の学びの芽を大事にして，学びを楽しむ

　読み書きや数の学びについては，文字や数に親しむ経験の少なさが指摘されている。遊びや生活の中で，言葉や数に対する感受性を育むことが大切である。音韻意識を育てるためには，言葉集めやしりとりなどの言葉遊びが重要であるといわれている。数については日常生活の中で個数や量の違いに自然と気づき関心を持てるような関わり方が学びの芽を育むだろう。訓練的な遊びにならないよう，あくまでも「おもしろい」「不思議」「もっと知りたい」といった子供の心を大事にしたい。

c.　非言語コミュニケーションを大切にする

　会話の際は，音声だけでコミュニケーションを取ろうとせず，視線や表情，動作や身振りで表現をするなど非言語コミュニケーションも大切にしたい。大切な情報を伝える際には，視覚情報として絵や写真，実物を見せて，必要な部

分を指さしながら簡潔に説明すると伝わりやすい。触れるという触覚も重要であり，様々な感覚を合わせることで豊かなコミュニケーションが可能になる。

d. 子供の意思を大切にし，考える力を伸ばす

　大人が子供の行動を決めてしまうのではなく，子供自身が悩み考え，判断や選択をし，その結果を受け止めていくことが大切である。表出言語が少ない子供の中には，自分で考えて自由に回答するような質問に困難を感じることもある。その場合は選択肢を提示するなど選んで回答できる質問をすることも有効である。子供が回答したくない気持ちを持っていたり，選択肢に答えがなかったりする場合もあるだろう。ＡかＢかという二者択一はわかりやすいが，「わからない」「（ＡもＢも）ちがう」といった第三の選択肢も柔軟に提示できるようにしたい。子供自身が考えられる力を伸ばしていく。

e. 小さなステップで学び，成功体験を積めるようにする

　通常学級に在籍している場合などは特に，クラスメートと比較して「できない」思いや「助けてもらう」「お世話をしてもらう」関係性を経験しやすい。その逆で，子供が集団の中で役割を果たし周囲に感謝されることや成果を認めてもらう場が重要である。活動や学習の目標を**スモールステップ**にすることで，ゴールを達成しやすくなり，ゴールの回数も増える。その成功経験が自信を得ることにもつながっていく。

f. 記憶に配慮し，学びをたどれるようにする

　記憶できる量に制約がある子供には，一度に多くの指示を与えるのではなく，一つひとつ順番に伝えることやゆっくり，はっきり短い言葉で伝える工夫が必要となる。記憶すべき事柄を長期に覚えておくことが難しい場合，大事なことは紙に書くなどし，何度でも確認できるようにしておくことが重要である。

　筆者がよく知っている子供（A児）は，借りたものを返し忘れないよう，保護者がメモを書いて渡していた。家の中にもよく貼り紙があった。高校生の時期には，友だちの足を踏んだり忘れ物をしたり，トイレにこもって掃除をしないといった行動が増え，家族も心配した。指導を受けた日には，行動の改善点を紙に書いておくように促され，最初はしぶしぶノートに書きとめていた。それが続くと，やがて可愛い絵柄のメモ帳に指導内容を自発的に書くようになった。文字を書くのが好きだったこともあり，書いたものを親に見せたり，後に自分で読み返したりしていた。行動改善に直接つながったかどうかはわからないが，参照できるものがあることは本人にとって良い影響を与えているように感じられた。高等部を卒業して作業所で働いている今現在，その日の出来事を時々，

日記帳に書いているそうだ。一日一文，短い文ではあるがノートを読み返せば，いつでも思い出をたどることができる。経験したことを文字にしておくことは自分の過去を忘れないことであり，心の育ちにとっても重要な取り組みであると考える。学んだことを着実に残していくことが「学びを積み上げ，学びを広げる」ことにもつながるのではないだろうか。文字でなくても良い。その子なりの〈ことば〉を育て，〈ことば〉をしまっておけると良いだろう。

8章 肢体不自由者への教育的支援

　本章では，肢体不自由児の障害や疾病の特徴についておさえ，肢体不自由者教育に関する基本的な内容について述べていく。また，特別支援学校や特別支援学級において，実際にどのような教育活動がされているか教育課程を中心に解説する。肢体不自由者教育においては，医学や運動発達の知識を踏まえて児童生徒の実態を把握することが必要である。特に，脳性まひの理解が重要であることに加え，知的障害を併せ有することや医療的ケアを必要とする児童生徒も多く在籍しており，様々な障害の配慮を行いながら支援にあたることが大切である。肢体不自由児に対する支援にあたっては，多様な教育的ニーズとの重複にも留意すべきであり，多職種との連携の必要性にも留意してほしい。

【キーワード】　肢体不自由，脳性まひ，教育課程の類型，医療的ケア

8-1　肢体不自由とは

（1）　肢体不自由の用語と起因疾患

　肢体不自由とは，医学的には，上肢や下肢，体幹にほぼ永続的な疾患を有することであり，学校教育においては，視覚障害，聴覚障害，知的障害等の障害種別の一つとして用いられている。肢体不自由という用語は昭和初期に高木憲次(1888～1963)によって提唱され使われている歴史のある言葉である。

　肢体不自由のそもそも原因は何であろうか。その病因とされているのは，脳まひ，二分脊椎，脳水腫，進行性筋ジストロフィー，先天性骨形成不全，代謝性疾患，ペルテス病等々，多くの疾病にわたっている。一方，学校教育在籍児童生徒の疾患の傾向は成人とは異なるため，起因となる疾患の実態について把握しておきたい。

　肢体不自由特別支援学校校長会(2020)によれば，特別支援学校(肢体不自由)では交通事故などの中途障害は少数であり，学齢期の子供たちの多くは脳に原因がある脳性疾患により特別支援教育を受けている。肢体不自由児者の教育を行うにあたっては，まずは脳原性疾患についての理解を深めて指導を行うこと

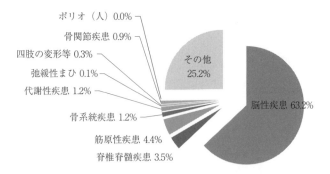

図 8-1　特別支援学校（肢体不自由）起因疾患グラフ
出典）全国肢体不自由特別支援学校校長会(2020)をもとに作成

が重要である。

（2）　脳性まひとは

　特別支援学校(肢体不自由)では，脳性まひの児童生徒が多く占めている。ここでは**脳性まひ**ついて解説するとともに，重複する障害に関しても述べていく。
　脳性まひの定義としては「受胎から新生児期までに非進行性の病変が脳に発生し，その結果，永続的な，しかし変化しうる運動および姿勢の異常である。ただその症状は2歳までに発現する。進行性疾患や，一過性運動障害または将来正常化するであろう運動発達遅延は除外する」(旧厚生省脳性麻痺研究班，1968)が代表的なものである。また随伴する障害には，知的障害，てんかん，視覚障害，聴覚障害等がある。

（3）　脳性まひの原因

　原因の発生時期としては胎生期，周産期，新生期別では，出生前に増加しており，従来の原因であった未熟児，仮死，核黄疸は減少している。先天性奇形，母体の慢性疾患，妊娠中毒，子宮内感染等がある。また周産期では早産，低出生体重，仮死，核黄疸，分娩外傷等がある。新生期では，感染症，脳血管障害，脳外傷，けいれん重積等がある。

（4）　脳性まひの分類

　脳性まひの運動面での特徴は，屈筋と伸筋の協調運動が上手く行えないことにあるが，この運動の特徴により次のようにタイプ分けされている。

　①**痙直型**：四肢を屈曲または伸展する際，鉛管を曲げる時のような抵抗感あるタイプ。

　②**随意型（アテトーゼ型）**：筋緊張が変動しやすいため，姿勢を保てない，視線や指先が定まらない，細かい動作が難しいタイプである。

　③**混合型**：アテトーゼ型と痙直型の症状を併せもつなど，二つ以上のタイプが混在しているタイプである。

8-2　肢体不自由者教育について

（1）　肢体不自由児の医療的側面からの実態把握

　肢体不自由児の支援を行うにあたっては，表8-1に示す詳細な視点を持って医療的側面かつ心理教育的側面から児童生徒の実態を捉えることが大切である。

（2）　医療的ケアの必要な児童生徒

　肢体不自由児の中には，**医療的ケア**を必要としているが，たんの吸引や経管栄養は医療行為であり，医師や看護師等以外の者が行うことは違法行為にあたる。一方で，医療技術の進歩や在宅医療の普及により特別支援学校には日常的に医療的ケアを必要とする児童生徒が在籍することが増えてきた。

　2004年10月厚生労働省は「盲・聾・養護学校における，たんの吸引等の取扱いについて（通知）」（医政発第1020008号）を出して，看護師が常駐することや必要な研修を受けること等を条件として，特別支援学校の教員がたんの吸引や経管栄養を行うことは「やむを得ない」とした。

　文部科学省においても，2004年に「盲・聾・養護学校におけるたんの吸引等の取扱いについて（通知）」（16国文科初第43号）を出し，看護師が配置されていることを前提に所要の研修を受けた教員が行うことが許容される行為として①たんの吸引，②経管栄養（胃ろう・腸ろうを含む），③導尿を挙げた。

　2005年7月，厚生労働省から「医師法第17条，歯科医師法第17条及び保健師助産師看護師法第31条の解釈について（通知）」（医政発第0726005号）が出され，医療行為の範囲が整理された結果，「導尿」は医療行為から外れることになった。

　2011年12月には，文部科学省の特別支援学校等における医療的ケアの実施に関する検討会議から「特別支援学校等における医療的ケアへの今後の対応について」がまとめられ，一定の研修を受けた者が一定の条件の下にたんの吸引

表 8-1　肢体不自由児の支援に関する視点

医療的側面
（ア）既往・生育歴
（イ）乳幼児期の姿勢や運動・動作の発達等
　　○ 姿勢の保持：頸の座り，座位保持，立位保持
（ウ）医療的ケアの実施状況　○ 経管栄養（鼻腔に留置された管からの注入，胃ろう，腸ろう，
　　口腔ネラトン），IVH 中心静脈栄養　○ 喀痰（かくたん）吸引（口腔内，鼻腔内，咽頭より奥
　　の気道，気管切開部（気管カニューレ），経鼻咽頭エアウェイ）
（エ）口腔機能の発達や食形態等の状況
（オ）現在使用中の補装具等

心理・教育的側面
（ア）身体の健康と安全　（イ）姿勢　（ウ）基本的な生活習慣の形成
（エ）運動・動作
　　○ 遊具や道具等を使用する際の上肢の動かし方などの粗大運動の状態やその可動範囲，小
　　さな物を手で握ったり，指でつまんだりする微細運動の状態等
　　○ 筆記能力については，文字の大きさ，運筆の状態や速度，筆記用具等の補助具の必要性，
　　特別な教材・教具の準備，コンピュータ等による補助的手段の必要性等
（オ）意思の伝達能力　（カ）感覚機能の発達　（キ）知能の発達　（ク）情緒の安定
（ケ）社会性の発達
（コ）健康面ての配慮が必要な子供の場合
　　○ 食事及び水分摂取の時間や回数・量　○ 食物の調理形態，摂取時の姿勢や援助の方法
　　○ 口腔機能の状態　○ 排せつの時間帯・回数，方法，排せつのサインの有無　○ 呼吸機能，
　　体温調節機能，服薬の種類時間　○ 発熱，てんかん発作の有無とその状態　○ 嘔吐，下痢，
　　便秘　○ 脱臼の有無，関節の拘縮や変形の予防，筋力の維持・強化，側弯による姿勢管理，
　　骨折のしやすさによる活動の制限等

出典）国立特殊教育総合研究所(2022)より抜粋引用

等を実施できる制度となった。具体的には，「口腔内の喀痰吸引」「鼻腔内の喀痰吸引」「気管カニューレ内部の喀痰吸引」「胃ろう又は腸ろうによる経管栄養」「経鼻経管栄養」が特別支援学校において実施できる行為となっている。

　しかし，本来医療的行為は高い医療技術が要求されるため，文部科学省においては 2019 年 3 月に「学校における医療的ケアの今後の対応について（通知）」（文科初第 1769 号）により，喀痰吸引や経管栄養以外の医療的ケアを含め，学校等を含むすべての学校における医療的ケアの基本的な考え方や医療的ケアを実施する際に留意すべき点等について各教育委員会等に示し，実施体制の整備を促すとともに，学校への看護師等の配置に係る経費の一部を補助するなどその支援に努めてきた。

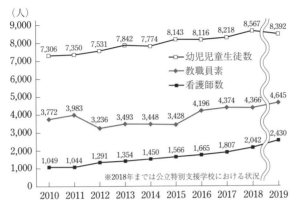

図 8-2　医療的ケア対象幼児児童生徒数・看護師数等の推移
出典）文部科学省（2021）

　ようやく 2021 年 6 月に「医療的ケア児及びその家族に対する支援に関する法律」が成立した。この法律で，国及び地方公共団体等は医療的ケア児に対して教育を行う体制の拡充等を図ることが求められるようになった。

　以上，制度面の経緯を述べてきたが，医療的ケアを実施する上で大切なことは，まずは看護師等が常駐し，教員は看護師等の具体的指導の下に行うことが必要であり，また特別支援学校をバックアップする体制の整備を教育委員会中心となって行うことも重要である。医療の安全が確保され，保護者の心理的・身体的負担も軽減されると考えられる。

8-3　教 育 課 程

　ここでは特別支援学校（肢体不自由）の教育課程の編成の考え方について述べたい。特別支援学校においては幼稚園，小学校，中学校又は高等学校に準ずる教育を行うとともに，幼稚部，小学部，中学部及び高等部を通じ，幼児児童生徒の障害による学習上又は生活上の困難を改善・克服し，自立を図るために必要な知識，技能，態度及び習慣を養うことを目標としている。

　この目標を達成するために教育課程は，各教科，道徳科，外国語活動，総合的な学習の時間，特別活動及び自立活動（高等部にあっては，各教科・科目，総合的な探究の時間，特別活動及び自立活動）によって編成されている。

　起因疾患でも解説したように，肢体不自由のある児童生徒の起因疾患で最も

多いのは，脳性まひをはじめとする脳性疾患であり，肢体不自由のほか，知的障害，言語障害などの他の障害を一つ又は二つ以上併せ有している重複障害者が多く在籍している。

　脳性まひを基礎疾患とする児童生徒は，身体の動き以外にも視知覚や認知面で様々な困難を抱えていることもあるため，文字の形を間違えたり，図形を捉え間違えたりすることがみられる。したがって，実態把握でも述べたように児童生徒の特性などを十分把握し，生活や学習場面で見られる困難の背景にある要因をおさえておくことが非常に重要である。

　以上のことから，教育課程の編成にあたり学習指導要領に示されている重複障害者等に関する教育課程の取り扱いを適用するなどして，児童生徒の実態に応じた教育課程の編成が行われている。

（1）　教育課程のタイプ

　特別支援学級（肢体不自由）の教育課程は，基本的には小学校，中学校の学習指導要領に準じて行われているが，児童生徒の実態の重度重複化により実際は様々な教育課程を設定し実施されている。

　その概要を理解するために，教育課程を5つのタイプに分けて解説する。

　A類型　小中高等学校に準ずる教育課程

　B類型　下学年あるいは下学部の代替による教育課程

　C類型　知的障害者を教育する特別支援学校の各教科と代替した教育課程

　D類型　自立活動を主とする教育課程

　E類型　訪問による教育課程　＊特別支援学校のみ

　特別支援学級（肢体不自由）の教育課程は，国立特殊教育総合研究所（2021）の報告（表8-2）からわかるように，A類型の小中高等学校に準ずる教育課程が6割ほど占めている。

　一方，特別支援学校（肢体不自由）の教育課程は，国立特殊教育総合研究所の基礎的研究（表8-3）で，2001年と1987年の教育課程編成状況比較の調査している。この類型別の在学率表では，約9割の児童生徒が何らかの知的障害を併せ有しており，重複障害の特例による教育課程が実施されていることがわかる。

　特別支援学校においては，知的障害を併せ有する児童生徒が多く在籍している関係で，知的障害の教育課程の授業実践や研究が中心である。また，特別支援学校では肢体不自由のみの児童生徒は比較的少なくなってきており，単一障害の学級における教科学習の実践の継続性が続けにくい現状がある。

表 8-2　特別支援学級　教育課程の類型

小・中学校	全体（N）
当該学年の教科を中心に学習している	1.524 60.2%（54.2%）
下学年の教科等を中心に学習している	457 18.0%（14.2%）
特別支援学校（知的障害）の各教科等を中心に学習している	202 8.0%（15.3%）
自立活動の指導内容を中心に学習している	350 13.8%（15.4%）
小　計	2,533 100.0%

括弧内の割合は，国立特別支援教育総合研究所(2016)の調査による
出典）国立特別支援教育総合研究所(2021)

表 8-3　特別支援学校　教育課程の類型

	小学部		中学部		高等部	
	1987 年度	2001 年度	1987 年度	2001 年度	1987 年度	2001 年度
A 類型	16.4%	9.9%	18.0%	12.1%	25.3%	9.3%
B 類型	13.9	5.9	19.4	8.8	28.1	11.9
C 類型	28.6	27.7	27.4	30.8	33.0	37.1
D 類型	29.6	50.3	22.8	40.5	13.6	34.3
E 類型	11.5	6.2	12.4	7.8		7.4

出典）国立特殊教育総合研究所(2004)

（2）　自立活動について

　自立活動は 1999 年までは「養護・訓練」と称されていた特別支援教育に実施できる独自の領域であり，「個々の生徒が自立を目指し，障害に基づく種々の困難を主体的に改善・克服するために必要な知識，技能，態度及び習慣を養い，もって心身の調和的発達の基盤を培うこと」を目的とする(4 章参照)。つまり，児童生徒が主体的で積極的な活動を通して自立を目指す教育活動であり，日常生活や学習場面で，その障害によって生じるつまずきや困難を軽減しよう

図 8-3　自立活動室
自立活動の学習を行うための用具や機器がそろっている
教室。滑りにくい特殊なマットが敷かれている。

としたり，障害があることを受容したりすることをねらいとしている。また，一人ひとりの子供たちの発達の遅れや不均衡を改善したり，発達の進んでいる側面を更に伸ばすことによって，遅れている側面の発達を促すようにしたりして，全人的な発達を促進する。特に，肢体不自由者教育では，「身体の動き」をはじめ，児童生徒の運動発達と認知発達面において実態把握をしっかりと行った上で，理学療法士（Physical Therapist, PT），作業療法士（Occupational therapist, OT），言語聴覚士（Speech-Language-Hearing Therapist, ST）等の指導助言を受けながら，自立活動の授業を進めていきたい。

8-4　指 導 原 則

（1）　類型別の指導上の課題

　先述したように，肢体不自由のある子供は脳性疾患中でも脳性まひの占める割合が高い。脳の損傷により児童生徒は何らかの運動障害があることが多く，健康や体力の維持，てんかん，言語障害，視覚障害，知覚－運動障害など様々な状態にある場合が多い。指導に当たっては学習者自身に様々な活動の制限があることを考慮していかなければならない。以下，**教育課程の類型**と対応しながら指導上の課題について述べる。

a.　A類型　小中高等学校に準ずる教育課程

　基本的には小中高等学校の学習指導要領に準じて行われている。しかし，実際，学習者自身の運動機能面から制約だけでなく，各学校の状況によって様々

な制約を受けること多い。

　例えば，特別支援学校(肢体不自由)では，在籍者数が少なく，学習集団が組みにくいことがある。また，特別教室や理科の実験器具など，地域の小中学校では当たり前にそろっている環境も必ずしも十分に整えられているとは限らない。一方，特別支援学級(肢体不自由)においては，自立活動などの専門性の確保が求められる。

b. B 類型　　下学年あるいは下学部の代替による教育課程

　先述したように肢体不自由のある子供は，認識面で何らかの障害がある場合がある。このため，教科学習を行っている場合でも，下学年あるいは下学部の代替による指導を行っている。その結果として，同じレベルの問題を繰り返し学習することも見受けられる。認知心理学や学習障害の研究成果も参考にしながら学習のつまずきの原因は何か見極め，学習意欲が保てるよう工夫が必要である。

c. C 類型　　知的障害者を教育する特別支援学校の各教科と代替した教育課程

　知的障害を併せ有する肢体不自由の子供は多く，結果的に知的障害の教科領域である「日常生活指導」や「生活単元学習」等の授業を受けている(7 章参照)。言うまでもなく知的障害教育の実践からは参考になる点は多い。また，知的障害の子供と肢体不自由の子供が共に学ぶ授業も試みられている。一方で肢体不自由の障害特性を十分に配慮できない点も指摘されている。

　文部科学省(2003)では，特別支援学校は地域性を重視するために障害種別にこだわらない学校の方向性が出されているが，これまでの肢体不自由者教育の

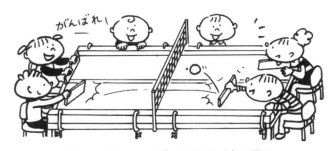

図 8-4　ボール運動「ころがし卓球」の様子

「卓球バレー」を改良したもの。車イスの子供だけでなく知的障害の子供も一緒に楽しく活動できる。

出典）太田正己(2005)

研究や実践の成果を引き継ぎながら，様々な障害の特性に対応した総合的な特別支援学校づくりが課題となっている。

d. D類型　自立活動を主とする教育課程

学習の著しく困難な重度の障害のある場合，重複障害者等の特例に適用して自立活動の授業を主として実施されていることがある。一方，教育現場によっては，重度の子供であっても国語，算数等の教科学習をベースにしながら，個々の学習のねらいにせまりたいとして，自立活動を主にしない教育課程を組んでいる場合もある。いずれにせよ，特別支援学校の重度重複化の中で，家庭生活や卒業後も視野に入れながら個々の子供の教育を支援していくのか課題となっている。

（2）　効果的な指導のために

以上，類型にそって指導上の留意点を述べてきた。ここで，特別支援学校（肢体不自由）の専門性において，重要な位置を占める，ポジショニング，臨床動作法，AT，ICT，AACについて解説していきたい。

ポジショニングは，重度な脳性まひのある子供は姿勢の異常があるため，適切な姿勢を援助することである。いくら良い教材教具を準備して指導を行っても，ポジショニングが不適切であると効果が薄れてしまうことに注意していきたい。

「臨床動作法」は，成瀬悟策（1924〜2019）が中心となって開発し，肢体不自由教育特別支援学校を中心に発展してきた心理・教育学的アプローチである。動作は，「意図」—「努力」—「身体運動」からなる心理過程であり，身体運動と同時に，心の活動，体験の仕方，主体の生き抜く努力などが動作を支えて，体験の変化なしには，動作の変化は起きないとしている。

これまでは手話や絵カードなどのAAC（Augmentative and Alternative Com-

図8-5　座位保持いす
座位の保持だけでなく，二次障害を軽減するため細かい配慮が求められる。

図 8-6　VOCA 機器「ビッグマック」
大きなボタンを押すと音声を再生する
ことができるシンプルな会話補助装置。

図 8-7　VOCA 機器「トーキングエイド」
文を作成して，言いたいことを音声で
伝える会話補助アプリ。

munication：拡大・代替コミュニケーション），また会話補助機器であるトー
キングエイドやビッグマック等の VOCA（Voice Output Communication Aid）が
多く活用されていたが，近年は電子機器を利用したものも多く開発されてきた。
また文部科学省の GIGA スクール構想による 1 人 1 台ずつの端末整備によって，
ICT（Information and Communication Technology；情報通信技術）環境に大き
な進展があり，学校現場では特にタブレット端末の活用が広がっている。

8-5　今日的課題

　最後に，肢体不自由教育の今日的な課題について述べていきたい。文部科学
省（2003）で，「障害種にとらわれない学校制度」へ方向性が打ち出されて以降，
特別支援学校には，様々な障害のある児童生徒が多く通うようになってきた。
また少子化にもかかわらず，障害のある児童生徒の在籍者は増え続けている。
　一方で，特別支援学校では，障害のある児童生徒の増加による学校の大規模
化を余儀なくされ，教室不足，学校行事の日程調整など学校運営上の課題がよ
り顕著になってきた。また教員は，障害の重度化に加え様々な障害に対応する
指導力が求められている。
　これまで肢体不自由の特別支援学校においては，障害の特性に応じた指導方
法の専門性が培われてきたが，専門性の蓄積や若手への専門性の引き継ぎが難
しくなっている。今後，幅広い疾病や障害に対応できるよう専門性を維持する
ためには教員養成や現職研修システムのより一層の充実が必要と考えられる。

9章　病弱者への教育的支援

　本章では，病弱・身体虚弱児(以下，病弱児とする)を対象とする教育(以下，病弱教育とする)について概説する。まず，定義と教育の場について紹介し，対象となる代表的な疾患や心理的特徴について基本的な内容を知ることを目的に説明する。病弱教育の教育課程についての特徴や，院内学級における指導の留意点が理解できるよう解説する。さらに，入院中から退院後の学校生活を視野に入れたアプローチが重視されていることを踏まえて，復学支援の観点から，院内学級における各教科の指導や自立活動の指導におけるポイントについて説明する。また，復学後の通常の学級等における支援として，退院後のフォローアップ，クラスメイトによる病気の理解の重要性，ニーズに即した学びの場の利用について言及する。最後に，長期の治療管理が必要となる子供にとって学校教育の果たす役割について述べる。

【キーワード】　慢性疾患，院内学級，復学，前籍校

9-1　病弱とは

(1)　病弱・身体虚弱とは

　わが国では，入院中を含めた病気の子供に対する学校教育は，病弱教育がその中心的な役割を担っている。学校制度における「病弱」という用語は，特別支援教育の対象となる障害の一つのカテゴリーとなる。病弱教育に含まれる病弱，身体虚弱ともに医療用語ではなく，一般用語であり，特別支援学校の教育対象とする障害の程度については，学校教育法施行令第22条の3で，下記のように示されている。ここでの「継続して」については，具体的な期間は明確にされていないが，風邪のように回復する時には比較的短期間であるような急性疾患は「病弱教育」の対象には該当しない。

> 一　慢性の呼吸器疾患，腎臓疾患及び神経疾患，悪性新生物その他の疾患
> 　　の状態が継続して医療又は生活規制を必要とする程度のもの
> 二　身体虚弱の状態が継続して生活規制を必要とする程度のもの

（2）　病弱教育における教育の場

　病弱児を対象とした教育の場は多様である（図9-1）。入院中の子供のための教育の場は，特別支援学校（病弱）と病院内の病弱・身体虚弱特別支援学級とに大別される。特別支援学校（病弱）が病院に隣接している場合は，子供たちは病院から特別支援学校（病弱）に通学したり，病状等によっては教員が病院内の分教室や病室に出向いて授業を行う。病院と特別支援学校（病弱）とが離れている場合でも，病院内に特別支援学校（病弱）の分校や分教室が設けられていることもある。病院内に教育の場が設置されていない場合は，特別支援学校（病弱）の教員が病院内に訪問して授業を行うこともある。また，小・中学校の病弱・身体虚弱特別支援学級が病院内に設置されている場合もある。なお，院内学級とは法令等で定義されている言葉ではないが，本章では病院内での病弱教育の場において，特別支援学校（病弱）と小・中学校の病弱・身体虚弱特別支援学級を総称する際には，「院内学級」と表記する。

　一方で，近年では上記のような入院中だけでなく，自宅等で療養している子

特別支援学校（病弱）

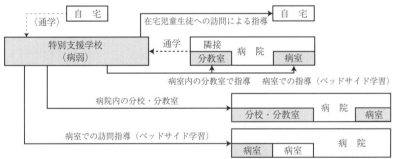

※特別支援学校（肢体不自由）・特別支援学校（知的障害）の病院内の分校・分教室が設置されている場合もある。

病弱・身体虚弱特別支援学級

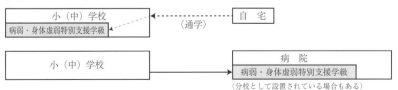

病弱・身体虚弱のある子供は，小・中学校の通常の学級にも在籍。少数であるが，通級による指導を受けている児童生徒もいる。

図9-1　病弱教育における教育の場

出典）　国立特別支援教育総合研究所（2020）を一部改変

供が病弱教育の場で学ぶことも増えている。入院中以外の場合で，特別支援学校（病弱）の教育の場としては，子供が特別支援学校（病弱）に自宅から通う形態，特別支援学校（病弱）の教員が子供の自宅を訪問する形態がある。特別支援学級については，近年では小・中学校の校舎内の病弱・身体虚弱特別支援学級の設置数が著しく増加しているのが特徴である。また，病気や治療に伴って特別な教育的ニーズが発生している場合は，通級による指導を受けることができる。

9-2　心理・生理

（1）　個々の疾患の特徴に応じた支援の必要性

　病弱教育の対象となる子供たちの医療的な背景は様々である。対象の中心となるのは慢性疾患である。わが国には小児慢性特定疾病として認定されている疾患があり，2021年11月時点では，対象疾患群は以下の通りである。1. 悪性新生物，2. 慢性腎疾患，3. 慢性呼吸器疾患，4. 慢性心疾患，5. 内分泌疾患，6. 膠原病，7. 糖尿病，8. 先天性代謝異常，9. 血液疾患，10. 免疫疾患，11. 神経・筋疾患，12. 慢性消化器疾患，13. 染色体又は遺伝子に変化を伴う症候群，14. 皮膚疾患，15. 骨系統疾患，16. 脈管系疾患である。これらの疾患は病弱教育の対象となるあくまで代表的な疾患であり，それ以外の身体疾患や精神疾患も対象となることがある。疾患が異なると，原因，症状，治療法（運動制限，食事制限，薬物治療やその副作用等）および，病気の経過等が大きく異なる。また，長い治療の経過の中では，病状が悪化している時期と安定している時期とがあり，その時々で症状や治療内容は変化し，身体面や心理面の状態も大きく異なる。そのため，疾患名だけでその子供の状態を判断することなく，一人ひとりの子供が受けている治療の性質や，日々の心身の状況，性格，家庭の状況等を的確に把握し，実態に応じた教育的支援が求められる。

（2）　病弱児に共通する心理特性とその支援

　上記のように，それぞれの疾患の特徴の違いを理解しておくことは重要であるが，病弱者に共通して認められやすい心理特性も存在する。その代表的なものとして，1点目は，自己管理と病状の改善との結びつきが感じられにくく，コントロール感が低下しやすいことがあげられる。病弱者の多くは，日々，指示された治療・管理を遵守しているが，それらがすぐに疾患の治療に結びつくことは少なく，さらに適切な自己管理を行っていても，突然の病状悪化を経験

することも多い。このように，自分の行動と望んでいる結果との関連性を感じにくい状況下では，療養行動を再開したり継続するモチベーションが高まりにくいことがある。学校で課題に取り組む中で，主体的に解答を導き出そうとする努力や，わからなかった問題が解けるようになるプロセスで，「できなかったことができるようになった」，「上手くいかないことでもやり直せる」という実感を得ることで，学習面のみならず，病気の管理に対してもコントロール感や困難への対処可能性を高めることにつながりやすい。2点目は，我慢の体験が多くなることである。病弱者は，したいことができない治療管理のことを「我慢する」と表現することが多い。こうした病弱者の「我慢」に対しては，周囲の大人から「病気であれば治療管理は当たり前」として認識されることも多く，子供の心理的負担は見過ごされやすい。病弱者にとって「我慢する辛さを理解してくれている」と感じられる教員の言葉かけや態度は，自己管理のモチベーションを維持・向上しやすくする要因の一つである。

9-3　指 導 原 則

（1）　教育課程とその編成

　病弱教育の対象となる子供の病気やその背景は多様であり，継続的な治療が必要な病気を発症したり，入院することは障害の有無を問わず，すべての子供に生じる可能性がある。病弱教育においては，小学校・中学校・高等学校に準じた教育課程が編成されるが，一人ひとりの子供の実態により，下記のような弾力的な教育課程が編成されている。「小学校・中学校・高等学校の各教科の各学年の目標・内容等に準じて編成・実施する教育課程」，「小学校・中学校・高等学校の各教科の各学年の目標及び内容を当該学年（学部）よりも下学年（下学部）のものに替えて編成・実施する教育課程」，「小学校・中学校・高等学校の各教科又は各教科の目標及び内容に関する事項の一部を特別支援学校（知的障害）の各教科又は各教科の目標及び内容の一部に替えて編成・実施する教育課程」，「各教科，道徳若しくは特別活動の目標及び内容に関する事項の一部又は各教科若しくは総合的な学習の時間に替えて自立活動を主として編成・実施する教育課程」，「家庭，施設又は病院等を訪問して教育する場合の教育課程」である。

（2）　治療内容や心身の状態に応じた支援の必要性

a. 学習内容の精選と学習環境の整備

　病弱教育の対象となっている子供は，主に小児病棟等で療養中の子供であり，療養自体に大きな心身のエネルギーを費やしている。例えば，入院中は，症状や治療・検査に伴う心身の苦痛だけでなく，慣れない生活環境や生活リズムに適応する努力をしながら教室に通ってきている。病弱教育においては一般に授業時数が制約を受けることも少なくないが，教員は，医療者との連携の中で，それぞれの子供の日々の体調や病棟で受けている治療の内容等を把握しながら学習内容を精選することが必要である。実際の指導場面においても丁寧な観察を行い，心身への負担を避けながら，学習効果の高い指導を行うことが求められる。一方で，入院治療の経過の中では，体調が徐々に回復したり制限が緩やかになったりすることもあり，医療者との連携のもと，学習活動を柔軟に変更しながら，必要以上に制限がなされていないか留意することも重要である。

　また，学習環境(室温，体に合った椅子の高さ・柔らかさ，照明の明るさ等)が適切でないことによって，子供の心身に負担が生じたり，集中力が低下したり，パフォーマンスが十分に発揮されない場合もある。教員は子供の学習環境に目を配っておき，教室で過ごす時間や空間が，身体面や心理面に好ましくない影響を与えていないか留意しておく必要がある。

b. 体験的な活動の制限に対する教材・教具の工夫

　病弱者は，治療のため運動が制限されていることが多く，また点滴の処置を受けていたり，車椅子やストレッチャー(移動式のベッド)を使用している子供も多い。また，治療の結果として免疫力が著しく低下し，感染症対策のために学習活動においても厳しい制約を受けることがある。例えば，体験的な活動が制限されやすいため，直接的な体験が少しでも増えるような指導内容を工夫することが重要となる。状況によっては限界もあるが，季節感が感じられるような内容を取り入れたり，ICT機器等の活用など教材・教具等を創意工夫して，間接的な体験や疑似体験等を効果的に設定・展開することで，子供たちの興味関心を惹起したり，好奇心を回復させることに寄与することが期待される。

c. 少人数での指導における工夫

　病弱教育の場合は，マンツーマン指導を含めて少人数指導となることが多い。これは，一人ひとりの病弱児に対して，心身の状態や学習面の状況に応じた支援が行いやすくなるという点において大きなメリットである。その一方で，教員が子供の学習上のつまづきに対して，子供が自ら気づいたり考えたりする前

に，指導・支援を行う場面が多くなりすぎると，子供の主体性が育まれにくくなることがある。子供の主体性を引き出し伸ばすための，指導・支援を行うタイミングや内容を見極めながらのかかわりが求められる。また，少人数指導の中では，本来は集団の中で育まれる多様な考え方に触れる中で思考を深めたり，コミュニケーション能力を高めたりすることが難しいことがある。在籍する子供の人数が少ない場合には，入院する前の学校での授業場面等を想定しながら，本来は周囲にいる子供の役割を教員が担うことで，子供が集団の中で享受する多様な活動を経験しやすくなることがある。オンラインシステムや ICT 機器を活用することで，複数の子供同士での主体的・対話的で深い学びを可能とする方法も考えられる。

　少人数指導の中で，教員の視線・意識が常に自分に向いていると感じると，子供が心理的に疲弊しやすい。一般に教員が子供の正面から近い距離でかかわり続けると，子供は心理的圧迫を感じやすいため，教員の指導する位置や子供の座席位置を工夫したり，子供がリラックスできる活動を設けながら，学習意欲や集中力が維持できるような工夫が大切である。

9-4　復学後の学校生活を視野に入れたかかわり —————————

　近年の医療の進歩によって，多くの病気の子供たちが，入院治療終了後は地域に戻って，入院する前に通っていた学校(以下，前籍校)に復帰することが可能となっている。また，短いスパンでの入退院が繰り返されることが多く，それに伴って教育の場(前籍校と院内学級)が頻回に変更されるケースが増えている。そのため，現代の病弱教育では，入院中の子供に対する教育活動だけでなく，退院後の小・中学校等への学校復帰(以下，復学)を視野に入れたアプローチがこれまで以上に重視されている。復学支援は，退院や復学の時期が具体的に決まってからではなく，入院当初からスタートしているという意識が，前籍校と病院内の学校とで共有されておくことが望ましい。以下では，復学を観点とした病院内での教育における各教科や自立活動の指導におけるポイントについて説明する。

(1)　復学を視野に入れた際の学習面での留意点
　入院してから院内学級に通うようになるまでの期間は個人差が大きく，長期の学習空白期間が生じるケースも少なくない。入院する前から外来通院や自宅

療養等で，前籍校でも十分に授業が受けられていないケースもある。そのため，院内学級への転入直後には，未習の学習内容の確認を行うことが必要である。転入直後に確認する観点として，「前籍校での教科書は何か」，「教科書のどこまで学習したか」，「最後に授業を受けたのはいつか」，「子どものノートテイクの状況」，「子どもの好きな教科，嫌いな教科」等がある（日下，2015）。特に算数（数学）などの系統的な学習の積み重ねが必要な教科については問題が生じやすく，また国語で言葉の理解や表現が妨げられていると他教科にも大きな影響を及ぼす（平賀，2014）。教科を問わず学習空白は学力不振に結びつきやすく，学習活動や生活全体における意欲を低下させることがある。院内学級における指導計画を作成する際には，転入時から復学後の学校生活を見据えて，指導の目標，内容，順序，方法等について，長期的な視点をもった内容を設定することが必要である。

　退院や前籍校への復学の見通しが具体的になってきた時期では，前籍校の担任教師等と情報共有を行い，前籍校での各教科における学習状況を把握し，病院内での学習の進度を細やかに調整しながら，復学時の授業にスムーズに戻っていけるように支援することが望ましい。復学する際に子供が学校生活に不安を感じる要因の一つは，授業についていけるかどうかである。可能であれば，退院前に学習進度を少し早め，復学時にクラスメイトよりも学習内容が進んだ状態となっていることは子どもにとっても自信につながり，その後も心理的余裕を持ちながら授業を受けやすくなる。

（2）　復学を視野に入れた際の心理社会面での留意点

a. 病気の理解と自己管理

　病気の子供が退院後に求められることとして，病気の自己管理があげられる。入院中の病気の管理は医療者を中心として行われるが，退院後は病気の管理の主体が，保護者や病気の子供へと移行する。特に年齢が高くなると，病気の子供自身が主体的に病気の管理をできるようになることが求められる。そのため，入院中から退院後を見据えて，病気の子供が自らの病気のことを理解し，自己管理を行える力を育てることが重要である。医療者と連携したうえで，子供の発達段階や認知特性に応じて，体や病気の仕組み等についてイラストを使って視覚的にわかりやすくしたり，客観的なデータを用いたりしながら説明を行い，子供が当事者意識を持って病気と主体的にかかわることができる工夫が必要である。

b. 援助希求的態度の育成

　退院後は，「疲れた時には，早めに周りに知らせて休憩をとる」，「学習や友人関係等の悩みがあるときには相談する」などのように，心身への負担を避けるために，必要に応じて相談したり，援助を求める力，すなわち援助希求的態度が重要となる。しかし，病弱者は，病気になったり入院することで，「周囲に迷惑をかけている」などと自己イメージが否定的になりやすい。このような自信が低下した中では，他者からの評価がさらに下がることへの懸念から，苦手なことやできないことを周囲に伝えて援助を求めることが難しくなることがある。そのため，復学を視野に入れた際には，具体的場面を設定しながらロールプレイを行う等，「退院後も困ったら，助けてくれる人がいる」，「援助を求めることはよいこと」などのように周囲を信頼する力を育てながら，必要な時に助けを求める自分を肯定する感覚を抱けることが重要である。

c. 自立や社会参加を視野に入れた指導

　病気の子供たちは，退院後も長期にわたる治療管理が求められ，病気を抱えながら成人期に達することも少なくない。そのため，入院中から将来の就労や社会参加を見据えた進路指導や**キャリア教育**の視点をもったかかわりが重要となる。例えば，退院後や少し先の将来を見据える機会を持つことで，「将来は，病気になった経験を誰かのために活かしたい」，「最初は嫌だったけど，振り返ってみると病気によって自分は成長できた」などのように病気になった意味づけを肯定的なものへと変化させる子供も多い。このように，病気や入院によるマイナス面だけに着目せず，PTG（Post-traumatic growth：心的外傷後成長）やレジリエンス（resilience：精神的回復力）の向上の観点からの教育活動の展開が期待される。

　一方で，入院治療中の子供は，「病気になっていろんなことが失われてしまった」という喪失体験を繰り返すうちに，「将来の目標や夢も叶わないかもしれない」など将来に対する無力感を抱いていることもある。また，「病気は治るのだろうか？退院できるのだろうか？」，「入院している状況で，これからのことなんて考えられない」など，将来に対して明るい展望を持つことが難しい状況である場合もある。そのような子供に対しては，「教室の中で病気のことを忘れられる楽しい時間を過ごし，その中で少しずつ希望や目標を探して膨らませていく」という視点も重要となる。また，将来像についての誤った認識がある場合は，医療者等と連携したうえで適切な情報を提供しながら，適正な将来イメージへの修正を促すことも必要である。

（3）　復学を視野に入れた前籍校とのつながりにおける留意点

a. 前籍校とのクラスメイトとのつながりの維持について

　入院した子供にとって，前籍校は同年代の仲間や教員というそれまでの自分が構築してきた大切な関係性を持つ場である（副島，2015）。入院や転籍によって，その関係性が失われてしまうかもしれないという子供や保護者の不安は，関係者の想像以上のものとなっていることがある。入院中の子供と前籍校とのつながりを維持する方法としては，従来は前籍校からの手紙，寄せ書き，千羽鶴，ビデオレター等が届けられ，それに対して入院中の子供が返事を書いたり，病院内の様子を手作りの新聞で知らせる等のやり取りが一般的であった。近年では，ICT機器やインターネットを利用し，リアルタイムで双方向のコミュニケーションを行う取り組みも目立つようになっている。TV会議システムや，前籍校に設置されたテレプレゼンスロボットを病院内から遠隔操作をしながら，状況によっては顔を映しながらのコミュニーケーションを行う取り組みが報告されている。

　入院中の子供にとって，前籍校とつながっているという感覚は，厳しい入院治療に耐えたり，前籍校への復帰へのモチベーションを高める要因となりやすい。ただし，入院中の子供や保護者が望む前籍校とのつながりのあり方は個別性が大きく，心身の状態の変化に伴ってその受け止め方が変化しやすい。体調がすぐれない時期や，治療の見通しが不透明な時期，あるいは外見上の副作用で容姿が変化している場合などでは，それまで肯定的に受け止められていたものでさえ逆効果になってしまうケースもある（平賀，2022）。前籍校からのかかわりが子どもや家族の負担になっていることがうかがわれる場合，院内学級と前籍校とが連携を取りながら，心身の状態に即した刺激の少ない穏やかなつながり方を検討することが重要である。

　以上のように，院内学級と前籍校とが連携することで，入院中の子供の心身の状態や前籍校の状況を共有しながら，入院中の子供が，「前籍校に居場所が残されている，応援してくれる仲間がいる」，前籍校のクラスメイトが「離れていても大切な仲間である」と感じられる状況を維持しておくことが重要である。

b. 前籍校の復学後の配慮事項の理解について

　退院時期が決まって，同時に前籍校への復学が視野に入ってくる頃，子供は，前籍校に復学できることへの喜びや楽しみを感じる一方で，不安や緊張を感じていることも少なくない。保護者も子供が転籍していることなどを理由に，前

籍校にどこまで要望を伝えてもよいのか不安に感じていることも少なくない。このような復学前の不安を把握し，復学後の心身の状態に応じた適切な配慮を行うためには復学前に家族，病院内関係者(医師，看護師，ソーシャルワーカー等のコメディカル)と前籍校の関係者(担任教師・管理職・養護教諭等)，また状況に応じて子供本人が集まって「復学支援会議」を開いている学校もある。会議のあり方はケースバイケースであるが，その一例として，院内学級の教員が，開催日の日程調整を行ったり，当日の会議の進行を行いながら参加者の理解を確認し，専門用語等をわかりやすく解説することなどがあげられる。会議では，子供や家族の不安や求められる合理的配慮のみならず，前籍校側の不安や疑問点についても表出され，対応法について共有されていることが望まれる。

　また，後述するように復学直後の子供は，入院による遅れを取り戻そうとする中で，心身ともに疲弊してしまうことがある。会議の場で，院内学級からこのような可能性について前籍校に伝えられ，復学後の子供に対して「少しずつペースを上げていけばよい」，「困ったときには相談すればよい」などの言葉かけをすることの重要性が理解されていると，子供は安心感を持ちながら自分のペースをつかみやすい。

9-5　復学後の学校生活を支える要因と多様な学びの場 ────

(1)　新しい日常を支えるフォローアップ

　復学後の子供の心身の状態は，多くの場合，入院する前とは同じではないことに留意する必要がある。一般的には，復学後も病気や入院治療の様々な影響が残っており，その中で新しい日常に再適応していくことが求められる。代表的な内容として，学習の遅れや体力の低下，体育の授業等での運動制限，給食時における食事制限，定期的な外来治療による欠席や早退，薬物治療の副作用による外見上の変化(脱毛やムーンフェイス等)があげられる。復学後の子供が，入院する前とは大きく変わった現実を少しずつ受け入れながら，復学後の学校生活で生じる様々な課題に対応するためには，関係者の連携のもと，病院内の学校が，復学後の子供の心身の状態を長期的・継続的に把握しながら，復学後の学校に対して，状況に応じてアドバイスをしたり，相談を受ける体制が整備されることが望ましい。

（2）　通常の学級等でのクラスメイトの病気の理解

　復学後の学校生活の適応に大きく影響するのは，復学後の学校の子供たち，特にクラスメイトの理解や態度である。一般に病気のことをクラスメイトに伝える際には，事前にその内容が関係者によって話し合われ，病気の子供の希望も考慮の上で，担任教師から説明されることが多い。1型糖尿病の子どもが在籍するクラスでの病気の理解教育の教育実践（久保・平賀，2014）の中では，担任教師による適切な説明がなされることで，クラスメイトは病気の子供が困っているときには「助ける」，「声をかける」などの積極的な支援を行ったり，あるいは「そっとしておく」などの過干渉を避ける支援など，状況に応じた多面的な支援について気づいたことが報告されている。また，クラスメイトは病気の説明を受けることで，当該の子供の病気や必要なサポートのみならず，「病気の人」や「困っている人」全般へのサポートに結びつけることができることも指摘されている。さらに，この実践からは，クラスメイトが病気の理解や適切な支援について理解することは必要であるが，それとともに病気以外の多様な側面，例えば好きなことや得意なこと等も伝えられることで，みんなと同じ共通点や相違点がある一人のクラスメイトとして受け入れられたり，良好な友人関係が構築されやすくなることが示唆される。

（3）　小・中学校等における多様な学びの場の検討

　退院後の病気の子供は，小・中学校等の通常の学級に復学することが多いが，心身の状態や学習面の個々のニーズにあった支援が受けられず，学校生活が負担になっていることがある。9-1節で説明した，通常の学級以外の病弱教育の場を検討することで，いっそう手厚い支援が提供されることが可能になる場合がある。特別支援教育コーディネーター等との連携をはかりながら，本人・保護者の思いも把握しながら適切な支援につなげていくことも重要である。

9-6　おわりに

　著しい成長発達の途上にある子供時代に，長期にわたる治療管理を必要とする病気にかかることは，心身両面に大きな影響をおよぼす。病気が慢性的な経過をたどる中では，入退院を繰り返し経験することも多い。突然の入院を余儀なくされた子供は，それまでの自宅や学校で家族や友だちと暮らしていた平穏な日常が失われたことに悲嘆し，家族や友だちから離れた病院の中で，検査や

治療が中心の非日常的な生活をおくることなる。また，退院後も，外来治療を
受けながら，日々の運動制限や食事制限，服薬治療が継続される中で，就学・
進級・進学・就職などのライフステージを移行していく。病状の変化に伴う入
退院によって，治療の場所や生活の場所が変わることも少なくないが，病院の
中であっても地域の中であっても，それぞれの育ちの場所でその子供らしい成
長発達を願う時に学校教育は大きな役割を担っている。

10章　情緒障害者への教育的支援

　情緒障害は「周囲の環境から受けるストレスによって生じたストレス反応として状況に合わない心身の状態が持続し，それらを自分の意思ではコントロールできないことが継続している状態をいう」と定義されている。情緒障害教育の対象となる障害や疾患が何であるかは明確に示されていないものの，関連する通知や手引からは選択性かん黙（場面緘黙症），不登校，及びその他の児童期・青年期にみられる多様な心身の問題が対象となると理解することができる。このような多岐にわたる情緒障害を理解するために，本章では「ストレス状況（ストレッサー）」と「ストレス反応」に分けて捉えるモデルを紹介する。また代表的な情緒障害である場面緘黙症と不登校を採り上げ，その理解と基礎的な対応について述べる。特別支援教育の中で比較的注目されることの少ない「情緒障害」の概念を正しく理解し，一人ひとりにあった対応について学んでいくための出発点としてほしい。

【キーワード】　ストレス，選択性かん黙（場面緘黙症），不登校，不安症

10-1　情緒障害とは

（1）　学校教育における「情緒障害」の定義

　「情緒障害」は学校教育において分類上使われる用語で，情緒障害という障害や疾患が存在するわけではない。「障害のある子供の教育支援の手引」（文部科学省，2021，以下「手引」）では表 10-1 のように定義されている。この記述を読むと，情緒障害教育の対象として非常に幅広い状態が想定されていること

表 10-1　「障害のある子供の教育支援の手引」における情緒障害の定義

　情緒障害とは，周囲の環境から受けるストレスによって生じたストレス反応として状況に合わない心身の状態が持続し，それらを自分の意思ではコントロールできないことが継続している状態をいう。
　情緒障害の状態の現れ方や時期は様々であり，状況に合わない心身の状態を自分の意思ではコントロールできないことにより，学校生活や社会生活に適応できなくなる場合もある。また，子供本人は困難さを感じているにもかかわらず，その困難さが行動として顕在化しないため，一見すると学校生活や社会生活に適応できているように見えてしまう場合もある。

がわかる。特に後半の段落からは，症状が顕在化していない状態の児童生徒であっても，情緒障害教育の対象として対応可能であることが読み取れる。

（2）　何が「情緒障害」に該当するか

　定義は上述の通りであるが，具体的にどのような障害や疾患が特別支援教育における**情緒障害**に該当するかは明確にされていない。学校教育関連法規では，特別支援学級について規定した学校教育法第 81 条の 2 には「情緒障害」についての記載はない。「障害のある児童生徒等に対する早期からの一貫した支援について（通知）」（文部科学省，2013）において特別支援学級の就学対象者として「キ　自閉症・情緒障害者　（略）二　主として心理的な要因による<u>選択性かん黙</u>等があるもので，社会生活への適応が困難である程度のもの」が挙げられている（下線は筆者）。

　「手引」においては情緒障害の対象となる状態について表 10-2 のように書かれている。これらは情緒障害に該当する対象を直接列挙したものではないが，情緒障害において顕在化する行動や背景にある疾患として，児童期・青年期にみられる非常に多様な心身の問題が含まれていることがわかる。特に「（ウ）背景要因」として「不安症（社交不安症・全般性不安症・パニック症・分離不安症・選択性かん黙など），強迫性障害，適応障害，うつ病や摂食障害，心的外傷後ストレス障害（PTSD）など」といった精神疾患が挙げられているが，これらについても医療と連携しながら，特別支援教育の枠組みの中でも対応できるように理解しておくことが不可欠である。

　また「手引」の前身である「教育支援資料」（文部科学省，2013）では「情緒障害教育の対象」として「（略）主として心理的な要因の関与が大きいとされている社会的適応が困難である様々な状態を総称するもので，**選択性かん黙，不登校**，その他の状態（重症型のチックで薬物療法の効果が見られない事例など）の子供である」と例示されていた。これらのうち「チック」に関しては「手引」の記載と大きく異なっている（表 10-2 参照）ことを考慮すると，情緒障害教育の対象としては概ね，選択性かん黙（**場面緘黙症**）^{注)}，不登校，及びその他の児

注)　「選択性かん黙」と「場面緘黙（症）」はいずれも英語の名称 "Selective Mutism" の訳語であり，一般的には場面緘黙が用いられることが多い。ICD-10 では「選択性かん黙」の訳語が採用されていたが，ICD-11（2018 年改訂）日本語版においては訳語として「場面緘黙症」が採用された。したがって今後は学校教育においても「場面緘黙症」が使用されることとなると考えられる。本章では通知等の引用を除き「場面緘黙症」を用いることとする。

表 10-2　「障害のある子供の教育支援の手引」の記載(一部抜粋，下線は筆者)

ア　医学的側面からの把握

(ア)障害に関する基礎的な情報

　(略)

C　行動問題の状態

　情緒障害で見られる行動問題は，周囲の環境から受けるストレスによって生じたストレス反応として，主に内在化問題行動と外在化問題行動の二つに分けられる。

(a)内在化行動問題の有無

　自己の内部に問題を含む以下のような内在化行動問題が見られるか。

　　・話せない(かん黙)　・過度の不安や恐怖　・抑うつ　・身体愁訴

　　・集団行動，社交に対する不安等により集団での行動や社会的な行動がとれない

　　・不登校　・ひきこもり　など

(b)外在化行動問題の有無

　周囲の人々との間であつれきを生じさせ，環境との葛藤を生む以下のような外在化行動問題が見られるか。

　　・かんしゃくや怒り発作　・離席　・教室からの抜け出し

　　・反抗，暴言，暴力，反社会的行動などの規則違反的行動や攻撃的行動

　　・集団からの逸脱行動　など

(c)その他の行動問題の有無

　(a)(b)に加えて，社会性の問題，思考の問題，注意の問題，その他の問題が見られる場合もある。例えば，社会性の問題としては，友達関係の築きにくさがある。また，思考の問題としては，強迫観念や強迫行動，その他の行動としては，拒食などの摂食の問題や自傷行為などがある。青年期女子に多い，手首を刃物で傷つける手首自傷(リストカット)は，不安や怒りに対する不適切な自己対処の手段の一つとして生じる場合がある。

　(略)

(イ)障害の状態等の把握に当たっての留意点

　情緒障害の状態等を的確に把握するために，次のような事項に留意しながら，情報を把握することが大切である。

　指しゃぶりや爪かみなどの習癖，身体を前後に揺らし続けるなどのような行動の反復(常同行動)，自分の髪の毛を抜く(抜毛)などの多くは，単なる習慣性の癖と考えられるものであるが，長期間頻回に続き，学校での学習や集団行動に支障を生じる場合には，情緒障害としてとらえられる。

　まばたきや瞬間的な首振りの反復などが見られるチックは，現在では身体疾患と考えられているが，不安や緊張感などで増強することが知られている。そのため，チックそのものが情緒障害に該当する訳ではないものの，ストレス状況によりチックの症状が増強・長期化している場合には情緒障害に該当する状態になっていると考えることもできる。

　(略)

(ウ)背景要因

　精神疾患が要因となって発生する情緒障害の場合，気質と環境要因が複雑に絡み合って発症するものが多い。不安症(社交不安症・全般性不安症・パニック症・分離不安症・選択性かん黙など)，強迫性障害，適応障害，うつ病や摂食障害，心的外傷後ストレス障害(PTSD)などがある。

出典)　文部科学省(2021)

童期・青年期にみられる多様な心身の問題，とまとめることができるだろう。

（3）　特別支援教育における制度上の対応

a. 特別支援学級

　特別支援学級については，「情緒障害」単独ではなく「自閉症・情緒障害」が対象とされている。ここには「情緒障害」を巡る概念の変遷が関わっている。

　過去の就学基準である「障害のある児童生徒の就学について」（文部科学省，2002）では「キ　情緒障害者　一　自閉症又はそれに類するもので，他人との意思疎通及び対人関係の形成が困難である程度のもの　二　主として心理的な要因による選択性かん黙等があるもので(以下略)」（下線は筆者）とされており，情緒障害概念の筆頭として「自閉症」が挙げられていた。2007 年の特別支援教育への制度転換後も，対象としては自閉症を含みながら「情緒障害特別支援学級」の名称が用いられていた。これが 2 年後の「『情緒障害者』を対象とする特別支援学級の名称について（通知）」（文部科学省，2009）において，「在籍者数などの実態を踏まえ」，名称を「情緒障害者」から「自閉症・情緒障害者」に変更するという修正が施され，現在の「自閉症・情緒障害特別支援学級」となっている。

　しかし，**自閉スペクトラム症**（ASD）とその他の情緒障害とは，障害の実態や有効な支援・指導方法が大きく異なっている。また両者が同じ学級で支援・指導を受けることが有効というエビデンスも存在しない。自閉症・情緒障害特別支援学級には，自閉症と情緒障害という異なる教育的ニーズのある児童生徒が在籍していることを理解しておく必要がある。

b. 通級による指導

　通級による指導は「情緒障害」が単独で対象となっている。従来は「自閉症又はそれに類するもの」を含んでいたが，特別支援教育の制度に転換する際の「通級による指導の対象とすることが適当な自閉症者，情緒障害者，学習障害者又は注意欠陥多動性障害者に該当する児童生徒について（通知）」（文部科学省，2006）により自閉症とは別の分類となり，情緒障害のみを対象とした教室として設置されることとなった。

c. 他障害を対象とする通級での対応

　特別支援教育の制度では区分された障害種ごとの対応が原則であるが，「通級による指導を担当する教員は，(略)当該教員が有する専門性や指導方法の類似性等に応じて，当該障害の種類とは異なる障害の種類に該当する児童生徒を

指導することができる」ともされている（文部科学省，2013，下線は筆者）。

　地域によっては情緒障害の通級が設置されていないこともあるが，この規程により他の障害種の通級を活用することも可能となる。例えば場面緘黙症については，言語障害を対象とした通級で指導を受けるケースは珍しくない。

10-2　生理・病理

　10-1 で述べた通り情緒障害には多様な心身の問題が含まれるため，すべてをここで解説することはできない。本節ではすべての問題に共通する「ストレスモデル」の考え方を紹介し，その後代表的な症状である場面緘黙症と不登校について解説する。

（1）「ストレス」とは何か

　先述の通り，手引では情緒障害を「周囲の環境から受けるストレスによって生じたストレス反応として状況に合わない心身の状態が持続し，それらを自分の意思ではコントロールできないことが継続している状態」と定義している。**ストレス**は日常的にも使われる語であるが，心理学では「ストレス状況（ストレッサー）」と「ストレス反応」に分けて捉える考え方が一般的である（図10-1）。

　「ストレッサー」とは本人の外部にある環境要因で，個人にストレスを与える原因になる様々な刺激を指す。例えば，教員やクラスメイトとの関係や学校生活・授業や行事等から生じる負荷，学校内の物理的環境など，多くのものが含まれる。ストレッサーは学校だけに存在するのではなく，家族との関係や家庭の問題，塾や習いごとなどもストレッサーである。また勉強や苦手な相手との人間関係など明らかに負荷の高いものばかりでなく，休み時間やお楽しみ会，

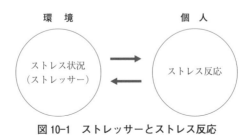

図 10-1　ストレッサーとストレス反応

給食，旅行などであっても人によってはストレッサーになり得る。

　一方，そういったストレッサーから生じる個人内の反応を「ストレス反応」とよぶ。ストレス反応には「疲れた」「しんどい」のような身体反応や，「イライラする」「悲しい」のような気分・感情としての反応が存在する。また「失敗するかもしれない」「笑われたらどうしよう」のような認知や，「○○をする」「○○に行く」のような行動もストレス反応として捉えることができる。

　ストレッサーとストレス反応とは相互に影響を与え合うものである。例えば人間関係や学業の負担によるストレッサーは心身のストレス反応を引き起こすが，イライラした感情からくる行動が周りの反応をより硬直させるなど，そのストレス反応は個人内では完結せずに外部の環境に影響を与える。「ストレス」とは，このような個人と環境との相互作用のプロセスによって成り立っている。

（2）　場面緘黙症の理解

　場面緘黙症は，話す力があるにも関わらず学校等の特定の社会的状況で話せなくなってしまう状態である。医学的には不安症の一つとされており，DSM-5 における「選択性かん黙」の診断基準は表 10-3 の通りである。

　家庭では話せるが学校では話せないという状態が典型的だが，場面緘黙症の症状は多様である。家以外でも多くの状況で話せる者もいるし，家族にも話せない相手がいたり，学校よりも家で話せなくなるというケースもある。

　また話すこと以外の問題を併せ有することが多い。表情や発話以外のコミュニケーション，書字や運動，食事や排泄も抑制されることがあり，不登校の状態になることも稀ではない。緘黙症状だけでなく心身の問題全体をよく理解し

表 10-3　選択性かん黙の診断基準(DSM-5)

A．他の状況で話しているにもかかわらず，話すことが期待されている特定の社会的状況（例：学校）において，話すことが一貫してできない．

B．その障害が，学業上，職業上の成績，または対人的コミュニケーションを妨げている．

C．その障害の持続期間は，少なくとも 1 ヶ月(学校の最初の 1 ヶ月だけに限定されない)である．

D．話すことができないことは，その社会的状況で要求されている話し言葉の知識，または話すことに関する楽しさが不足していることによるものではない．

E．その障害は，コミュニケーション症(例：小児期発症流暢症)ではうまく説明されず，また自閉スペクトラム症，統合失調症，または他の精神病性障害の経過中にのみ起こるものではない．

出典）日本精神神経学会日本語版用語監修　髙橋・大野監訳(2014)

て対応することが不可欠である。

　場面緘黙症発現のメカニズムについては十分に明らかになっていないものの，一般的に不安や恐怖を感じやすい抑制的な気質の子供が多いと考えられている。抑制的な気質は多くの子供に自然にみられる傾向であり，それ自体がすぐに場面緘黙の発症につながるわけではないが，その他の因子との相互作用やきっかけにより，場面緘黙状態となる可能性がある。また分離不安症や社交不安症といった，他の不安症が併存しているケースは多い。

　場面緘黙症の背景にあるその他の諸要因として，自閉スペクトラム症，言語・コミュニケーション能力の問題，環境要因等が指摘されている。自閉スペクトラム症と場面緘黙症との関連についてはまだ十分な研究が行われていないが，最近では場面緘黙児の多くに自閉スペクトラム症の併存がみられることが指摘されている。自閉スペクトラム症のある場面緘黙児とない場面緘黙児とでは実態が大きく異なることから，丁寧な見極めが必須である。

　場面緘黙症の発症には環境側の要因も強く関わっている。環境要因としては特に，担任その他の教員，クラスメイトや友人関係等といった人的環境の影響が大きい。クラスメイトから「話さない子」と見られてしまうことが原因で余計に話せなくなってしまう場合や，学校で話せないため友だちができづらいことから余計に孤立してしまうといったケースもある。反対に支援が行き届き過ぎた環境では，本人の中で「話せないと困る」「話したい」という気持ちが育ちにくくなりかえって緘黙症状の長期化の要因となることもある。

　出現率については研究によって数値が異なる。日本で行われた比較的規模の大きい悉皆調査では，小学生で 0.21％ という数値が報告された。大まかに言って，小学校1校に1名から数名程度いる可能性があると考えればよいだろう。男女比は研究によって異なるもの，女児に多いと考えられている。

（3）　不登校の理解

　不登校は「何らかの心理的，情緒的，身体的あるいは社会的要因・背景により，登校しない，あるいはしたくともできない状況にあるため年間30日以上欠席した者のうち，病気や経済的な理由による者を除いたもの」と定義される。ただしこれはあくまで文部科学省の統計における基準となる定義であり，情緒障害教育の対象としてはより広い範囲の状態を想定した方がよいだろう。例えば保健室登校や放課後登校によって出席扱いになっているが実態としては通学できていない者や，強い苦痛や負担を感じていながら通学を続けている（不登

校として顕在化はしていない)者なども，情緒障害教育の対象と捉えることができる。

　また不登校は「年間 30 日以上欠席」という表面上の状態で定義されているに過ぎず，背景にある要因は児童生徒によって多様であることにも注意が必要である。実態としては全く異なる様々な状態にある児童生徒が「不登校」として括られていると理解しておくとよいだろう。

　不登校の要因は「『無気力・不安』，『生活リズムの乱れ，あそび，非行』，『いじめを除く友人関係をめぐる問題』，『親子の関わり方』，『学業不振』，『教職員との関係をめぐる問題』と多岐にわたって」いるとされる(文部科学省，2022)。「令和 3 年度児童生徒の問題行動・不登校等生徒指導上の諸課題に関する調査結果」(文部科学省，2022)では，不登校の要因(主たるもの)として最も多く挙げられているのは「無気力・不安」(49.7%)，次いで「生活リズムの乱れ・遊び・非行」(11.7%)，「いじめを除く友人関係をめぐる問題」(9.7%)であった。ただしこれはあくまで教員側から推測した要因である点に注意が必要である。例えば「教職員との関係をめぐる問題」は 1.2%，「学校のきまり等をめぐる問題」はわずか 0.7% とされており，不登校児童生徒の実態を適切に反映していない可能性がある。

　不登校児童生徒は近年増加傾向にある(図 10-2)。2001 年から 2012 年頃までは微減傾向にあったが，そこから増加に転じ，2017 年頃からは急増している。2022 年 10 月に発表された 2021 年度の統計では，不登校に該当する者は小学

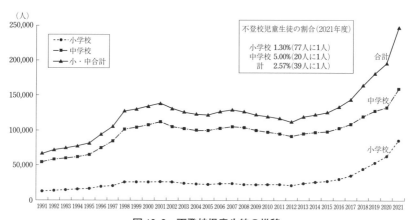

図 10-2　不登校児童生徒の推移
出典) 文部科学省(2022)

生 81,498 名(1.3%)，中学生 163,442 名(5.0%)で過去最多となった。この傾向は新型コロナウィルスの流行や感染症対策による一斉休校措置が行われる前から見られていたものであり，また 2020 年度の統計からは長期欠席の理由に「新型コロナウィルスの感染回避」が不登校とは別に計上されていることから，新型コロナウィルス自体が不登校増加の主たる要因になっているとは言えないだろう。

　不登校の増加の要因の一つに，2016 年に公布された「義務教育の段階における普通教育に相当する教育の機会の確保等に関する法律」及びこれに関連する教育行政等の施策の変化があると考えられる。文部科学省では同法の施行を受けて，「義務教育の段階における普通教育に相当する教育の機会の確保等に関する基本指針」を定めた。「基本方針」では不登校を「取り巻く環境によっては，どの児童生徒にも起こり得るものとして捉え，不登校というだけで問題行動であると受け取られないよう配慮し，児童生徒の最善の利益を最優先に支援を行うことが重要」とし，また支援に際しては「登校という結果のみを目標にするのではなく，児童生徒が自らの進路を主体的に捉えて，社会的に自立することを目指す必要がある」と述べている（下線は筆者）。

　この基本方針は学校以外の場で学ぶことを文部科学省が公式に認めたものであり，結果として不登校の増加につながったと解釈できる。しかし，この文部科学省の方針転換が不登校を増加させたというよりも，もともと学校への適応に困難を抱えていた児童生徒は多数存在しており，それが欠席を選択しやすくなったため統計上の不登校が顕在化したと捉えるのがよいだろう。

10-3　指 導 原 則

（1）　情緒障害のある児童生徒への対応

　情緒障害の症状は多様であり，誰にでも当てはまる支援方法や治療方法があるわけではない。丁寧なアセスメントに基づき，個々の実態に応じた対応を行う必要がある。しかし一般的な対応として共通する部分もある。

a. 学校や家庭の環境を整える

　情緒障害の症状は本人の外側にあるストレッサーからの影響を受けて生じるものである。対応にあたっては児童生徒が過ごしやすいように環境を整えることが不可欠である。

　学校内の環境を整える場合，対象となる児童生徒がどこで過ごすか（在籍し

ている学級か，それ以外の場所か)によって対応が大きく異なる。在籍している学級で過ごす場合，**ユニバーサルデザイン**の視点から誰にとっても過ごしやすい環境を整えていくとともに，**合理的配慮**によって個々への対応を行っていくことが必要になる。前者の例としては，例えば教室内の騒音や臭いなどの物理的な環境に配慮することや，生徒同士の言葉遣いのような人間関係の在り方に配慮して過ごしやすい学級作りを目指すことが挙げられる。後者の合理的配慮の例としては，係活動や行事，学習活動，宿題など対象児童生徒が強いストレスを感じている事柄について，他の児童生徒とは異なる多様な参加の仕方を許容することが考えられる。

　一方，社交不安や視線恐怖が強いなど，情緒障害の症状によっては人数の多い集団や他人のいる環境で過ごすこと自体が困難なケースも少なくない。その場合は教室に入れるようにすることを目指すよりも，特別支援学級や相談室，教育支援センター等，安心して過ごせる居場所を検討することも有効である。例えば不登校児童生徒への対応を検討する際に，背景にある問題によっては，教室に入れることを目指すべきなのかどうかは，慎重に判断する必要があるだろう。

　また児童生徒によっては家庭の環境がストレッサーとなっている場合もある。保護者への助言によって対応できるケース(例：習いごとの負担が大きいから負担を減らす，など)もあるが，保護者自身も援助を要する状態(例：親にも心身の問題がある，など)であったり，家庭へのより積極的な介入が必要なケース(例：虐待が疑われる，など)もあり得る。教員だけでは対応が困難な場合，スクールソーシャルワーカー等の専門職との連携が有効である。

b. スクールカウンセラーや医療，専門機関と連携する

　情緒障害の状態は多岐にわたっており，より専門的な視点からの見立てや対応が必要になるケースもある。スクールカウンセラーによる面談やアセスメントを行うことで，教員では気づけない視点からの情報が得られることがある。

　またより継続的な心理療法や服薬が必要なケースでは，医療との連携が必要になる。本人や保護者に医療受診を勧める場合，あらかじめ養護教諭やスクールカウンセラーの助言を得て校内でよく検討しておくことが望ましい。また受診後も医療機関に任せるのではなく，本人・保護者の了解を得て連携していく必要がある。

c. 本人とコミュニケーションをとる

　情緒障害のある児童生徒の場合，対応方法の検討にあたって本人の意思が重

要となるケースが多い。例えば不登校児童生徒の場合，学校復帰を目指すかどうか，その場合教室で学習するのか他の校内資源を活用するのか，どのような方法なら負担が少なく通学できるのか，などは一人ひとり異なっている。

　社会的状況での話しことばの表出が困難な場面緘黙症の児童生徒の場合，コミュニケーションをとることが難しく感じるかもしれない。しかし身振りや指さし，筆談や手紙，メールなど方法を工夫すれば，意思を聴き取れることは多い。コミュニケーションの技法よりも，十分に時間をかけて話を聴こうとする支援者側の姿勢がまず重要である。

（2）　場面緘黙症の児童生徒への対応

　場面緘黙症の症状は固定的なものではなく，適切な治療的介入によって改善させることができる。本人に「話せるようになりたい」という意思がある場合は緘黙症状の改善に取り組むことができる（高木，2021）。

　緘黙症状改善の方法として最も一般的なのは段階的なエクスポージャー（苦手な刺激に段階的に触れることで慣れていく方法）である。「人」「場所」「活動」の要素を組み合わせて本人にとって「話せる場面」を作りだし，少しずつ段階を踏んで話せる場面を広げていく方法である。

　例えば「家庭では話せるが学校では話せない」という子の場合を考えてみよう。「母親と家で話す」ことはできているが，この条件のうち「場所」の要素を変えて，「母親と放課後誰もいない教室で話す」にしたらどうだろうか。もしこのような条件で話すことができるなら，これによって「学校という場所で話す」ことができるようになる。そこからさらに「担任の先生が廊下にいるとき，母親と話す」「担任の先生が教室にいるとき，母親と話す」「母親のいるところで担任の先生と話す」のように少しずつ条件を変え，話せる場面を広げていくことができる。

　基本的な考え方はこの通りであるが，具体的な目標設定や練習方法は一人ひとり異なっている。特に，エクスポージャーを行う課題は「成功すること」を設定しなければならない（成功しないことを課題として設定したら必ず失敗する）。そのため，練習がうまくいくためには本人の協力が不可欠となる。実施にあたっては本人とコミュニケーションをとりながら，「何を目標にするか」「この練習はやったらできそうか」など一緒に計画を考えていくことが必要である。

11章　言語障害者への教育的支援

　本章は，言語障害教育の主な対象となる構音障害，吃音，言語発達の遅れに焦点を当て解説する。まず，言語障害のある子供の定義を確認し，構音障害の分類と原因，吃音および特異的言語発達障害の発症頻度や症状など基礎的な事項を概観する。次に，言語障害のある子供を対象とした学びの場として，通常の学級，特別支援学級および通級による指導の形態について説明する。最後に，言語障害の状態等の把握ならびに指導法，合理的配慮を含む必要な支援の内容を整理する。今後の課題として，学級担任が言語障害に関する基礎的知識や教育的支援について情報を得る必要性を指摘する。

【キーワード】 構音障害，吃音，特異的言語発達障害，通常の学級

11-1　言語障害とは

　言語は伝達，思考，行動調整といった機能をもち，人が社会生活を送るうえで大きな役割を果たしている。しかし，言語にかかわる問題は見た目にわかりにくく，本人が困っている状況を周囲の人に理解してもらえないことや，子供の場合は学校生活や教科学習等には影響がないものとして，必要な支援を受けられていないことがある。ここで，子供の言語障害に関する定義を示しておく。文部科学省（2013 b）によると，**言語障害**は「発音が不明瞭であったり，話し言葉のリズムがスムーズでなかったりするため，話し言葉によるコミュニケーションが円滑に進まない状況であること，また，そのため本人が引け目を感じるなど社会生活上不都合な状態であること」とされている。一方，同省が定めている言語障害の特別支援学級や通級指導教室の対象は，上記に「話す，聞く等言語機能の基礎的事項に発達の遅れがある者」が加えられている。

　言語障害の診断基準の一つに，アメリカ精神医学会（American Psychiatric Association；APA）による「DSM-5 精神疾患の分類と診断の手引き（Diagnostic and statistical manual of mental disorders. 5 th ed.）」がある。この中で，言語障害は「コミュニケーション症群（Communication Disorders）」に該当し，さらに，語音の産出に困難があって話し言葉がわかりにくい「語音症（Speech

Sound Disorder)」, 話し言葉に非流暢さのある「小児期発症流暢症(吃音)(Child-hood-Onset Fluency Disorder)」, 語彙, 構文, 話法の習得や使用につまずきのある「言語症(Language Disorder)」などのサブカテゴリに分類されている。DSM-5 では, 上述した文部科学省による二つの定義による対象を合わせて言語障害と捉えている。つまり, 子供の言語障害とは, 話すこと(speech)によるコミュニケーションが円滑に進まないことから, 話す, 聞く, 読む, 書くなど言語機能(language)の基礎的事項の発達の遅れや偏り(以下, 言語発達の遅れ)のある子供までを含む。

　本章では, 言語障害を知的発達の遅れ, 聴覚障害, 肢体不自由など他の障害に伴って生じる場合とは区別し, 言語障害教育における主な対象となる, 構音障害, 吃音, 言語発達の遅れに焦点を当て説明する。なお, 言語発達の遅れは様々な要因によって生じ, 子供の実態が多様で一般化しにくい。そこで, 知的発達の遅れや社会性に問題がないにもかかわらず, 言語に特有の問題のある, **特異的言語発達障害**(Specific Learning Impairment ; 以下, SLI)を取り上げて紹介する。

11-2　生理・病理

(1) 構音障害

　子供にみられる構音障害は, 言語発達の途上で誤った発音(構音)が習慣化したことによるものである。構音器官の構造や機能に問題があるかどうかによって機能性構音障害, 器質性構音障害, 運動障害性構音障害に分類される。

a. 機能性構音障害

　機能性構音障害とは, 生活年齢に比して発音がはっきりしない, サ行やタ行音など一部の音がうまく言えないといった語音の産出に問題があるものの, 明らかな要因を特定できないものをいう。これは言語発達の途上にある子供に多く, 構音の発達過程において構音習得を妨げる何らかの要因(構音器官の随意運動, 語音弁別, 聴覚的記銘力, 言語環境など)が関連したものと考えられている(加藤・竹下・大伴, 2012)。通常の構音の発達過程にみられない誤りには, 呼気が口腔の側方から漏れる側音化構音や構音点が通常より後方の口蓋へ移動してしまう口蓋化構音など特殊な構音操作の誤りによるものがある。

　構音は発達に伴って完成していくもので, 一般的に音韻発達の成熟にしたがって6〜7歳頃までに自然に正しい構音を獲得していくか, 構音指導によっ

て獲得することが多い。しかし中には，知的発達の遅れや SLI 等による言語発達の遅れ，落ち着きのなさや不器用さがあって構音を獲得しにくくしていることがあるため，構音の誤りや不明瞭さの背景にある要因を鑑別することが重要になる。

b. 器質性構音障害

器質性構音障害とは，構音に必要な構音器官の構造や機能に原因があると特定できるものをいう。言語障害教育の対象によくみられるのは口唇口蓋裂（以下，口蓋裂）である。口蓋裂は胎生期の何らかの要因によって，口唇や口蓋が閉じていない状態で生まれる。裂の閉鎖手術をしないと口腔内圧が高まらず，哺乳や摂食，声や構音にも問題が生じ，生後すぐから医療と連携した支援を必要とする子供たちである。裂の大きさや部位によって治療内容，時期・期間や合併症の有無などが違ってくることに留意しておく。また滲出性中耳炎になりやすく，聞こえの状態の確認，病気の予防や健康管理が必要である。口蓋裂に類似した構音の問題には鼻咽腔閉鎖機能不全や粘膜下口蓋裂がある。これらは一見して，口腔内に明らかな裂はみられないが，構音の不明瞭さ，呼気が鼻から漏れる開鼻声や代償的に咽頭で構音する声門破裂音などの異常構音があることが発見の手がかりとなる。その他，舌小帯の長さが生まれつき短い舌小帯短縮症にラ行音が歪むといった構音の誤りがみられることもある。

c. 運動障害性構音障害

運動障害性構音障害とは，構音器官のまひや失調によって運動障害が生じ，発声や構音，プロソディーなどの問題がみられるものをいう。代表的なのは脳性まひである。身体や口腔器官に運動障害がある状態で言語を獲得していく点で上述の機能性構音障害や器質性構音障害とは違い，発達経過の中で運動障害に伴って生じる構音障害と理解しておくとよい。したがって，構音障害を伴って発達することによって生じてくる問題や，構音障害にもとづくコミュニケーションのとりにくさなど，様々な問題を考慮してかかわっていく必要がある。

（2）吃音

吃音は発達性吃音と獲得性吃音に分類されるが，ここでは，子供にみられる発達性吃音を扱う。吃音は語頭の音が繰り返されたり出にくかったりする，話し言葉の流暢性の問題である。その原因は約8割が体質によるものとする報告や，遺伝的要因や環境的要因，近年は脳内白質の異常や言語に関連する脳領域間の機能的結合の問題等を指摘する報告が紹介されているものの（菊池・福

井・長谷川，2021），いまだ特定されていない。有病率は言語や国による違い
はなく人口の約1％，発症率は5〜11％とされている。男女比は年齢によって
やや違いがあり，幼児期は1〜2：1であるが，学齢期以降は3〜5：1と男児に
多い。吃音の言語症状が出始める発吃は主に2〜4歳とされるが，小学生あるい
いは思春期に発吃することもある（小林・川合，2013）。幼児期に発吃した子供
の約7〜8割は自然治癒し（Mansson，2000），持続する場合は治療や指導が長
期にわたることがある。吃音は他の障害と同時に生じうるもので，機能性構音
障害との併存が最も多く，他には知的発達の遅れや発達障害，社会不安障害な
どが報告されている。

（3）　特異的言語発達障害（SLI）

　SLIは言語発達を阻害する要因はないが，意味，音韻，文法，語用など言語
の構成要素のそれぞれに様々な問題を生じる。背景に複数の遺伝子が複合的に
影響する可能性を指摘する報告もあるが（Newbury & Monaco，2010），原因は
明らかになっていない。米国では発症率が約7％であり，男女比は男児8％，
女児6％と男児にやや多い（Tomblin et al.，1997）。言語の文法構造の複雑さに
よって症状の出現に違いがあり，日本語特有の言語症状はいまだ十分に知られ
ていない。

　言語の問題は理解より表出に顕著であり，発達早期には初語や二語文の表出
が遅れ，英語圏では4〜5歳から文法獲得の遅れが目立ってくる。日本では，
言語表出の遅れが追いつき，文レベルの表出が可能となった中で助詞の誤りや
構文の稚拙さ，会話のやりとりの中で話しが要領を得ずにわかりにくいといっ
た発達経過をたどる子供がいる。SLIの言語の問題は長期にわたるもので，書
字言語の習得にも困難を生じる場合が少なくなく（田中，2015），教科学習のつ
まずきや学校生活の不適応など，二次障害を生じる可能性が高い。

11-3　教 育 課 程 ―――――――――――――――――――――

（1）　学びの場と対象種別

　全国難聴・言語障害学級および通級指導教室実態調査報告書（2017）において，
難聴を除く言語障害による指導を受けている幼児児童生徒の総数は小学生
28,480人，中学生412人を含む34,097人であることが報告されている。この
うち言語障害特別支援学級において指導を受けている者は2,186人（6.4％），

通級指導教室は 26,706 人(78.3 %)と通級による指導を受けている者が最も多く，約 8 割が通常の学級に在籍している現状が明らかにされている。さらに，小学校における通級指導教室と言語障害特別支援学級の対象種別内訳は，両者の指導形態の違いにかかわらず，構音障害(通級 43.8 %，支援級 55.0 %)，言語発達(通級 25.3 %，支援級 21.2 %)，吃音(通級 13.2 %，支援級 12.5 %)の順に多く，特に構音障害の占める割合が高かった。この調査結果から，言語障害教育は特別支援学級あるいは通級による指導の制度の下，指導が行われていることがわかる。

（2）　通常の学級

　上述したように，構音障害や吃音などの子供の多くは通常の学級に在籍している。ところが，通常の学級では，小・中学校等で編成される教育課程にもとづいて各教科等の指導が行われるため，言語障害特別支援学級や通級による指導形態とは違い，特別の教育課程を編成して行う授業や自立活動の時間を設けることができない。したがって，通常の学級で授業内容がわかり，一斉の学習活動に参加しやすくなるには合理的配慮を含む必要な支援が望まれる。また人前で話すことに不安や緊張があると，本人の自己肯定感や自己実現に影響を与えることが少なくなく，早期からの教育的支援が欠かせない。それゆえに，学習活動における指導上の工夫や個に応じた手だての工夫が学級担任に委ねられているが，言語障害に関する基礎的知識や発達経過，障害等の状況に応じた教育的支援に関する情報を得る機会が少ないのが現状である。

（3）　通級による指導

　通級による指導(言語障害)の対象となる障害の程度は，口蓋裂，構音器官のまひ等器質的又は機能的な構音障害のある者，吃音等話し言葉におけるリズムの障害のある者，話す，聞く等言語機能の基礎的事項に発達の遅れがある者，その他これに準じる者(これらの障害が主として他の障害に起因するものではない者に限る)で，通常の学級での学習におおむね参加でき，一部特別な指導を必要とする程度のものとされる(文部科学省，2013 a)。つまり，対象となる子供は小・中学校等の通常の学級に在籍し，各教科等の大部分の授業を通常の学級で行いながら，障害の状態等に応じ，一部の授業について通級による指導を受けている。そして，その授業時数は在籍する小・中学校等の特別な教育課程に係る授業とみなせることが制度的に位置づけられている(学校教育法施行

規則第140条，第141条）。なお，小・中学校等における通級による指導の授業時数は，年間35単位時間から280単位時間以内を標準とされており，週当たり1単位時間から8単位時間程度となる（文部科学省，2016）。具体的な指導内容は，特別支援学校小学部・中学部学習指導要領および特別支援学校高等部学習指導要領第7章に示す自立活動の内容を参考とし，言語障害の状態を改善することを目的に具体的な目標や内容を定め，指導を行うものとされている（4章参照）。

（4）　特別支援学級

　言語障害特別支援学級の対象となる障害の程度は，口蓋裂，構音器官のまひ等器質的又は機能的な構音障害のある者，吃音等話し言葉におけるリズムの障害のある者，話す，聞く等言語機能の基礎的事項に発達の遅れがある者，その他これに準じる者（これらの障害が主として他の障害に起因するものではない者に限る）で，その程度が著しいものとされている（文部科学省，2013a）。子供に言語発達の遅れがある場合，学習活動における言語理解や表出にまで困難があり，かなりの時間を特別な指導を必要とすること，また言語障害の状態の改善・克服を図るために，心理的な安定を図る指導を継続的に行う必要があることから，通級による指導の対象とは異なっている。言語障害特別支援学級は，子供たち一人ひとりの障害の状態等に応じて特別の教育課程を編成して指導が行える点は通級による指導と同じであり，各教科等の他に，障害による学習上又は生活上の困難を主体的に改善・克服するために必要な自立活動を取り入れた指導が行われる。

11-4　指導原則

（1）　言語障害および発達の状態等の把握

　子供に効果的な指導を行っていくためには，言語障害の状態と本人や保護者のニーズを正確に把握することが重要である。まず，子供の障害の状態等の把握に共通する事項について説明する。

a. 情報収集

　子供や保護者と面談を行い，生育歴，既往歴，家族歴，言語発達経過，言語環境などの情報を収集し，言語障害の原因や状態，発達経過を把握しておく。専門の医療機関等にかかっている場合は，保護者を通して診断や各種検査結果，

医学的所見に関する情報を得るとよい。また医療機関や療育施設で**言語聴覚士**（Speech-language-hearing Therapist）による専門的指導を受けている場合は，言語発達等に関する所見や指導内容に関する情報を得ておく。その他，必要に応じて，学校園の担任にチェックリストへの回答を依頼したり，聞き取りを行ったりして授業や集団活動の様子について情報を収集する。

表 11-1　言語・コミュニケーションに関する検査

	検査名	適用年齢	特　徴
構音	新版　構音検査	幼児～成人	「単語検査」「音節復唱検査」「刺激性検査」「文章検査」「構音類似運動検査」をもとに構音障害を評価・診断し，その結果から構音指導の具体的方針を得る。
流暢性	吃音検査法（第 2 版）	2 歳～成人	「幼児版」「学童版（低学年／高学年）」「中学生以上版」があり，年代別に場面や課題別に非流暢性頻度，吃音症状や重症度を把握する。
流暢性	CALMS 吃音のある子どものための評価尺度	小学 1～中学 3 年	5 つの吃音構成要素に関する情報収集と 23 項目のパフォーマンスの段階評価を通してプロフィールを作成し，子供の実態や変化を把握する。
言語・コミュニケーション	LC スケール増補版	0～6 歳	語彙，文法，語操作，対人的なやりとり等から「言語表出」「理解」「コミュニケーション」を評価する。
言語・コミュニケーション	LCSA 学齢版	小学 1～4 年	「文や文章の聴覚的理解」「語彙や定型句の知識」「発話表現」「柔軟性」「リテラシー」を評価し，支援の方向性を得る。
言語・コミュニケーション	国リハ式〈S-S 法〉言語発達遅滞検査（改訂第 4 版）	1 歳前後～就学前	「コミュニケーション態度」「基礎的プロセス」「記号形式－指示内容関係」から言語行動を捉え，受信／発信別に記号，語連鎖，統語方略の発達段階を評価する。
言語・コミュニケーション	質問－応答関係検査	2 歳～就学前	「日常的質問」「なぞなぞ」「仮定」「類概念」「語義説明」「物語の説明」等の課題から語用論的な観点にもとづいてコミュニケーション能力を評価する。
語彙	PVT-R 絵画語い発達検査	3 歳 0 か月～12 歳 3 か月	基本的な語彙の理解力に関する発達段階を短時間で簡便に評価する。

b. 実態把握

実態把握には行動観察および諸検査を行う。あいさつ，氏名や年齢，学校園名などの簡単な質問応答，通常の会話，遊びについて，自由会話場面と検査場面の双方から子供の行動観察を行い，主訴に応じて音声や構音の状態，聴覚的記銘力，構音器官の随意運動，話し言葉の流暢性の状態，発話の内容（理解と表出，話しかけに対する反応や関わり方を含む）を把握する。検査は，言語発達やコミュニケーションに関する検査に限らず，推測される要因から知能検査ないしは発達検査等の関連検査を実施する。表11-1に言語障害のある子供に用いられている検査および評価尺度を示す。

（2）　具体的指導法と内容

a. 構音障害

構音検査（表11-1）を用い，個々の音の聴覚的評価および視覚的な構音操作の観察をもとに，誤り音の種類，発達途上の構音の誤りまたは特異な構音操作の誤り，誤り方の一貫性の有無，後続母音や語内位置など音声環境による誤り方の違い，被刺激性の有無，誤り方に共通する特徴を単音節，単語，文において把握し，指導方針を検討していく。

機能性構音障害は，/s, ts, dz, r/ などの獲得の遅い音がその音を獲得していくまでの間に別の音に置き換わることや（置換），音節中の子音が省略される（省略）などの発達途上の構音の誤りが多い（表11-2）。なお，早く獲得する音は，母音，鼻音（m, n），破裂音（p, b, t, d, k, g）であり，後に獲得する音は，摩擦音（ʃ, s），破擦音（ts, dz），弾音（r）と知っておくと発達上の構音の誤りを理解しやすいであろう。

構音器官の形態と機能は構音状態からもある程度推測でき，仮に開鼻声があると鼻咽腔閉鎖機能不全や粘膜下口蓋裂の可能性が考えられる。機能性構音障害の中で，学齢児童に多い側音化構音は自然治癒することが少なく，構音指導が必要である。

表11-2　機能性構音障害の主な症状と特徴

症　状	特　徴	具体例
置　換	目標音が別の音に置き換わる	sakana（サカナ）→ takana（タカナ）
省　略	音節の中の子音が省略される	happa（ハッパ）→ appa（アッパ）
歪　み	目標音が明瞭でなく歪む	日本語の語音としては聴取されず，様々な音がある

　構音指導の実際は目標音の音声学的特徴に基づいて音や動作を誘導し，最終的に日常会話への般化を目指していく。音の産生訓練の方法には，1)聴覚刺激法(正しい音を子供に聞かせて模倣させる)，2)漸次接近法(正しい音を子供に模倣させる)，3)他の音から移行(構音可能な音を用いて目標音の産生へと移行させる)，4)キーとなる音を利用(単語によって正しい音の産生が可能である場合にキーとして利用する)がある。語音の聴覚的な認知能力の向上には，聴覚的弁別(目標音があるか判断する音の同定／目標音を聞いて正しい音か判断する正誤弁別)があり，遊びに取り入れて楽しく行えるようにする。

b. 吃　音

　吃音は，言葉の繰り返し(連発)，引き伸ばし(伸発)，最初の言葉がでにくいブロック(難発)といった，発話の非流暢性に特徴づけられる(表 11-3)。基本的には，吃音検査法(表 11-1)を用いて吃音症状を把握し，中核症状の頻度，持続時間，緊張性の程度，随伴症状や工夫・回避の程度の観点から吃音の重症度を評価する。なお，随伴症状とは，中核症状に伴ってみられる四肢の動き等のことで，回避とは言語症状がでることを避けて言いにくい言葉を言い換えたり，発話や会話を避けたりする行動をいう。他に，吃音には症状が改善したり悪化したりする「波」がある。

　次に，吃音の捉え方にもとづく環境調整や支援の視点について整理する。吃音のある子供は吃音症状に加えて，自身の吃音の自覚や心理的な問題，周囲にいる人の反応など様々な困難を抱えている。そのため，環境や人間関係，周囲の価値観等から吃音を多面的・包括的に捉え，本人の活動や参加を促進あるいは阻害する要因を抽出していく必要がある。子供は言葉がでなくなることにフラストレーションを感じる場合が多いが，自由で楽な雰囲気の中で話しやすい相手には吃音症状を伴いながらも，楽に話せることがあると言われている。そ

表 11-3　吃音の中核症状と特徴

症　状	特　徴
連　発	言葉(音・モーラ・音節など)を繰り返す 例)「ぼぼぼ…くは」
伸　発	言葉を引き伸ばす 例)「ぼーーーくは」
難　発	最初の言葉がなかなか出にくい 例)「…(数秒間)…ぼくは」

こで家庭や学校等で子供が話しやすい環境を作り，楽に話せた経験を重ねていくことが大切である。他には，理解啓発授業の中で吃音について話し合う機会をもち，吃音のある子供が自分の話し方を否定的ではなく，肯定的に捉えられる環境をつくること，周囲の子供には話し方ではなく，話の内容に耳を傾けることの大切さに気づかせること等がある。子供自身には話の内容を充実させ，人に効果的に伝えていく方法を知らせる指導や配慮が必要となろう。なお，難発の状態には，子供と相談しながら望ましい対応を考えておくとよい。

c. 特異的言語発達障害(SLI)

　SLI は，ウエクスラー式の知能検査等で知的発達の遅れがないことが確認され，かつ言語の問題があることから判断される。言語発達や言語能力の詳細は，LC スケールや LCSA，国リハ式〈S–S 法〉言語発達遅滞検査，質問応答関係検査(表 11-1)を用いて評価するとよい。子供の中には標準化検査では言語の問題が示されないことも少なくなく，自発的な発話をみていく視点をもつことが重要である。例えば，絵本を読み聞かせてナラティブ(narrative)を再生させる，リテリング(retelling)により文レベルの発話を評価し，ナラティブの筋の把握，キーワードの想起，助詞の誤用の有無，不完全な文の有無等を評価の観点とする。

　文法障害のある SLI への指導は，子供が文法規則を理解して表出可能にしていくために，遊びや絵本の読み聞かせの中で目標語や文を繰り返し提示し，子供の自然な反応を引き出しながら，時制，語順や主語を変えて文法規則の違いを理解させ，復唱させるなどの指導が考えられる。なお，目標語や文は音声だけでなく文字を併用して提示すると理解の助けになり，文字指導と関連させて行うのもよい。また 3 コマ漫画や連続絵カードなどストーリー展開のある題材を用い，場面の理解や登場人物の気持ちを考えさせたり，自分の気持ちを人に説明したり，書いて表現したりする方法がある。遊びの中では，日常生活で身近なお店屋さんや買い物ごっこなど役割のあるものを通して，言葉を使用する活動や人とやりとりする楽しさを実感させながら，基礎的な言語スキルの向上を図っていく。いずれも子供が関心をもてる題材を用いることが大切である。

(3)　配慮事項

　言語障害のある子供の中には，早期支援と合理的配慮を必要としている者がいる。そのため言語障害に即した合理的配慮を含む必要な支援の内容を検討する必要がある。話すことや言葉によるやりとりに自信が持てないと，積極的に

会話に参加しようとしないことや，相手の表情や動作を手がかりに行動していることがあるため，子供がリラックスしてコミュニケーションを楽しみ，学習等に取り組めるように工夫する必要がある。例えば，発音しにくい音や言葉がある子供は，教科書の音読，九九や計算カードの暗唱，歌唱，日直の号令等に困ることがあり，その場合は，二人または複数の子供と一緒にできるよう配慮すること，音読箇所や分量は調整し，発表は代替手段として書き言葉で行ったり，ICT機器を活用したりすることが考えられる。このような学習内容の変更や調整には，学校や学級担任，周囲の子供たちの関わりが大きく影響するため，学級担任は子供が話しやすいと感じられ，言語障害に伴う困難に対して周囲の理解が得られる学級作りを心がけることが大切になる。

　現状では，通常の学校の学級担任が言語障害について学ぶ機会が少なく，また専門的な言語指導を行うには，これまでに述べてきた言語学や音声学に基づく知識と指導技術が必要であり，教員研修の充実が課題である。将来的には，米国と同様に，言語聴覚士が通常の学校の言語障害教育にかかわれる特別支援教育体制が望まれる。

12章 学習障害者への教育的支援

　　学習障害とは，知的発達に遅れがないものの，聞く，話す，読む，書く，計算する又は推論する能力のうち一つ以上において著しい困難を示す状態を表す。アセスメントにより困難さの状態や強みを把握し支援につなげる。近年，欧米を中心にRTIという3層構造の教育的介入により学習障害の同定と適切な支援方法を見出す手法がとられるようになっている。日本では，ユニバーサルデザインによる，通常学級全体でのわかりやすい指導により予防的対応を取りつつ，個別に与える指導の工夫や合理的配慮によって本来の力を発揮できるよう支援を提供している。当事者には，困難さのみならず自らの強みを知り，支援を求めていくセルフアドボカシーの力も求められており，ニーズ把握や自己の障害理解が必要となる。タブレット端末の普及により，支援を得やすくなったが，肝心なのは，当事者が支援による成功体験を実感することであり，これが自分らしく生きる力につながる。

【キーワード】　学習上の困難，RTI，合理的配慮，セルフアドボカシー

12-1　学習障害とは

（1）定　義

　学習障害(learning disabilities，以下LD)は，1999年の「学習障害児に対する指導について（報告）」（文部省，1999）により定義と支援形態，診断・実態把握基準(試案)が示された。定義上の要点は3点あり，① 全般的な知的発達に遅れがないこと，② 聞く，話す，読む，書く，計算する又は推論する能力の中で，一つかそれ以上に著しい困難がみられること，③ 他に障害がある場合や学習機会の不足や不適切な教育の結果といった環境的な要素が直接原因ではないこと，である(図12-1)。なお後述する医学的診断基準(表12-1)と比較するとわかるように，「聞く」「話す」については教育的定義にしかなく，これを主訴に医療機関に行った場合，LDとの診断がつかないことがある点に留意する。

> 　学習障害とは，基本的には<u>全般的な知的発達に遅れはない</u>が，聞く，話す，読む，書く，計算する又は推論する能力のうち<u>特定のもの</u>の習得と使用に著しい<u>困難</u>を示す様々な状態を指すものである。
>
> 　学習障害は，その原因として，中枢神経系に何らかの<u>機能不全*</u>があると推定されるが，視覚障害，聴覚障害，知的障害，情緒障害などの<u>障害や，環境的な要因が直接の原因となるものではない</u>。
>
> 　　　　　　　　　　　　　　*以前の機能障害から表現が変更となった。注：下線は筆者による。

図 12-1　学習障害の教育的定義

出典）文部科学省(2021)

表 12-1　DSM-5 による診断基準

A．学習や学業的技能の使用に困難があり，その困難を対象とした介入が提供されているにもかかわらず，以下の症状の少なくとも 1 つが存在し，少なくとも 6 カ月間持続していることで明らかになる：
　（1）不的確または速度が遅く，努力を要する読字(例：単語を間違ってまたはゆっくりとためらいがちに音読する，しばしば言葉を当てずっぽうに言う，言葉を発音することの困難さをもつ)
　（2）読んでいるものの意味を理解することの困難さ(例：文章を正確に読む場合があるが，読んでいるもののつながり，関係，意味するもの，またはより深い意味を理解していないかもしれない)
　（3）綴字の困難さ(例：母音や子音を付け加えたり，入れ忘れたり，置き換えたりするかもしれない)
　（4）書字表出の困難さ(例：文章の中で複数の文法または句読点の間違いをする，段落のまとめ方が下手，思考の書字表出に明確さがない)
　（5）数字の概念，教値，または計算を習得することの困難さ(例：数字，その大小，および関係の理解に乏しい，1 桁の足し算を行うのに同級生がやるように数学的事実を思い浮かべるのではなく指を折って数える，算術計算の途中で迷ってしまい方法を変更するかもしれない)
　（6）数学的推論の困難さ(例：定量的問題を解くために，数学的概念，数学的事実，または数学的方法を適用することが非常に困難である)
B．欠陥のある学業的技能は，その人の暦年齢に期待されるよりも，著明にかつ定量的に低く，学業または職業遂行能力，または日常生活活動に意味のある障害を引き起こしており，個別施行の標準化された到達尺度および総合的な臨床評価で確認されている．17 歳以上の人においては，確認された学習困難の経歴は標準化された評価の代わりにしてよいかもしれない．
C．学習困難は学齢期に始まるが，欠陥のある学業的技能に対する要求が，その人の限られた能力を超えるまでは完全には明らかにはならないかもしれない(例：時間制限のある試験，厳しい締め切り期限内に長く複雑な報告書を読んだり書いたりすること，過度に重い学業の負荷).
D．学習困難は知的能力障害群，非矯正視力または聴力，他の精神または神経疾患，心理社会的逆境，学業的指導に用いる言語の習熟度不足，または不適切な教育の指導によってはうまく説明されない．
注：4 つの診断基準はその人の経歴(発達歴，病歴，家族歴，教育歴)，成績表，および心理教育的評価の臨床的総括に基づいて満たされるべきである．

出典）日本精神神経学会日本語版用語監修　高橋・大野監訳(2014)pp. 65-66

（2）　診断基準

　医学的診断は医師により行われ，主訴，生育歴，必要に応じて各種検査（後述）を用いて臨床的判断から診断が下される。DSM-5（American Psychiatric Association, 2013；日本語翻訳版，2014）では，**限局性学習症**（Specific Learning Disorder ; SLD）とされ，具体的な診断基準は表12-1の通りである。また，具体的な学習スキルの困難さについて特定する（表12-2）ことや，診断時の重症度の評価を行う必要がある（表12-3）。後者は，支援と関係するものであり，実際には学校等，医療機関外での支援が大半を占めることが予想されることから教育現場との連携が求められる。

　2022年2月に発効した国際疾病分類（ICD-11）では，**発達性学習症**（Developmental Learning Disorder）とされ，区分は「読字不全を伴う」「書字表出不全を伴う」「算数不全を伴う」「他の特定される学習不全を伴う」「特定不能」と

表12-2　DSM-5による限局性学習症における特定項目

読字の障害を伴う	書字表出の障害を伴う	算数の障害を伴う
読字の正確さ 読字の速度又は流暢性 読解力	綴字の正確さ 文法と句読点の正確さ 書字表出の明確さまたは構成力	数の感覚 数学的事実の記憶 計算の正確さまたは流暢性 数学的推理の正確さ

出典）日本精神神経学会日本語版用語監修　高橋・大野監訳（2014）p.66より作成

表12-3　限局性学習症の重症度

軽　度	1つまたは2つの学業領域における技能を学習するのにいくらかの困難さがあるが，特に学齢期では，適切な調整または支援が与えられることにより補填される。またはよく機能することができるほど軽度である。
中　度	1つまたは複数の学業的領域における技能を学習するのに際立った困難さがあるため，学齢期に集中的に特別な指導が行われる期間でなければ学業を習熟することは難しいようである。学校，職場，または家庭での少なくとも一日のうちの一部において，いくらかの調整または支援が，活動を正確かつ効率的にやり遂げるために必要であろう。
重　度	複数の学業的領域における技能を学習するのに重度の困難さがあるため，ほとんど毎学年ごとに集中的で個別かつ特別な指導が継続して行われなければ，それらの技能を学習することは難しいようである。家庭，学校，または職場で適切な調整または支援がいくつも次々と用意されていても，すべての活動を効率的にやり遂げることはできないであろう。

出典）日本精神神経学会日本語版用語監修　高橋・大野監訳（2014）pp.66-67より作成

されている（日本精神神経学会，2018）。

（3）　生理・病理

　DSM-5 によると LD は，神経発達症群の一つとして位置づけられ，原因は不明であるが「言語的または非言語的情報を効率的かつ正確に知覚したり処理したりするための脳の能力に影響を与えるような，遺伝的，後成的および環境的要因の相互作用が推測される」とある。また発症のリスク要因として早産，極低体重出生，遺伝要因，妊娠中の母親の喫煙などが挙げられている。

　男女差は 2〜3：1 で男性に多く，母語による差にも留意する。医学的には学齢期の児童の 5〜15% に LD があると推定されており，成人では約 4% である（日本精神神経学会日本語版用語監修，高橋・大野，2014）。日本の学齢期においては，教員によるチェックリストへの回答として約 6.5% の児童生徒に学習上の困難があるとされ（文部科学省，2022），2012 年の結果（文部科学省，2012）から 2% 上昇した。

　併存症としては，注意欠如多動性障害（ADHD），自閉スペクトラム症（ASD），発達性協調運動症，精神疾患（不安症群，抑うつ障害群）などがある。

（4）　アセスメント

　LD は「学習」に関する障害であることから，学齢期に判明することが多い。しかし就学前の様子から早期発見・対応に結びつけることは可能である。例えば，文字への興味の度合い，ことばの言い間違いの有無や頻度，ことばの分解と抽出（しりとりなど），物や人の名前の記憶（あれ，それという指示語の多さ），粗大運動や手指の巧緻性，形の弁別，上下前後左右といった位置関係の理解，見え方や聞こえ方の状態，姿勢保持や集中力などがある（文部科学省，2021）。

　学齢期になるとチェックリストが，多くの教育委員会のホームページ等で公開されておりスクリーニングとして使いやすい。また個別には，小・中学生を対象にした LDI-R（上野・篁・海津，2008）により ADHD を含めた LD 傾向がわかる。さらに日本 LD 学会より iPad を用いたステップ式の検査である LD-SKAIP も開発された。ステップ 1 は子どもの発達の概要を捉えることを目的に教員が回答し，児童の言語・聴覚系，視覚・運動系の結果がわかる[注1]（小笠原，2019）。

　注1）　ステップ 2 とステップ 3 は特別支援教育士の資格保持者が LD-SKAIP 講習会を受講した場合のみ使用可能となっている。

　スクリーニングを経たうえで，診断や詳細なプロフィールを知るには，本人や保護者の了承を得て，心理学的検査を受けることとなる。LD においては，まず「知的障害がない」かどうかを確認する上で，WISC-Ⅴや WISC-Ⅳ，田中ビネー知能検査Ⅴといった知能検査が行われる。その上で強みも含めて具体的な様相を知るためのテストバッテリーを組む。例えば KABC-Ⅱ，ITPA 言語学習能力診断検査，改訂版標準読み書きスクリーニング検査(STRAW-R)，フロスティッグ視知覚発達検査(DTVP)等がある。さらに，アセスメントと教材がセットになっている「見る力」を育てるビジョン・アセスメント(WAVES)や多層指導モデル MIM(Multilayer Instruction Model)の MIM-PM(海津，2010)などがある。

　アセスメントは，どこにつまずきがあり，どのような支援方法が適切かという判断や，合理的配慮を行う際の根拠資料の一つとして重要である。しかし，日々の生活においてアセスメントのために頻繁に対象児を抽出することは，子供の負担ともなる。そこで，教員が日常的に行える評価方法を知っておくと少しずつノートにメモをするだけでアセスメントとして蓄積される。また単元テストやノート確認など日常の業務と兼ねることで教員の負担軽減ともなる。表12-4 に内容を示した。これらすべてを一度に行う必要はなく，また学習活動の中に取り込めるものもあるので，うまく活用されたい。

（5）　臨床像（学校で見られる姿）

　学校で見られる LD のある児童生徒の姿には表 12-5 のようなものがある。むろん，診断するにはアセスメントが必要となるが，気になる姿があれば，後述の指導原則を参考に早期介入が求められる。

（6）　用語をめぐる問題

　学習障害は，「LD」と略して書かれることが多い。しかしその原語においては立場や考え方などにより使い分けられている。これは教育的定義と医学的定義(診断基準)が存在することに加え，定義成立までの過程や当事者への心理的配慮なども影響している。

　LD を learning disabilities として世に知らしめたのは，アメリカのカーク(Kirk, S. A.)であり，「学習障害」という訳語の所以でもある。これに対して医

　注2)　この場合 SLD と略すのが厳密であるが，書き分ける場合を除いて一般的に LD とされる。

表 12-4　教員が行えるアセスメントの例

【読み書き】
○ 初めてみるページを読ませてみる
- ひらがな，カタカナ特殊音節，漢字(既習，当該学習，未習がまざっているとよい)が混じっているもの(音韻認識の確認)
○ すでに学んだページを読ませてみる
- 記憶，定着力，視知覚運動の確認
○ 図を写し取る作業をさせる
- 図は単純なものとし，意味のあるものと単なる記号を選ぶ
- コーディング，空間認知，形状把握，目と手の協応の確認
○ 同じもの探し，間違い探しをさせてみる
- 注意力，知覚認識，視知覚運動の確認
○ エラー分析を行う
- 誤りの特徴を把握する
○ 画数の増加・減少，枠からのはみ出し，形のバランス，部首の誤り，筆圧，形の崩れ具合
- 背景にある認知特性の検討
○ ①単語，②短い文章を写し取らせてみる
- 視写と聴写によって行う
- マス目と白紙のページで行う
○ 連絡帳や日記帳，作文で文章力を確かめる(文法，時間軸による構成能力，記憶，伝達意欲の確認のため)
- パターン化しているのか，話が広がらないのか，書きたいのに表現できないのか(口頭でなら表現できるのか)
- 「覚えている」「書かなくてもわかる」「書くことがない」は，書けないサインかもしれない
○ 短い本を読んだ後のストーリや内容についての確認
- 自分で読んだときと，読み聞かせの場合(意味理解，状況把握)
○ 目で見て読む，声に出して読む

【算　数】
○ 数概念の獲得状況を確認
- 1対1対応，順序性，数知識(大小関係，数量概念，比較)，集合，概量，直感的に4までの数を数えずにわかる(小1)，1-3-5や2-4-6などのパターンがわかるかなど
○ エラー分析を行う
- 算数のノートにより，数字や筆算の書き方を確認
- 誤りの特徴を確認(繰り上がり，繰り下がり，位どり，数記号の理解など)
○ 図形，数量など領域(単元)による差の有無

学領域では specific learning disorder が DSM-5 で用いられている[注2]。この LD の用語や考え方は国によっても異なり，イギリスで learning disabilities とした場合，学習上困難を示すもの一般を表すことから知的障害も含まれる。オーストラリアでも教育的定義と医学的定義を分けており，前者においては，生物学的起源の有無について教員が見極めることが難しいことからも，learning diffi-

表 12-5　LD にみられるタイプとその特徴例

タイプ	特　徴
読み書きに特徴があるタイプ	【読み】　似た文字を誤る，文章をまとまりとしてとらえられず一字ずつ読む(逐次読み)，行や特殊音節などをとばして読む(とばし読み)，文末を勝手に変えて読む(勝手読み)，形(文字)と音の一致ができないことから，あてずっぽうに読むなどが見られる。その結果，全体の意味(関係性の理解や深い意味の理解)が理解できないことが起こる。 【書字】　ひらがな，カタカナ，漢字が書けない(想起の困難，偏と旁の入れ替え，造語，画の一部省略など)，段落のまとめ方や句読点の打ち方がわからない，視写してもまちがう，聴写できない，書いているうちに形が崩れる，などがみられる。
算数が苦手なタイプ	数概念そのものに弱さがある(大小関係の理解など)，桁数が大きい計算が苦手，くり上がりやくり下がりを忘れる，筆算をすると位がずれるといったことがみられる。計算以外にも推論することが苦手(数学的方法を適用するのが困難)や，図形，量，時間の概念でのつまずき，読解力の苦手さと関連して文章題の意味が捉えられない，書字の苦手さから式を書くのが面倒で問題に取り組まない，という場合もある。
聞く話すことが難しいタイプ	【聞く】　聞きまちがう，聞いたことの意味が理解できない，聞いたことをすぐに忘れて同じことを聞き返す，注意の持続と関係して部分的にしか聞いていない，などがみられるために，行動が遅れたり，勘違いをして行動したり，学習が身に付かないということが起こる。 【話す】　言いたいことをまとめられずに脈絡なく話す，ことばをすぐに思い浮かべられず話すのに時間がかかってしまうといったことがみられる。

culties(学習困難)を用いて，教育的手立てをすることを第一に考え，対象も広く構えている。後者においては SLD を用いたり，**ディスレクシア**(dyslexia)や**ディスカリキュラ**(dyscalculia)など困難さの範囲を限定した用語を使ったりすることも多い。

　当事者の立場からすれば，困難さを取り除いて支援につながることが第一であろうが，LD の場合，知的に遅れがなく，「ある部分において」のみ著しい困難さがあるため，「他の多くはできる」ことを意味する。また「ある部分において」も代替機器などにより補うことができたり，自分なりのやり方で答えを導き出すことが可能であったりする。ゆえにアメリカを中心に learning differences(学びかたの違い)という語をあてて LD とすることが広まっており，これにより「人とは学びかたが違うけれど学ぶことができる！」というポジティブな面が前面に出され，当事者自身が前向きになれ，自尊感情の低下を防ぐことが可能となる。いずれも LD と記されそれが日本語ともなりつつある今日，原語をあまり意識することがないかもしれないが，用語は時代と共に変化し，使う人の理解や認識を表すものであることからも丁寧に使用されたい。

12-2　指 導 原 則 ────────────────────────

　LDは，割合としてはクラスに1名以上いると考えられるが，特定の領域だけに困難さが表れることから，怠けや練習不足などと捉えられ，適切な支援に至るまでに時間を要したり，診断に至らず学習が苦手なまま「静かに困っている」場合があったりする。この状態が続くと自己肯定感が下がり，不登校など含めた二次障害につながりかねない。そこでクラス全体に行うことができ，予防的対応にもなる**ユニバーサルデザイン**(以下，UD)の考え方と，それをベースとして取り入れつつ段階的に支援を行うRTI(Response to Intervention/Instruction)の考え方を紹介する。そのうえで，支援例やLDである場合に求められる合理的配慮とセルフアドボカシー(自己権利擁護)について述べる。

(1)　ユニバーサルデザインを用いた指導

　LDを早期に発見して対応することは重要であるが，それ以前にインクルーシブな場でできる対応の一つにUDがある。UDとは「調整又は特別な設計を必要とすることなく，最大限可能な範囲で全ての人が使用することのできる製品，環境，計画及びサービスの設計をいう。ユニバーサルデザインは，特定の障害者の集団のための補装具が必要な場合には，これを排除するものでない」(障害者権利条約第2条)と定義されている。学校では，すべての学年に対して，性別や障害の有無に関係なく行えるものであり，物理的環境整備のみならず授業，学校生活，行事，評価など様々な場面に応用できる。ロン・メイス(Mace, R.)の7原則がよく知られており，①公平性(平等性)，②自由度，③単純性，④明確さ，⑤安全性，⑥持続性，⑦空間という7原則はその場(面)の評価項目にもなりうる。教育においては「何を学ぶか，どのように学ぶか，なぜ学ぶか」という視点に立ち，学習へのバリアをなくし児童生徒の長所を伸ばし，成功するための様々な方法を認めていくUDL(Universal Design for Learning)の考え方が紹介されている(Coyne et al., 2006)。

　UDの考え方としては，例えば学級内には目で見た方がよくわかる「視覚情報処理型」や聞いた方がよく理解できる「聴覚情報処理型」の児童生徒がいることから「見ておいてください」という「視覚情報処理型」への指示にとどまらず，必ず説明を入れることがそれとなる。また認知処理特性においては，継時処理として順番に理解するほうがわかりやすいタイプ(文章での解説も含まれる)と全体像を見るほうがわかりやすいタイプ(図表や絵が含まれる)がいる

ことから，文章で説明し，その文章が単に印刷されたものだと両者への対応になりにくい。したがって，説明に加えて絵や写真，図表を提示できるとよりわかりやすくなる。さらに表現方法や意欲がわきやすい活動も人により様々であることから，聞く，読む，話す，書くという活動に加えて，調べる，話し合う，プレゼンテーションをするなど多様な活動を組み合わせることにより，活躍場面が増えて，同時に学習への意欲も増すであろう。また問題数が異なるプリントを数種類作成して選択させる（1枚に1問，3問，10問など），マスの大きさが異なる原稿用紙を用意して選択させるといった「選べる課題」により1問でも取り組めるよう工夫することも有効である。しかしこうしたUDの要素すべてを1単位時間に入れるのは容易ではない。そこで，単元や1週間といった期間で様々な活動が組み込まれるよう工夫するとよい。評価においても記述式，選択式，穴埋め式といった多様な回答形式を入れたり，筆記試験，レポート提出，プレゼンテーションなど複数回行ったりすることもUDの考え方から重要である。具体的な授業への取り込み方は無数にあり，教科の専門性も発揮しやすいことから，教員としても取り組みやすいものとなる。むろんLDの児童生徒にとっては，UDの実践によって読み書きだけがすべての授業展開や評価とならないことから，力を発揮しやすく同時に失敗を減らすという予防的対応にもなろう。

(2)　RTI

　RTIは「効果的な介入/指導を提供し，子どもの反応(ニーズ)に応じて，介入/指導の仕方を変えていきながら子どものニーズを同定していくモデル」(海津，2019, p.61)のことである。図12-2が示すように3層構造の教育介入が想定されており，第1段階は，すべての子供を対象にし，UDを踏まえるなどして質の高い指導を実施する。この段階では通常教育の中で指導が適切であったかを確認しつつ，必要に応じて改善していくことが求められる。第2段階では，第1段階ではうまくパフォーマンスができていなかった子供(約15％)を対象に追加的な支援を行う。そして第3段階では，第2段階でも力を発揮できず，学習面でつまずきがあった子供(約5％)に対して個別にアセスメントをしつつ最も適切な支援方法を探り，実際に支援を提供していくものである。RTIが広がった背景には，IQなどによって期待される知的水準と実際の学力成績との差でもってLDと判定してきたディスクレパンシーモデルへの批判や，支援へのつなげやすさがある。RTIの活用は，通常学級をベースとして子供の学習面

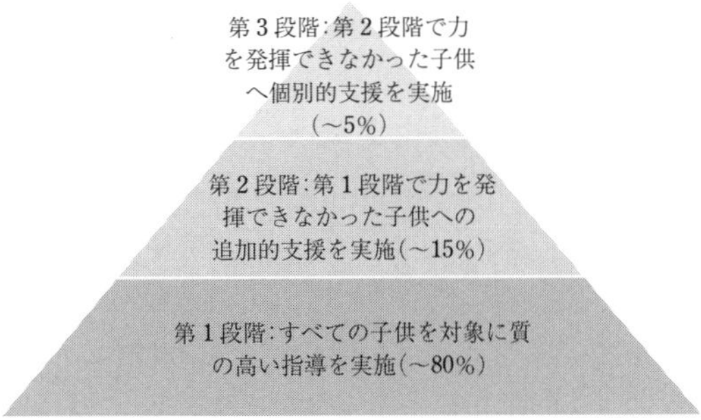

第3段階：第2段階で力
を発揮できなかった子供
へ個別的支援を実施
（〜5%）

第2段階：第1段階で力を発
揮できなかった子供への
追加的支援を実施（〜15%）

第1段階：すべての子供を対象に質
の高い指導を実施（〜80%）

図 12-2　RTI モデル

出典）Johnson et al., (2006), LITALICO ジュニア（2022 年 9 月 20 日閲覧）より加筆修正

のつまずきが深刻化する前に対応できること，そして環境（不適切な指導を含む）要因なのか，本人の要因なのかを対応を進める中で明らかにできるなどの利点がある（海津，2019）。また質の高い指導を全体に行うことが前提となっているため，特定の子供だけでなく，クラス全員に対してより良い教育を可能にすることができる。しかし，第 2，第 3 段階での追加的支援に対する選択肢の少なさや学校現場での効果的活用（海津，2019），そしてそもそも 3 段階では不十分で 5 段階モデルの方がよいとする考え方（Kavkler et al., 2010）など課題もある。

（3）　学習障害のある児童生徒に対する支援例

　LD がある場合，苦手な面を少しでも改善するようにアプローチする方法と，できない面はそのままに，代替手段や強みを用いて別の側面からカバーする方法が考えられる。前者においても苦手克服としてやみくもに何度も練習させることは適切ではなく，むしろ勉強嫌いや自尊心低下など弊害が多い。したがって発達段階や，認知特性を考慮した支援が求められる。特に小学生段階では，運動面，認知機能，読み書きを含めて様々な領域が発達途上にあることからも，困難さの表れ方も変化し，また LD かどうかの判断も慎重になりがちである。先述した RTI をベースに日本の教育現場に馴染みやすいよう開発されたMIM は，MIM-PM というアセスメントと指導法（教材含む）を一体化させており通常学級の教員にとって扱いやすい（海津・杉本，2019）。他にも『遊び活用型読み書き支援プログラム』（小池・雲井，2013）では，語彙・言語概念，聴覚記憶，視覚認知といった認知特徴や年齢を考慮しアセスメントからすぐに使える教材

まで一体化したプログラムを紹介している。また SKC キッズカレッジ（滋賀大学キッズカレッジ・窪島，2005）では，マルチセンソリーメソッド（多感覚指導法）を取り入れ粘土で漢字を作る学習を提供している。マルチセンソリーメソッドは，国内外で実践されており，例えば単語や漢字を指で机，窓ガラス，黒板，あらかじめ用意しておいた水，砂，布，背中，空中に1回ずつ書くことで，冷たい，硬い，柔らかいといった感触と共に文字が記憶に残りやすくなる。また実際には8回書いているがノートに8回練習するほどの心理的負担がなく教室内を移動しながら楽しく効果的に学べるのが特徴である。

　通常学級では，拡大コピーやカラーコピー，ルビ付きの印刷物の配布，板書の写真撮影や授業の前後に配布するといった指導上の工夫が考えられる。練習問題や宿題の量を調節することや見本や公式などを手元に置くということも有効な場合がある。こうした個に応じた手立てと並行して必要に応じて通級による指導を受け，ビジョントレーニングや学び方の学習などにより力を高めることができよう。

（4）　合理的配慮と支援技術

　2016 年施行の差別解消法により，障壁があればそれを取り除くために合理的配慮を受けることができる（詳しくは3章参照）。個々のニーズ，状況，強みなどにより配慮内容は異なるが，LD の場合，レポート課題などのパソコン作成，試験時の時間延長，代読，計算機の使用などがある。さらに DAISY 教材などによるデジタル教科書を使用することで読み上げ機能やハイライトなどの焦点化，拡大文字や辞書機能など学習を容易にする。作文についても音声文字入力や概念マップアプリ等により対応できる場合がある。合理的配慮で重要になるのが受験上の配慮であり，これは公平性を特に重視することから日常的に合理的配慮を受けていることやその方法が効果的であることを証明する必要があり，適切な支援内容の把握や記録（個別の指導計画への記入等）については教員の積極的な関与が求められる。

　合理的配慮とも関わるのが**支援技術**（assistive technology）であり，先述した個別の手立てや合理的配慮の多くはタブレット端末により対応可能となり，アプリを駆使することで学習の本質に辿り着けるようになる。加えて録音機能を備えたスマートペン，見え方に配慮した眼鏡（遮光など）などもある。タブレット端末は現在多くの学校で配布されているが，その使用範囲や頻度は学校によっても異なり，必要なアプリを使用するためには別途許可が必要となったり，

個人の端末を使わざるを得なかったりする。また，合理的配慮に際して合意形成が円滑に行われるとは限らず，要求した支援とは別の提案がなされたり，前例がないという理由[注3]で要望が通らなかったりする例は未だ存在する。他方，当事者自身も何が効果的な代替措置となるかわからず，例示されるまま「合理的配慮」として行われている場合もあることから，強みが何か，どういう方法なら本来持っている力を発揮できるかを当事者と共に検討する場が必要である。

（5）　セルフアドボカシー

　合理的配慮は当事者や支援者(教員も含む)の「意思の表明」により検討が開始される。学校では，教員が児童生徒の苦手な面と得意な面を把握していて配慮内容の提案ができるかもしれないが，職場や社会では，当事者自らがニーズと配慮内容を伝えることが期待される。合理的配慮を得ることで自分らしさを発揮し，より活躍できることから自己を守る行動としての「セルフアドボカシー(自己権利擁護)」と密接に関係する。とりわけ外見から困難さがわかりにくく，同じ診断名でもニーズが個々に異なる発達障害においては重要とされる(片岡・小島，2017)。片岡(2012)はセルフアドボカシーを身につけるための教育プログラムを開発しているが，そこでは自分の障害を含めた得意不得意がわかる(自己理解)力と必要な支援を適切な方法で要求していく(提唱)力が必要であるとしている。DO-IT Japan(Research Center for Advanced Science and Technology, The University of Tokyo, 2019)では，自分に合ったテクノロジーの活用法を体験を通して知り，その必要性と使用を相手に伝え求めるところまで支援し，合理的配慮の獲得や移行支援に役立つ力を育てている。セルフアドボカシーの行使は，自身の困難さと向き合うことや，強みを生かすメリットを知ることにもつながる。そのためには支援を得てうまくできた成功体験を多く積み，臆することなく支援を求めていく力を学校で培っていきたいものである。

注3)　前例がないというのは合理的配慮において断る理由とならない。

13章　注意欠如多動性障害者への教育的支援

　　本章では，注意欠如多動性障害(ADHD)とはどのような障害かを知ること
ができるように，定義や診断基準とともに，どのような子供たちなのかにつ
いて具体的な様子をサブタイプに沿って示す。次に，ADHDと診断される
子供がどの程度存在するのか，どのような要因によりADHDとなり得るの
か，各要因との関連についてこれまでに明らかになっていることを示す。ま
た，ADHDの治療として薬物療法が有効であることから，薬物療法の実際
と課題について述べる。最後に，ADHD児が抱える困難を示すとともに，
教育や支援を行う際のポイントや留意したい点について，家庭における環境
調整，学校における環境調整，心理社会的支援，二次症状や二次障害の点か
ら解説する。

　【キーワード】　注意欠如多動性障害，薬物療法，環境調整，二次障害

13-1　注意欠如多動性障害(ADHD)とは ─────────

（1）　定　義

　　ADHD(Attention-deficit/hyperactivity disorde)は，不注意，多動性，衝動性
を主症状とする障害である。文部科学省では，「ADHDとは，年齢あるいは発
達に不釣り合いな注意力，及び／又は衝動性，多動性を特徴とする行動の障害
で，社会的な活動や学業の機能に支障をきたすものである。また，7歳以前に
現れ，その状態が継続し，中枢神経系に何らかの要因による機能不全があると
推定される」と定義されている。また，DSM-5(American Psychiatric Associa-
tion：APA)では，「ADHDとは，不注意および／または多動性─衝動性の持続
的な様式で，その程度は発達の水準に不相応で，社会的および学業的／職業的
活動に直接悪影響を及ぼすほどである」と定義されている。

（2）　診断および評価

　　DSM-5によると，ADHDの診断基準は表13-1の通りである。ADHDの診
断は，医師の診察において，子供が示す行動上の特徴や問題と診断基準とを参

照することで行われており，単独で診断できる医学的検査や，生物学的指標は存在しない。DSM-5では，ADHDは，自閉スペクトラム症や学習障害と同様に，神経発達症に位置づけられている。DSM-IV-TRでは，7歳以前に症状の

表13-1　ADHDの診断基準

A．（1）および/または（2）によって特徴付けられる，不注意および/または多動性−衝動性の持続的な様式で，機能または発達の妨げとなっているもの：

（1）**不注意**：以下の症状のうち6つ（またはそれ以上）が少なくとも6カ月持続したことがあり，その程度は発達の水準に不相応で，社会的および学業的/職業的活動に直接，悪影響を及ぼすほどである：
　（a）学業，仕事，または他の活動中に，しばしば綿密に注意することができない，または不注意な間違いをする
　（b）課題または遊びの活動中に，しばしば注意を持続することが困難である
　（c）直接話しかけられたときに，しばしば聞いていないように見える
　（d）しばしば指示に従えず，学業，用事，職場での義務をやり遂げることができない
　（e）課題や活動を順序立てることがしばしば困難である
　（f）精神的努力の持続を要する課題に従事することをしばしば避ける，嫌う，またはいやいや行う
　（g）課題や活動に必要な物をしばしばなくしてしまう
　（h）しばしば外的な刺激によってすぐ気が散ってしまう
　（i）しばしば日々の活動で忘れっぽい

（2）**多動性および衝動性**：以下の症状のうち6つ（またはそれ以上）が少なくとも6カ月持続したことがあり，その程度は発達の水準に不相応で，社会的および学業的/職業的活動に直接，悪影響を及ぼすほどである：
　（a）しばしば手足をそわそわ動かしたりトントン叩いたりする，またはいすの上でもじもじする
　（b）席についていることが求められる場面でしばしば席を離れる
　（c）不適切な状況でしばしば走り回ったり高いところへ登ったりする
　（d）静かに遊んだり余暇活動につくことがしばしばできない
　（e）しばしば“じっとしていない”，またはまるで“エンジンで動かされているように”行動する
　（f）しばしばしゃべりすぎる
　（g）しばしば質問が終わる前に出し抜いて答えてしまう
　（h）しばしば自分の順番を待つことが困難である
　（i）しばしば他人を妨害し，邪魔する

B．不注意または多動性−衝動性の症状のうちいくつかが12歳になる前から存在していた
C．不注意または多動性−衝動性の症状のうちいくつかが2つ以上の状況において存在する
D．これらの症状が，社会的，学業的，または職業的機能を損なわせているまたはその質を低下させているという明確な証拠がある
E．その症状は，統合失調症，または他の精神病性障害の経過中にのみ起こるものではなく，他の精神疾患ではこれをうまく説明されない

出典）日本精神神経学会日本語版用語監修　高橋・大野監訳（2014）

いくつかが出現していることが診断に必要であったが，DSM-5 では，その年齢が 12 歳未満に緩和された。また，診断に必要な項目数は，17 歳未満では 6 項目であるのに対し，17 歳以上では 5 項目以上という条件が加わり，診断のための条件が緩められた。これにより，成人の ADHD に対して診断がつきやすくなった。さらに，自閉スペクトラム症（Autism Spectrum Disorder：ASD）との併存が認められるようになったのも DSM-5 からである。DSM-Ⅳ までは，ADHD 症状と同時に広汎性発達障害の診断が確定した場合には ASD と診断していたが，ADHD と ASD とを併存して診断できるようになった。

　また，ADHD に特化し，診断を補完する評価尺度がある。一つは ADHD-RS：診断・スクリーニング・重症度評価のための評価尺度，もう一つは Conners 3 日本語版である。

　ADHD-RS は，DSM-Ⅳ に基づいて開発され，ADHD の診断，スクリーニング，重症度評価に役立つ。「学業において綿密に注意することができない。または不注意な間違いをする」「手足をそわそわと動かす。または椅子の上でもじもじする」「課題または遊びの活動で注意集中し続けることが難しい」などの項目から構成され，4 件法（ない，もしくはほとんどない＝0，ときどきある＝1，しばしばある＝2，非常にしばしばある＝3）で評価を行う。得点が「0」または「1」であれば症状がなく，「2」または「3」であれば症状があると解釈される。直近 6 か月における家庭での様子を評価する家庭版と，同じ時期の学校での様子を評価する学校版がある。

　Conners 3 日本語版は，ADHD 不注意，ADHD 多動性－衝動性，ADHD と併存することが多い反抗挑戦性障害（Oppositional defiant disorder：ODD）や素行障害（Conduct disorder：CD）といった DSM-5 の症状，不安と抑うつのスクリーニング，問題行為の危険性などをアセスメントすることができ，ADHD-RS よりも多面的な情報が得られるという利点がある。また，保護者，教師，本人による情報が容易に比較できるよう構成されている。

（3）　特徴および臨床像

　DSM-Ⅳ 以降，ADHD は，不注意優勢型，多動－衝動性優勢型，混合型の三種類のサブタイプが導入された。

　不注意優勢型では，特定のことに注意を向け，それを持続することが難しい。具体的には，授業中，集中していることが難しい，話しかけられたときに聞いていないように見える，指示に従うことができない，なくし物が多い，刺激に

対して簡単に注意がそれてしまうなどの行動が生じる。

多動−衝動性優勢型では，動きが多く，頭で考える前に行動してしまう。具体的には，着席していなければならない場面で頻回に離席する，走り回ったり高いところへ登ったりする，話をしてはいけない場面で話が止められない，順番を待つことができない，質問が終わる前に出しぬけに答えてしまう，会話や遊びに割って入ってじゃまをするなどの行動が生じる。

混合型では，不注意優勢型および多動−衝動性優勢型で見られる様子が混在して生じる。

13-2　生理・病理

（1）有病率

DSM-5 では，ADHD の有病率は，小児期 5.0％，成人期 2.5％ としている。国内での他の調査における成人期の有病率は，1.65％（中村ら，2013），諸外国では，4.4％（Kessler et al., 2006），4.7％（Barkley, 1998）との報告がある。男女比は，DSM-5 では小児期 2：1，成人期 1.6：1，国内調査（中村ら，2013）では成人期 1.67：1.53 との報告がある。DSM-IV-TR においては，男女比は 2：1〜9：1 と女児よりも男児に多く，また，幅のある数字が採用されていたが，女児や成人期以降の女性の症例が注目されたり研究が進んだりしたことによって問題が表面化し，男女比が狭まった。

（2）成因

ADHD のリスクファクターには，図 13-1 のとおり，物理的環境要因，化学的環境要因，遺伝的要因，心理社会的要因がある。物理的環境要因は，鉗子分娩や吸引分娩により，頭部に物理的外力が加わることなどが挙げられる。化学的環境要因は，出生前，母親の妊娠中の生活様式が関係していることが指摘されており，特に，喫煙についての関連性が強いことが知られている（Minatoya et al., 2019）。遺伝的要因は，家族研究から，患児と同じ遺伝子を 1/2 持っている第一度近親（両親，同胞，子供）は，そうでない近親に比べて ADHD リスクが 5 倍になることや，双生児研究では，発病一致率が一卵性で 50〜80％，二卵性で 30〜40％ と高いことなどがわかっている（島田・佐々木，2008）。心理的社会的環境要因は，遺伝的要因とも関連しており，例えば，親が ADHD である場合，衝動的虐待が日常的に行われ，ADHD 発症のきっかけとなった

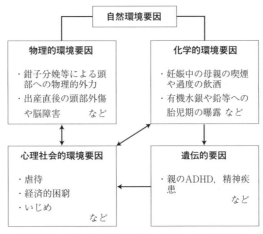

図 13-1　ADHD のリスクファクターの相互関係
出典）吉益（2021）を改変

り，子供の ADHD 症状を悪化させたりする可能性がある。

（3）　薬物療法

　ADHD の薬物療法は，障害特性である不注意，多動性，衝動性を改善し，学校や家庭における不適応状態を好転させるために行う。ADHD の支援や治療では，まず，環境調整や心理社会的支援が行われ，数か月間それらを実施しても効果が乏しい場合や，ADHD 児を取り巻く周囲の人々が児に対応することが難しくなった場合に薬物療法を考える。薬物療法を開始しても，これのみに頼るのではなく，環境調整や心理社会的支援も継続して実施していくことが必要となる。

　薬物療法の効果は 60〜70％ の子供にみられる（The MTA Cooperative Group, 1999）。一方，薬物の使用に当たっては，長期間服薬することによる身体への影響，副作用の影響，薬を定期的に服薬することの面倒くささ，食欲減退，不眠などの懸念や課題も一定程度存在する。

　ADHD 児や保護者が薬物療法の効果を感じられ，積極的に治療に参加できることが重要となる。例えば，服薬したかどうか，服薬時間，効果，副作用，起床就寝時間，その日の出来事などを記録していく。その際，子供が記入するだけでなく，保護者や教師から見た子供の様子を記録することによって，自分では気がつかない変化を確認することもできる。このような記録は，薬物療法

の方針を決定する医師との面談においても役立つ。

13-3　指導原則

（1）　環境調整

a. 家庭における環境調整

　環境調整では，ADHD 児が生活しにくい部分について，家庭や学校などの生活における環境を整え，児が生活しやすいようにする。

　家庭における環境調整では，例えば，学習机が散らかっている場合，物を収納する場所を決める，引き出しなどの収納場所は，仕切りをつける，小さな箱をはめるなどして鉛筆やペンを入れるところ，消しゴムを入れるところというように一つ一つの物の場所を固定することが挙げられる。学習机の上に物を出しっぱなしにしない，気が散りそうな遊び道具は引き出しなどの見えない場所に収納することもよい。また，時間通りに行動できない場合は，〇分経ったら〇をすると決め，タイマーを使うことも有効となる。スマートウォッチを使用すれば，予め行動ごとにアラームを設定しておき，自分で行動できる仕組みをつくることもできる。なくし物が多くそれが大切な物である場合には，エアタグ等を活用し，なくし物を見つけられるようにしておくといった工夫もできる。ToDo リストを作成して，やらなければいけないことや忘れてはいけないことを，期限とともに書いておくこともよい。

　家庭での環境調整の実施には，保護者の理解と協力が欠かせない。家庭内でどのような環境調整を行うのか，どのようなルールを設けるのかについて話し合い，本人，保護者の双方が納得して取り組めることが必要となる。

b. 学校における環境調整

　学校における環境調整では，図 13-2 のように教室の環境を整える，板書をわかりやすくする，言葉がけに気をつける，机の中の整理整頓の仕方を視覚的に示す，教材を見やすくするなどが挙げられる。

　ADHD 児は，物音や取れかかった掲示物など，刺激となる物があると気が散りやすい。できる限り教室内をシンプルにして刺激を減らし，集中しやすい環境をつくることが望ましい。板書は，どこに注目すればよいのかということが一目でわかるとよい。チョークの色を使い分けたり，「めあて」を書く位置を固定したりすると，注目すればよい箇所や，重要な箇所がわかりやすくなる。記憶力が弱い場合もあるので，忘れてはいけないことを板書しておくのもよい。

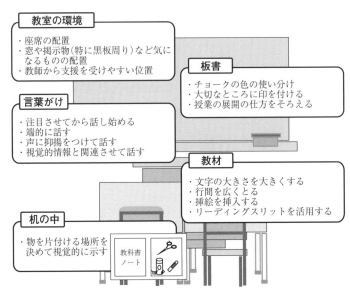

図 13-2　学校における環境調整の例

教室の環境
・座席の配置
・窓や掲示物(特に黒板周り)など気になるものの配置
・教師から支援を受けやすい位置

板書
・チョークの色の使い分け
・大切なところに印を付ける
・授業の展開の仕方をそろえる

言葉がけ
・注目させてから話し始める
・端的に話す
・声に抑揚をつけて話す
・視覚的情報と関連させて話す

教材
・文字の大きさを大きくする
・行間を広くとる
・挿絵を挿入する
・リーディングスリットを活用する

机の中
・物を片付ける場所を決めて視覚的に示す

教科書ノート

言葉がけは，指示を一度にたくさん出すのではなく，わかりやすい言葉で端的にゆっくり伝え，絵や写真を用いたり，実際にやって見せたりしながら説明するとイメージがもちやすく理解が促されやすい。机の中の整理整頓の仕方を視覚的に示す場合は，片付ける場所を固定して視覚的に示すとよい。「きちんと片付けなさい」と言ったのでは，どのように片付ければよいかわからないので，何をどこに片付ければよいかを示す。ADHD児は片付けることが苦手な場合が多いため，授業の最後に声をかけて，片付けを促すなどの工夫も必要となる。教材は文字の大きさや行間を広く取って見やすくする，リーディングスリットを使用して，どこに注目して読めばよいかをわかりやすく示す方法がある。教材に挿絵を挿入して，イメージを持ちやすくしたり，記憶を補完したりするのもよい。

　その他，ADHD児は多動性がある場合，じっとしていることが苦手で自分で抑制することが難しい。着席しなければならない時間とそうでない時間を決めて，そうでない時間は動いてもよいことにする，プリントを配布するなど身体を動かすことができる時間を確保することも重要となる。

（2） 心理社会的支援

ADHD の特性自体は，環境調整によってある程度改善することが可能であり，大きな問題となるわけではない。しかし，ADHD 児に対する無理解，できないことへの叱責，成功体験の少なさなどが積み重なると，心が傷ついてしまう。また，ADHD 児は集中力を持続して活動に取り組むことが苦手で，行動がよい結果に結びつきにくい。関わる大人ができないことに目を向けるのではなく，ほめて育てることを意識したい。

ほめるためのポイントとして，具体的にほめる，当たり前のこともほめる，ほめることを書き出す，即時ほめる，ネガティブな言動をリフレーミングしたり，ほめ言葉のバリエーションをたくさん持ったりすることなどが挙げられる。具体的にほめるでは，ほめ言葉を言うと同時に，どのような言動がよかったのかを付け加える。これにより，何がどのようによかったのかを気づかせたい。当たり前のこともほめるでは，できなかったことができたときにほめるだけでなく，いつもできていることもほめることによって，「ここがあなたのすごいところだよ」ということを意識させたい。即時ほめるは，記憶が弱い場合もあり，時間が経つと，どのような言動についてほめられたのかが結びつきにくくなる。可能な限り即時ほめることによって，子供を喜ばせ，モチベーションアップにつなげたい。ほめることを書き出すは，日々，生活の中で生じる言動についてほめたいことを書き出しておくことにより，ポジティブな側面に気がついたり，教師や保護者自身がほめることに慣れたり，ほめ上手になることが期待できる。ネガティブな言動をリフレーミングすることでは，子供のネガティブな言動が，どのようにポジティブに置き換えられるかを考える。リフレーミングとは，物事を見る枠組み（フレーム）を変えて，違う視点で捉え，ポジティブに解釈することを意味する。ネガティブに捉えていたことを意識的に捉え直すことによって，ポジティブに捉えられる場合もある。最後に，ほめ言葉のバリエーションをたくさん持っておきたい。ほめる側が，一辺倒にほめるのではなく，何がどのようによかったのかを意識してほめることによって，ほめている気持ちが子供に伝わりやすくなる。

（3） 二次問題・二次障害

ADHD は，病院を受診した人のうち 80% 以上に何らかの併存症が認められ，それらは，適応障害，強迫性障害，気分障害などからなる情緒障害群，反抗挑戦性障害，素行障害などの行動障害群，学習障害，運動能力障害などの発達障

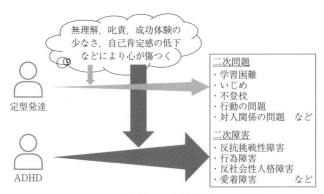

図 13-3　二次症状・二次障害が起こる過程

害群，チック障害や吃音などからなる神経性習癖群に分けられている（渡部，2006）。ADHD のある人の幼少期から成人期における行動の特徴の時間的変化を見ると，幼少期は ADHD 症状を呈していても，成長とともに OD や CD を伴い，破壊的な行動をとるようになることが知られている。さらに，これらの併存症を抱えて大人になると，家庭生活や社会生活に適応し，維持していくことが困難となる。この背景には，適切な養育環境でない，適切に診断，治療，支援がなされない，他者との関わりが増加する児童期から多感な思春期にかけての対人関係のトラブルなどが一因であると考えられる。図 13-3 のように，社会生活において，定型発達児であっても ADHD 児であっても，無理解や叱責を受ける，成功体験が少ない，自己肯定感が低いといった経験をするが，ADHD の場合には，障害特性に由来する行動から，これらを経験する機会が多くなりがちであり，時間の経過とともに蓄積されることによって，二次問題や二次障害を引き起こしやすくなる。ADHD を早期に発見して適切な教育や支援を行うとともに，子供に対する理解を深めることが重要となる。

14章 自閉スペクトラム症者に対する教育的支援

　本章ではまず，自閉スペクトラム症/自閉症スペクトラム障害(ASD)について知るために ASD の主たる特性(社会・コミュニケーションの障害，限局的・反復的な行動様式)とは何か，スペクトラムとよばれる理由，診断基準にこれまでどのような変遷があったのかについて解説を行う。そして，これまでの研究報告等で示唆されている ASD のある人の様々な認知的・行動的な特徴について解説する。さらに，多様な実態を含む ASD のある人を支援するための基礎的な心構えについて理解するために，支援の際の留意点やこれまでに考案・実践されてきた ASD と関わりの深い代表的な指導方法をいくつか取り上げ，それぞれの概要を解説する。

【キーワード】　社会性，コミュニケーション，限局的・反復的な行動様式，
　　　　　　　　感覚の問題，応用行動分析学

14-1　自閉スペクトラム症とは

(1)　自閉スペクトラム症とは

　自閉スペクトラム症/自閉スペクトラム障害(Autism Spectrum Disorder；以下，ASD)とは，① 社会的コミュニケーション及び対人的相互反応における持続的な欠陥(社会性・コミュニケーションの障害)，② 行動，興味，または活動の限定された反復的な様式(限局的・反復的な行動様式)という 2 つを主な特徴とする。「スペクトラム＝連続体」という言葉からも示唆されるように，ASD という状態にも自閉的症状の程度や知的障害の程度も重度から比較的軽度まで幅広く含まれる概念である。また，そのため，ASD と一概にいっても，それぞれの当事者の実態は多様である。また，「虹のように異なる症状の側面を一人の当事者が併せもつ」(井手，2022，p.12)ということにも示されているように，一人の当事者が様々な症状の側面を併せ持ち，非常に個別性が高いものである。しかし，ASD としてよくみられる特徴として一般的に挙げられるのは以下のような事柄である。

a. 社会性・コミュニケーション領域での行動特性

「社会性・コミュニケーションの障害」とは，例えば，他者と適切な距離感を取ることが難しい(無関心すぎたり，逆に相手が馴れ馴れしさを感じるほどに積極的に関わりを持とうとしたりする)，相手の意図が読み取りにくいなどで，これらの特性が複数の社会的な状況でみられるような場合である。

発達初期では，視線が合いにくい，名前を呼んでも呼ばれた方へ関心を向けない，人へのはたらきかけが少ないなどの特徴がみられることがある。また，要求行動は比較的容易に獲得できる一方で，自分が興味を持ったおもちゃなどを他者に提示し，注意を共有するような叙述的表現の獲得が遅れることがあるといわれている。

重度の知的障害を伴う ASD の場合は言語表出が限られ，意思伝達に困難さを示すことがある。また，言語を流暢に話し，知的障害を伴わない ASD であっても，多義的に捉えられる表現や暗黙のルールを理解する，他者と適切な距離をとるというような事柄に困難さを示す場合がある。

b. 限局的・反復的な行動様式

「限局的・反復的な行動様式」とは，例えば，一日に決まった日程や道順などのルーティンがあり，それが崩されると不安定になったり，物がいつも決められた場所に置かれていないと非常に気になったりするなどである。

他にも，手をひらひらさせる，手を繰り返し叩くなどの繰り返し行動が見られたり，他者が言ったことをそのまま反復する即時性エコラリアや，過去に聞いたテレビコマーシャルなどのフレーズを口ずさむような遅延性エコラリアなどの反復した言語がみられたりすることがある。

さらに，興味の対象も非常に狭く深い傾向があり，図鑑の電車や昆虫の種類を非常によく覚えていたりする子供たちもいる。興味の対象は子供によって多様であり，乗り物，数字，文字，歴史，恐竜，電化製品などが例として挙げられる。興味の現れ方も独特であり，電車のおもちゃの車輪の動きを長時間にわたって観察したり，飽きることなく繰り返し同じ遊びをしたり，興味に関するあらゆる知識を本やテレビで情報収集して覚えるなどが挙げられる。

c. 感覚過敏・感覚鈍麻

ASD のある人は，感覚過敏，感覚鈍麻の特性がある場合があることが知られている。例えば，大きな音やざわざわした人ごみの会話が苦手で非常に苦痛を感じる，ある特定の素材の服しか着ることが難しくそれ以外の生地では痛がる，特定の食べ物しか食べることが難しい偏食のようなものである。また，あ

る感覚には過敏さを示す一方で，ある刺激には鈍感である（感覚鈍麻）など，アンバランスさがみられることもある。

　この感覚過敏・感覚鈍麻については，2013 年に発表されたアメリカ精神医学会（American Psychiatric Association ; 以下，APA）の診断基準である DSM-5 において，限局的・反復的な行動様式の中に「感覚刺激に対する過敏さまたは鈍感さ，または環境の感覚的側面に対する並外れた興味」として追加された（APA, 2013）。ASD のある人の感覚の問題について調査したいくつかの研究が報告されており，その中で多くの ASD のある人が感覚の問題を訴えているとされる（井手，2022）。定型発達者が日常生活で気に留めず，気づかないような刺激でさえも ASD のある人にとっては強すぎて苦痛を感じていたり，逆に刺激に対して気づかずに怪我などを悪化させていたりする可能性があることが示唆される。

d. 認知的な特性

　同時にいくつかの情報を処理することに困難さを示すことがある。そのため，複数の指示や長い指示を一度に与えられると，どれから取り組んでよいのかわからなかったり，状況に一番関連する情報に選択的注意を向けることが難しかったりする。

　また，ASD のある人には刺激の過剰選択性（stimulus over-selectivity）とよばれる傾向があるといわれている。刺激の過剰選択性とは，刺激のごく一部の特徴に注目し，他の刺激には注意を向けにくい状態である。例えば，ある ASD のある人が人を弁別する際に，その人の顔ではなく，眼鏡の有無によって弁別をするような場合である（Rieth et al., 2015）。このような特性から，ある特定の状況下で獲得したスキルが場所や人が変わると般化しにくいというようなことが起こりうる。

　さらに，ASD のある人は一般的に聴覚的情報処理よりも視覚的情報処理が優れているともいわれる。これは，聴覚的情報は形に残らず繰り返し参照することが難しいのに対し，視覚的情報は永続性があり何度でも振り返って参照することが可能であるためかもしれない。そのため，ASD のある人に何かを伝えようとするとき，言語的な指示に絵や写真などを添えて提示すると指示がわかりやすくなることがある。

　その他にも，日常生活や運動の際に動きがぎこちない，書字に稚拙さがあるといったような「不器用さ」を示す場合があることが報告されている。このような ASD の運動面の問題については発達性協調運動障害の合併という観点か

ら検討されてきている(平田，2019)。

（2）　診断基準の変遷

　「自閉症スペクトラム症/自閉症スペクトラム障害(ASD)」という診断名は
2013年に発表されたAPAの診断基準であるDSM-5から用いられている。こ
れより以前の診断基準であるDSM-Ⅳでは，現在のASDに該当するものとし
て，広汎性発達障害という診断が存在した。その中に，「自閉性障害」「アスペ
ルガー症候群」などが含まれていた。

　「自閉症スペクトラム症」の名称は1990年代の終わりには英国の臨床現場で
用いられていたようである(森野・海老島，2021)。もともとは英国の精神科医
であるウイング(Wing, L.)が提唱した概念であり，"スペクトラム(連続体)"
という言葉を用いることによって，自閉症が明確に分類できるカテゴリカルな
診断ではなく，連続体としてのディメンショナルな診断ということを明確に示
したといえる(森野・海老島，2021)。

　なお，DSM-Ⅳの数字がローマ数字であるのに対し，DSM-5の数字はアラ
ビア数字が用いられている。この理由は，今後DSM-5.1，DSM-5.2…のよう
に小改訂が想定されているためのようである。また，世界保健機関(WHO)に
よる国際疾病分類(International Classification of Disease；以下，ICD)でもICD
-10までは「広汎性発達障害」という診断名であったが，最新版であるICD-11
においては「自閉スペクトラム症」と変更されている。

14-2　生理・病理 ─────────────────────────

　ASDについて，かつては親のしつけや愛情不足が直接の原因と考えられて
いた時代もあり，ASDの子供のいる母親が「冷蔵庫マザー」，つまり冷蔵庫の
ように冷たい母親とよばれていた不遇の時代があった。しかし，現在では脳の
機能に何らかの非定型さがあるとされている。例えば，実行機能に携わる前頭
前野の障害や，セロトニンやドパミンなど神経伝達物質の投射異常，オキシト
シンなどのホルモン濃度の低下などが報告されている(軍司，2019)。自閉症の
発症メカニズムについてはまだ明確には明らかとなっていないが，脳神経学・
脳イメージング研究等の様々な分野で研究が進められている。

　また，心理学等の分野からはASDの特性について説明を試みいくつかの
有名な仮説が提唱されている。例えば，サリー・アン課題に代表される誤信念

課題によって測定される**心の理論**(theory of mind)**の障害仮説**(Baron-Cohen et al., 1985)は一時世界的にも注目された。心の理論障害仮説では，ASD のある人の他者の心情や意図の読み間違いや理解のしにくさは心の理論がうまく働いていないからであるとされた。ASD のある人の一部にはこの課題の通過に困難を示すことが知られている。ただし，これらの誤信念課題の通過には言語能力が関連してくること，すべての ASD のある人が失敗するわけではなく，通過する人々もいることも報告され，議論は下火となった。

　上述した誤信念課題で困難さがみられることが報告されている一方で，ASD のある人が得意とする課題もある。ASD のある人は，部分に注目することを得意とする傾向がある。例えば，ASD のある人は「埋め込み図形課題(Embedded Figures Test)」やウェクスラー式知能検査の「積木模様(Block Design)」などの細部への注目が必要な課題で好成績をおさめる傾向があることが知られている。この傾向は，細部を全体として統合することの弱さに由来するものであるとし，「弱い全体的統合(Weak Central Coherence : WCC)仮説」(Happé & Frith, 2006)が提唱された。この細部への注目の得意さは広く知られた ASD の認知スタイルの特徴である。その他にも，目的の達成のために行動を計画するプランニングや必要に応じて反応や方略を変更するスイッチングなどの能力を含む実行機能の障害，共感や模倣に深く関与すると考えられるミラーニューロンの障害など様々な観点から研究が行われているが，ASD の呈する障害について完全な説明を提供する単一の理論は無いのが現状である。

14-3　指 導 原 則

　ASD は多様な実態を含み，支援もオーダーメイドのものが必要となってくることも多い。そこで活用されてきたのが**応用行動分析学**(Applied Behavior Analysis ; 以下，ABA)に基づいた支援である。ABA とは，個人と環境の相互作用から行動を分析し，望ましい行動に導いていこうとするものである。ABA では，ある人の行動の原因をその人個人の内的なもの(例：性格や障害など)に帰すのではなく，操作可能な環境(例：行動が起こりやすい状況や支援方法)に注目する。というのも，行動の原因を個人的の中に見出そうとしてしまうと，なかなか建設的な解決方法に行きつくことが難しくなってしまうからである。例えば，繰り返し壁を叩く行動があるＡくんのことを考えてみる。「あの子は自閉症だから繰り返し壁を叩いているんだよ」とか「繰り返し行動があるのは

自閉症の特徴だ」などと考えているだけでは，Ａくんの繰り返し行動を改善するための解決策にはなかなか行きつかないだろう。「繰り返し行動が起こる直前にはどんな出来事があったのか」「どんな時にその行動が起こりやすいのか」「その行動をした後，Ａくんにはどんな結果が得られたのか」ということを考えることによって，問題行動を低減するための具体的な策を見出し，実践していくことが可能となる。

　このように，ABA の考え方を用いて行動を見る際には，先行事象(Antecedent)―行動(Behavior)―結果事象(Consequence)という３要素に注目して行動が起こっている背景を考える。このように，ある特定の行動に先行する事象および後続する事象を考えることによって，その行動を引き起こしている先行事象，そしてその行動を維持している結果事象を探ろうと試みる。そして，そのアセスメントの結果から具体的な行動改善の手立てを立案していくこととなる。

　先のＡくんの事例の「繰り返し壁を叩く」行動について，直前(先行事象)に注目してみると，例えば「やることがなく手持ち無沙汰な時に起こりやすい」「本人の苦手な課題を提示した時に起こりやすい」「見通しが持ちにくい時に起こりやすい」など，行動が起こりやすい状況やきっかけとなっている出来事が見いだされてくるだろう。このようなことがわかれば，「手持ち無沙汰にならないように本人が選べる活動をいくつか用意しておこう」「課題の難易度を調整してみよう」「見通しが持てるようにスケジュールを用意してみよう」などの具体的な解決策に結びつきやすくなる。

　また，Ａくんの「繰り返し壁を叩く」行動について，直後(結果事象)に注目してみると，Ａくんにとってその行動がどのような意味や価値を持っているのかを見出すことができる。例えば，壁を叩く行動の後に学習が中断されているのであれば「課題からの逃避」という結果によってその行動が維持されていると考えられるし，行動の後に支援者が駆けつけて制止するという結果が伴っていれば，「他者からの注目」によってその行動が維持されているとも考えられる。このように，問題となっている行動を維持している結果事象を突き止めることができると，その行動を維持しているのと同等の結果事象を得られる，より適切な行動(代替行動)に置き換えていくことができる。例えば，もしもＡくんの行動が「課題からの逃避」によって維持されているとすれば，「休憩をくださいと頼む」「教えてくださいと課題への支援を頼む」というより好ましい代替行動に置き換えていく指導が考えられる(図14-1)。また，行動が「他者

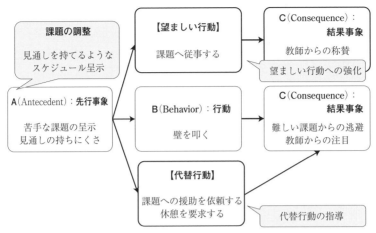

図 14-1　A くんの壁を叩く行動に関する分析の一例

からの注目」によって維持されているとすれば，問題行動が起こった際でなく
適切な行動が起こった際に教師からの注目を随伴させる，問題行動が起こる前
から A くんとしっかりと関わる機会を持ち，問題行動を起こさなくても他者か
ら注目を得られるようにするということも考えられるだろう。

　ABA の発祥は 1950 年代ごろまで遡る。その頃，スキナー（Skinner, B. F.）を
始祖とする実験行動分析学において，行動を予測し制御する様々な法則が次々
と発見されていた。それと同時期に，精神病院や障害者施設で働く人々は，そ
こに入所する人々の様々な行動（例：暴言や唾吐き，溜め込み行動など）への対
処に苦心していた。そこで，何人かの行動分析家が重度の障害のある人の行動
の改善に行動分析学の知見を生かそうとフィールドに出ていき，実践を始めた
（島宗，2019）。「応用行動分析学」は実験的行動分析学で得られた知見を実際
の社会の中の問題解決に応用しようとした試みとして誕生したのである。ABA
の考え方は特別支援教育の分野を始め，高齢者福祉，リハビリテーションなど，
様々なヒューマンサービスの分野で活用されている。

　また，前述したような ASD の特性や応用行動分析学の考え方などを踏まえ，
これまでに様々な指導方略が考案されてきた。ここで，ASD と関わりの深い，
代表的なものについて概要を紹介することとする。

（1）　TEACCHプログラム

　TEACCH とは，Treatment and Education of Autistic and related Communication handicapped Children の略であり，アメリカのノースカロライナ州で行われている ASD のある人とその家族，支援者などを対象にした包括的なプログラムである（内山，2006）。TEACCH の中でも中心的な技法として「構造化」というものが挙げられる。構造化とは ASD のある人が周囲の環境や意味，自分が何をすべきかなどを理解するための方法である（梅永，2016）。ASD のある人の認知スタイルには，「視覚的な情報処理が優れている」「細部へ注目する傾向」「感覚過敏・鈍麻」などの特徴がある。これらの認知スタイルに合う支援をすることで ASD のある人が世界を理解するのをサポートし，生活をしやすくするのが構造化の役割といえるだろう。

　構造化には大きく分けて，「物理的構造化」「時間の構造化」「活動の構造化」があり，これらの構造化すべてを通して，「視覚的構造化」を行う（梅永，2016）。「物理的構造化」とは，その場所が何をする場所であるのかを明確にすることである。例えば，勉強する場所をワークエリアとし，遊ぶ場所をプレイルームとするなど，活動と場所を一対一対応にし，その場所が何をする場所かということを明瞭化する。「時間の構造化」とは，スケジュールとよばれることも多いが，行う活動を時間軸に沿って示すことにより，見通しを持ちやすくすることである。「活動の構造化」とは，ある活動をする際に「何をするのか」「どのくらいの量をするのか」「どうすれば終わりなのか」「終わったら何をすれば良いのか」を示すことであり，「ワークシステム」とよばれることもある。

　最後に，「視覚的構造化」とは，やるべきことなどが見てわかるように視覚的な手がかりを用いて環境を整えることである。例えば，スケジュールの中にイラストを入れて活動をわかりやすくする，かごの中にその時間に取り組むべき課題を入れておき，かごの中の課題が無くなれば終了であることを視覚的に示すなどが挙げられる。

（2）　絵カード交換式コミュニケーションシステム（PECS）

　ASD の中には重度の知的障害を伴い，音声言語を用いたコミュニケーションに重い障害がある子供たちがいる。そのような子供たちに対して，音声言語を補うための拡大・代替コミュニケーション（Augmentative and Alternative Communication ; AAC）を用いた指導を行うことがある。その中の１つに**PECS**（Picture Exchange Communication System）があり，ボンディ（Bondy, A.）とフ

ロスト(Frost, L.)によってアメリカで考案された。

　PECS は全部で6つのフェイズから構成されている。まず，フェイズ I では対象の子供が一枚の絵カードをコミュニケーションパートナーである支援者に渡すところから始まる。例えば「飲み物」の絵カードを渡されたコミュニケーションパートナーはその絵カードを受け取り，子供の要求(「飲み物」が欲しい)を叶える。フェイズ II ではカードまでの距離やコミュニケーションパートナーとの距離を伸ばし，自分からカードを持っていく経験を積む。次に，フェイズ III では複数のカードから選ぶことを習得し，フェイズ IV では例えば「飲み物」の絵カードと「ください」の絵カードを組み合わせるなど，絵で文を作って要求することを学ぶ。そしてフェイズ V・VI では質問に答えたり，要求以外の表現をしたりすることを学ぶ(Bondy & Frost, 2011)。

　いくつかの実践報告では PECS 指導に伴い，音声言語や非音声言語的コミュニケーション行動(例：共同注意・アイコンタクト)の増加や拡大が報告されているなど，PECS 自体による要求伝達行動の獲得以外にも有効な効果があることが示唆されている(若杉・藤野，2009)。

（3）　ソーシャルスキルトレーニング(SST)

　ソーシャルスキル(Social Skills)とは，人間関係や集団行動をより良く，スムーズに営んでいくための技能のことである。ソーシャルスキルを指導していくための基本的な技法としては，① 言葉や絵カードなどを用いて明示的に望ましい行動を教える「教示」，② 指導者や友人が望ましい行動のモデルを見せる「モデリング」，③ ロールプレイなどを自分自身でやってみる「リハーサル」，④ 行動の振り返りをし，良かったところや修正点を確認する「フィードバック」，⑤ 練習場面以外の場面でも望ましい行動ができるよう促す「般化」があり，これらを組み合わせて指導を行っていく。

　これまで紹介した支援技法に共通しているのは，① 個々の事例に基づいてアセスメントを丁寧に行う，② ASD の認知特性に合った伝え方や教授方法を工夫する，③ 本人が生きやすくなるよう，日々の生活や活動の中での出来事を題材として教えていく，ということではないかと考える。

15章　重度重複障害者への教育的支援

　公教育としての世界の学校教育は，効率化を目指し集団指導という枠組みの中で進められている。こうした教育的土壌の中で，コミュニケーションや集団への適応が困難な重度重複障害児は疎外されてきた。障害児教育の義務化に伴い，障害の有無にかかわらず，共に学ぼうというインクルーシブ教育が叫ばれている今，重度重複障害児の自立や集団指導と個別指導の関係性等，頭を抱えている教員は少なくない。本章では，重度重複障害児の定義，実態把握，自立活動，感覚運動教育，デューイの興味論等を吟味検討し，「5つの価値的興味」の開発を必要とするかれらの教育的支援の手がかりとして「インタレスト・メソッド」を提案する。

【キーワード】　重度重複障害児の概念，実態把握，自立活動，感覚運動教育の系譜，インタレスト・メソッド(興味的方法)

15-1　重度重複障害児とは

　重度・重複障害児の定義がなされたのは 1975 年，「特殊教育の改善に関する調査研究会(会長辻村泰男)」が文部省初等中等教育局長に提出した「重度・重複障害児に対する学校教育の在り方について(報告)」においてであった。

　「発達的側面からみて，『精神発達の遅れが著しく，ほとんど言語を持たず，自他の意思の交換及び環境への適応が著しく困難であって日常生活において常時介護を必要とする程度』の者，行動的側面からみて，『破壊的行動，多動傾向，異常な習慣，自傷行為，自閉症，その他の問題行動が著しく，常時介護を必要とする程度』の者」(用語は当時の表記に従った)。

　中田基昭 (1984) は『重症心身障害児の教育方法』(東京大学出版会)において「受動的に機械的に身体を動かされることによってしか活動上の変化を起こさないもの，大人と目が合わない。ただ動き回っているか，常同的に自分の手や物を動かしているだけ。自ら移動したり，手を使って何らかの活動をすることもない。こうしたことが一日中続き，数日も，時には数か月もその行動に変化が起こらないような子どもたち」と定義している。本章では，「重度・重複

障害児」を「重度重複障害児」と表記し，辻村報告書，中田氏の定義を踏まえ，標準法で規定する「重複障害」に重度の知的障害と行動的障害を加えたものと把握し論を進める。

15-2　実態把握の観点

　言葉による指示が伝わらない重度重複障害児が多く，フォーマルな発達検査は不可能に近い。それでも，「この子はきっと善くなる」という**ピグマリオン精神**と自由な雰囲気の中で彼らに寄り添いながら実態把握に努めたい。

　実態把握の観点として人間の行動の基本的な6つの要素が挙げられる。それらは学習指導要領における自立活動の6つの内容に符合する。

　① 健康の状態はどうか(健康の保持)，② 気持ちは安定しているか(心理的な安定)，③ 人間関係はどうか(人間関係の形成)，④ 目や耳等の感覚はどうか(環境の把握)，⑤ 手足の動きはどうか(身体の動き)，⑥ コミュニケーションはどの程度可能か(コミュニケーション)。

　さらに，重度重複障害児の場合，例えば① 順調な体重の増加がみられるか，② 感染症への配慮が必要か，③ てんかん発作が頻繁にあるか，④ 経管栄養摂取，たんの吸引が必要か，⑤ 骨折しやすいか，⑥ 摂食，嚥下，呼吸機能の状態はどうか等々，医療的観点から観察する必要がある。

　また，言動の要因が環境による場合，教育的支援の創意工夫によって改善の可能性があるが，脳機能障害による場合，障害に制限される可能性があり，特別な配慮を要する。さらに，重度重複障害児の発達は，脳の中枢神経系に重い機能障害があると想定されることから，直線的ではなく，らせん的，非連続的に把握する必要がある。

　いずれにしても，欠点よりも「長所」を探し出し，丁寧に記録を集積していくことに変わりはない。整理した実態把握に基づき，個別の指導計画を作成し，「自立活動」の指導領域で実践していくことになる。

15-3　心身の調和的発達の基盤を培う

　1971年，各教科等と並ぶ新たな領域として「養護・訓練」が登場し，最も喜んだのはかれらの保護者であったという。それまで，重度重複障害児が学べるような学習内容は義務教育に存在しなかったのだ。

ちなみに，養護・訓練は 1999 年より「自立活動」と改められた。**自立活動
の要点**は以下の通りである。

(1) 自立と社会参加をめざし，必要な知識，技能，態度及び習慣を養い，心
　　身の調和的発達の基盤を培うことを目的とする。

(2) 自立活動は，個々のニーズに基づき，学年進行にこだわらず，個別の指
　　導に重心が置かれる。義務教育における教科は原則として「系統性」「学
　　年進行」「集団指導」を条件とする。

(3) 教材は教員と子供の中間に存在するものと認識されているが，子供と直
　　接かかわる治療教育(手当)という新たな概念が自立活動に導入された。

(4) 自立活動は，学校現場に一任され，子供のニーズに応じた全人的教育を
　　図るための教育内容を随時構成し，指導することができる。

(5) 特に必要がある場合は自立活動を主とした指導を行うことができる。当
　　時の国立久里浜養護学校の教育課程はすべて自立活動であった。海外の公
　　立学校に自立活動という指導領域はない。

(6) 個別の指導計画を作成する。

(7) 重度重複障害児の「自立」の概念が不透明等々，課題が山積している。

15-4　感覚運動教育の系譜 ─────────────────────────

　聴覚，触覚，前庭感覚，筋肉運動感覚，視覚等々の感覚は，中枢神経の栄養
素といわれ，人間が生きていくための「感性」「思考」「行動」の土台となり，
生きる力(知・徳・体の総和)の基礎をつくる。感覚運動教育は，「遊び」を通
して諸感覚を刺激しつつ，脳の神経回路を形成していく。「遊び」は，縦揺れ，
横揺れ，回転によって皮質下中枢を刺激，健康・情緒面の向上を促す。

　ここで，**感覚運動教育の系譜**を大雑把に辿ってみよう。近代教育の祖と言わ
れたコメニウス(Comenius, J. A.)は，認識は感覚から出発すると考え，感覚教
育を教育史上，重要な教育原理として初めて打ち立てた。ルソー(Russeau, J.
J.)は，感覚を教育の出発点と考え，子供の自発的活動性を教育の原動力と考
え，身体と感覚器官の訓練と発達が教育の第一段階であるとした。イタール
(Itard, J.)は，野性児に対して，感覚を通して経験を与えることが発達を促す
と考えた。セガン(Seguin, M.)は，人間は活動・知性・意志の三位一体的存在
であり，活動が感覚と運動であり，人間発達の基礎をなすと考えた。近代教育
の父といわれたペスタロッチ(Pestalozzi, J. H.)は，感覚教育を教育原理と把握

した。モンテッソーリ（Montessori, M.）は，個性・自由・感覚を教育の原理としてあげた。ドクロリー（Decroli, J.）は，自然環境の中での感覚運動教育を重視した。デューイ（Dewey, J.）は，「本能＝興味」と把握し，感覚は実際の経験によって練磨されていくと考えた。

15-5　未開拓の分野

　おそらく19世紀以前には周囲に重度重複障害児が見当たらなかったのであろう。時代の制約からコメニウスら教育方法思想家には，重度重複障害児という視点が抜け落ちている。知見によれば，重度重複障害児は，医療や心理関係者に取り上げられることが多く，教育方法（教育的支援）という観点からの実践的研究は皆無に近い。1973年9月に開校した国立久里浜養護学校初代校長の**藤原正人**は，「重度重複障害児のことは，保護者も医者もよくわからない。指導書も教科書もない，学校教育における未開拓の分野」と繰り返し述べていた。

　開校当初，世界初の重度重複障害児の総合養護学校ということで，海外から多くの視察者が訪れていた。寝たきりの子供や自由に飛び回る子供たちを見て「オーマイゴッド！」。学校教育では無理ではないかというのだ。筆者も初めて担当したA児が目の前で大きなてんかん発作で倒れるなど，大きなショックを受けた。コミュニケーションが取れず，本児の好きな台車や車いすでの散歩を中心に徹底的に受容し，信頼関係の醸成に終始した。

　担任となって1か月後の5月11日。寄宿舎での引継ぎの際，A児が初めてそばに寄ってきて座ったのだ。寮母さんに「先生，ようやくAちゃんに認めてもらいましたね」と言葉をかけられた。梅津八三氏が言うように，彼らから謙虚に学ぶ姿勢がなければコミュニケーションを本質とする教育は成り立たない。「先ずはこっちを向いてもらいたい」という切なる願いがあっただけに寮母さんの言葉を忘れることはできない。

　筆者は，一生懸命呼吸し，健気に生きている国立久里浜養護学校の子供たちに惹かれていくことになる。しかし，コミュニケーションや集団活動が著しく困難なかれらと，どう接したらいいのか皆目見当がつかなかった。

　学校現場から，訓練や療法などのスキル形成に目が行き，子供の「興味」が大事にされていない，一方で，「興味」という美名のもとに，何をやっても許されるかのような教育が横行しているという厳しい声が聞かれた。経験上，リハビリや訓練よりも，発達段階が1歳前後と想定される彼らが自ら喜んで参加

する感覚運動遊びこそコミュニケーションの突破口になると判断し，デューイの興味論に解決の手がかりを求めることにした。

15-6　目的としての5つの価値的興味(本能)

デューイは興味(interest)について，① 引きつける対象，② 教員と子供の中間(inter)に存在(rest)する教材と同義，③ 人間の内面に潜在するコミュニケーション・探究・構成・表現という4つの本能と同義と述べている。

周知のように ① の捉え方が一般的である。筆者は ①，② はもちろんのこと，特に ③ の4つの本能＝興味と把握している点に注目した(本章では以下，デューイの興味論を踏襲し，興味即本能として使用する)。問題は，デューイが子供は本来活動的なので4つの興味(本能)は経験を通して自然に引き出されてくるものと捉えていた点にある。現場には食事や排泄等々，他動的に支援せざるを得ない重度重複障害児も在籍している。すなわち，生存的興味(本能)という視点が見落とされているのだ。

そこで，デューイのいうコミュニケーション・探究・構成・表現という4つの興味(本能)に，重度重複障害児の生存的興味(本能)を新たに付け加え**5つの価値的興味(本能)**と把握することにした。もちろん興味(本能)があれば何でもいいというわけではない。例えば，砂場で山などをつくる構成的興味(本能)もあれば壊してしまうという破壊的興味(本能)もある。したがって，学校という教育の場で活用できるという条件がつく。「5つの価値的興味」とした理由はそこにある。また，興味は一般的に空間軸でとらえることが多いが，当初，常識から外れるような興味であっても，命に支障がない限り，許容してもいいのではないか。興味は時間の経過に伴い活用できる興味へと変わる可能性があるからだ。

15-7　母親の胎内で経験する4つの感覚への着目

以上，教育の原点ともいうべき「5つの価値的興味(本能)」について述べてきた。次に，「5つの感覚」について考えてみよう。

国立久里浜養護学校の子供たちは例外なく，音楽(聴覚)，水(触覚)，ハンモッグ，トランポリン，ブランコ，散歩(前庭感覚・筋肉運動感覚)等々に，興味を持っていることに気づかされた。一体なぜなのか。ある医師に「障害児となる

主な原因は何ですか」と質問したところ，「赤ちゃんは生まれる時，酸欠状態になる。酸欠が長く続くと脳のどこかに傷がつくことがあるんですよ」とさりげなく答えてくださった。そこで筆者は，出生前に母親の胎内で過ごしている時に活用している感覚は何か。さらに，母親の胎内で経験した諸感覚と出生後の感覚運動遊びとの関連性について，実践に照らし合わせながら考えてみた。その結果，音楽に興味があるのは，生命として誕生した瞬間から母親の心臓の鼓動（聴覚）を聞いていたからではないか。プールなど水に興味があるのは，母親の羊水（触覚）に浸っていたからではないか。ハンモッグ，ブランコ，トランポリン等に，興味があるのは，母親の胎内でバランス（前庭感覚）をとりながら手足を動かしていた（筋肉運動感覚）からではないかという仮説に辿り着いた。

　さらに，母親の胎内で経験する聴覚・触覚・前庭感覚・筋肉運動感覚に，出生後に発達する「視覚」を加え，**5つの感覚**と把握することにした。

15-8　インタレスト・メソッド（興味的方法）とは ─────────

　重度重複障害児とのかかわりを振り返った時，子供が大好きな「遊び」を通して，意図的・計画的に5つの感覚を刺激することによって，**5つの価値的興味**を開発できるのではないかという仮説にたつと，従来の筆者の実践活動がすべて説明できることに気づかされた。

　極めて大雑把な仮説ではあるが，事実，子供は感覚運動遊びに反応し，コミュニケーションが芽生えていったのだ。教員の仕事は，子供が善くなってナンボの世界という実践哲学を貫いてきた筆者にとって大きな発見であった。

　そこで，教育方法（教育的支援）という観点から「重度重複障害児とは，感覚運動遊び＝感覚運動学習＝感覚運動教育によって，出生前に経験した聴覚・触覚・前庭感覚・筋肉運動感覚と出生後に発達する視覚を触発し，コミュニケーション・探求・構成・表現・生存，すなわち，学校で活用できる5つの価値的興味（本能）の開発を必要とする子供たち」と定義することにした。

　そして，5つの価値的興味（本能）の開発を必要とする重度重複障害児にとって，最も有効な教育方法（教育的支援）を，**インタレスト・メソッド**と命名し，次のように整理した。

　(1)　ピグマリオン精神に基づき，子供を引きつける「興味」，好きなこと，得意なことを大切にし，その気にさせヤル気を促すための教育方法である。

(2) 大好きな興味物・教材を活用し，受容したり揺さぶったりしながら内的葛藤を促し，長所を伸ばし，結果的に短所を解消していく教育方法である。

(3) 5つの価値的興味(本能)を意図的・計画的に紡ぎ出し，感性・思考・行動の向上を促し，「生きる力」の土台を培うための教育方法である。

(4) 共生社会の基礎となる「小社会」というインクルーシブな学校本来の理想の教育の構築に役立つ。

また，「インタレスト・メソッド」は3つの形態に分類できる。

(1) 一般的な集団による授業の動機づけ的な活用形態。落語の「つかみ」に相当する。授業の目的とは無関係に，通常の学校の授業における「はじめ」・「なか」・「おわり」で，子供の最大公約数的興味を潤滑油的に活用する。

(2) 「方法の個別化」という活用形態。例えば，マンツーマンでブランコに乗って聴覚や前庭感覚を刺激し，歌ったり数えたり言葉のやり取りをしながらコミュニケーション的興味，表現的興味等を開発する。

(3) 「方法の個別化」と「内容の個別化(集団)」をミックスした形態。例えば，「マリちゃんの部屋」で歌う ♪朝の会の歌♪ (個別指導)と「朝の会」(集団指導)でのハンモッグを媒介に，表現的興味等を開発する。

15-9　マリちゃんへの教育的支援

　実践例に入る前に，指導について若干触れておきたい。筆者は，**指導**(direction)を子供の立場に重心を置いた**受容・嚮導的指導**(guidance)と教員の立場に重心を置いた揺さぶり・**制御的指導**(control)の弁証法的概念と把握している。重心の置き方は，子供のニーズ，内容等によって異なる。

　指導論の背景には，人間を矛盾体として把握する哲学があり，一方的な強制や放任を指導とは言わない。教育固有の論理である「発達の最近接領域」を念頭に，受容と揺さぶりによって内的葛藤を引き起こすことが重要である。

　筆者は，この指導論と教育的支援を同義のものと捉える。愛情や個々のニーズを大切にした重度重複障害児への教育的支援は，脳機能障害の特性から，受容に重心を置いてかかわることが多いが，状況によっては揺さぶりへと重心を移行していくこともある。

【テーマ】　自傷と拒食の激しいマリちゃん(仮称)への(1)情緒の安定，(2)コミュニケーションの促進，(3)集団への参加を目指す試み

【プロフィール】　マリちゃんは，小学部3年生。5歳のころ，脳波の異常が認められる。診断名は，未熟児網膜症，てんかん，精神遅滞，等々。

　小学部第3年生の9月，東京の養護学校から国立久里浜養護学校に転入学し寄宿舎生活を送る。歌と散歩が大好き。手で確かめ探索しながら散歩する。

　食事，排泄は全介助。自宅には100本ほどのテープ。歌詞は全曲覚えていて，透き通るような声で上手に正確に歌う。「パンパン」「ネンネ」など表出言語は極めて少ない。言葉を発するが，言葉のキャッチボールはできない。

　要求が通らないと凄まじい自傷行為。拒食の傾向が激しかった。学校に慣れるまでということで，祖母に1か月ほど寄宿舎に同宿してもらう。学校の授業でも，一緒に傍にいてもらい，困ったときに相談に乗っていただく。

【指導目的】
(1)　過去10年間，両親の仕事の関係上，祖母とのかかわりを中心とした生活。祖母が大好き。祖母との関係に近づけるよう「安心できる人間関係」の醸成と教室に「マリちゃんの部屋(居場所)」をつくり，情緒の安定を促す。
(2)　意思の交換は難しく，自傷，拒食等，適応が著しく困難。全盲のため活動が制限され，気持ちを伝える手段が少ない。大好きな歌，散歩(探索)を媒介とし，コミュニケーション能力の促進を図る。
(3)　祖母中心の狭く限られた人間関係。仲間を拡げるため，先ずは「朝の会」への参加を目指す。

【指導経過(9月から翌年6月)】
(1)　食べる，眠る，遊べるという3つの条件を満たした「マリちゃんの部屋」で，疲れた時にくつろいだり，眠ったり，好きな玩具で遊ぶ等，徹底的に受容し，信頼関係の醸成に全力を注いだ〈5つの感覚⇔生存的興味〉。
(2)　本児の要求する，犬のおまわりさん，等の曲に合わせギターを奏でながら一緒に歌った。散歩の際，手で触ってもらい「椿の花だよ。いい匂いがするね」等，触覚によるイメージと言葉の対応が図れるようにかかわった〈触覚・聴覚⇔表現的興味，コミュニケーション的興味〉。
(3)　「朝の会」の歌を，筆者のギターに合わせ「マリちゃんの部屋」で聞きながら歌った(個別)。時間の経過と共に，「オンブ」されて「朝の会」(集団)のハンモック遊びに参加するようになった〈前庭感覚・聴覚⇔コミュニケーション的興味・表現的興味〉。

【結果と考察】
(1)　3か月後，担任の手を引き寄宿舎から教室に向かうようになった。1年後には，

情緒が安定し自傷・拒食，欠席が大幅に減少した。本児の境遇を考えると「わがまま」を受容することは，本児を理解することと同じであること，安心できる人と居場所の大切さが示唆された。

（2）当初，頬を叩いて要求していたが，好きな歌の題名を言葉（音声言語）で要求し，ギターに合わせて一緒に歌うなど，自分の意思を言葉で伝えることが可能となった。しかし，発語は単発的で言葉のやりとりはできなかった。

（3）6か月後には大好きなハンモックへの遊びを契機に，「朝の会」に最後まで参加できるようになった。コミュニケーション的興味，表現的興味に着目した教育的支援が，本児の自立（主体性）と社会参加（関係性）の萌芽となった。

【エピソード　受容から小さな揺さぶりへ】

　ある日，祖母が「おばあちゃんと呼んでくれたらうれしいのにね」とポツリ漏らしたことがあった。そこで，大好きな散歩の際，「おばあちゃん，お家で何を食べてるのかなぁ，カレーライスかな」等々，「オバアチャン」という言葉をシャワーのようにたくさん浴びせるようにした。

　中間休業に入る前日，プレイルームで，全校生によるお別れ会が行われていた。終了と同時にまっすぐ教室に向かうところ，天気も良かったので，意図的に遠回りをしながら帰ることにした。10分ほど散歩すると本児の目のあたりが険しくなっていった。これ以上長引かせたら自傷行為（頬たたき）が始まると判断し「そろそろ教室へ戻ろうか」と伝え教室に向かった。

　祖母に一刻も早く会いたいというマリちゃんに申し訳ないと思いながらここがチャンスと考え，「おばあちゃん教室に迎えに来ているかな」「迎えに来ていなかったらどうしよう」と内面に揺さぶりをかけ，追い込んでいった。マリちゃんは，いまだかってない急ぎ足で筆者の手を引っ張りながら教室を目指した。教室に一歩足を踏み込んだ瞬間，教室の片隅から「マリちゃん！」という祖母の声。「オバーチャーン！」。マリちゃんはとてつもない大きな声で祖母を呼んだ。手を前にかざしながら祖母にたどり着いたマリちゃんを，祖母は細い腕で思い切り抱きしめた。

　「初めておばあちゃんと呼んでくれたのね」。祖母の目には涙が光って見えた。周囲の保護者も教員も，もらい泣きしてしまった。人一倍涙もろい筆者はすぐその場を立ち去り，教室を後にした。

15-10　おわりに

　価値的興味の開発が必要なマリちゃんへの「インタレスト・メソッド」によって，自立活動の2つの課題に関する手がかりが得られた。

　食事，衣服の着脱等の身辺自立が困難なマリちゃんは，歌や散歩を媒介とした「インタレスト・メソッド」により，生存的興味が開発され，笑う場面が増

え，自傷や拒食が減少した。したがって，第一に自立活動における「身辺自立」の前段階として**興味的自立**という位置づけが必要ではないかと思われた。

　第二の集団への参加については，**個別指導**（方法の個別化）から**集団指導**（内容の個別化）への移行が，歌やハンモッグ等の興味を媒介とした「インタレスト・メソッド」によって可能であることが示唆された。

　2つの成果の背景には，第一に教材研究や教材づくりの時間がたっぷり保障されていたこと，第二に財政的裏づけにより，教員，寮母さん，看護師さんら豊富な人材に恵まれていたこと，第三に国立久里浜養護学校の全教職員，隣接する特総研の関係者が，明治以来の大本願であった就学率100％を目指し，残された0.1％の重度重複障害児教育へのチャレンジという共通理解があったこと，第四に祖母の理解と協力。困ったときにいつも相談に乗っていただいた。

　「インタレスト・メソッド」は，自由な雰囲気，**人権思想**に支えられ，「時間的なゆとり」「財政的裏づけ」「周囲の重度重複障害児理解」「保護者の協力」という4つの条件が必要不可欠であることが，実践を通して確認された。残念ながら，学校現場は超多忙，人的加配も，周囲の障害理解もそう簡単ではない。

　今のところ，日々の教育実践を楽しく淡々と積み重ね，国には多忙化の解消や財政的裏づけの確保のための声を継続的に送り届け，一般の人々には障害理解のための働きかけを地道に行っていく以外ないのかも知れない。

　インクルーシブ教育は，終わりのない旅といわれる。「教育とは未来に向かって理想を求める。理想こそが現実を変える」という三木清の哲学をいつまでも忘れないようにしたい。

16章 障害はないが特別の教育的ニーズのある子供への教育的支援（言語）

　本章では日本における日本語指導と母語教育の現状および課題について示した。結果として，在留外国人の増加とともに，日本語指導に関する特別な教育的ニーズは高まっている。しかし，それらのニーズは特定地域に偏在したり，子供の不就学や中途退学などにつながったりするため「見えない」「見えなくなる」危険性をはらんでいる。また母語教育の充実は今後の課題である。学校不適応の回避のためにも，日本語指導そして可能であれば母語保障の重要性について共通認識すべき時期に来ている。

【キーワード】　日本語指導，母語教育，特別な教育的ニーズ

16-1　日本における在留外国人と日本語指導の現状 ─────

（1）　日本における在留外国人

　1980年代後半以降，インドシナ難民，中国帰国者，日系ブラジル人労働者などのニューカマーの来日に伴い，日本の小学校に外国籍児童が急増した（高橋，2007）。その後1990年の「出入国管理及び難民認定法」改正・施行による南米系日系人労働者の受け入れと定住化を経て，引き続く人口減と少子高齢化による人手不足を背景に，日本で働く外国人は増えている。経済協力開発機構35か国の2018年外国人移住者統計では，日本への流入者は前年比約44,000人増の約519,000人で，ドイツ，フランス，アメリカ，スペインに続き第5位である（OECD, 2020）。2020年6月末の在留外国人数は，前年末に比べ47,233人（1.6%）減（出入国在留管理庁）であるものの2,885,904人である。このような日本における在留外国人の増加とともに，**日本語指導**に関する**特別な教育的ニーズ**が高まっていることが推察される。

（2）　都道府県別の在留外国人数

　次に都道府県別の在留外国人数についてみる。在留外国人数が最も多いのは東京都531,131人で全国構成比の19.2%である。以下，愛知県265,199人（構

成比 9.6%），大阪府 246,157 人（構成比 8.9%），神奈川県 227,511 人（構成比 7.1%），埼玉県 197,110 人（構成比 6.8%）と続く。この 5 都府県で構成比全体 の 51.6% を占める。在留外国人が学齢期であった場合，日本語指導が必要に なる。外国人児童生徒も増加傾向にあり，2021 年現在，学齢相当の外国人の 子供数は 133,310 人である。また不就学と修学状況確認できず，そして出国・ 転居（予定含む）外国人の子供の数を合計すると 12,440 人になる（文部科学 省，2022 b）。そのうち日本語指導が必要な高校生等の中途退学率は 5.5% と 全高校生等の 1.0% に比べても顕著に高い（文部科学省，2022 a）。このように， 不就学や中退など，学校において「見えない」「見えなくなる」特別な支援が 必要な子供が日本にいることに注意を向ける必要があろう。

（3）　日本語指導の現状

　文部科学省（2022 a）によると，日本語指導が必要な児童生徒数は，58,353 人 で，前回調査より 7,227 人（14.1%）増加した。日本語指導が必要な外国籍の児 童生徒数は 47,627 人で前回調査より 6,872 人（16.9%）増加，日本語指導が必 要な日本国籍の児童生徒数は 10,726 人で前回調査より 355 人（3.4%）増加で あった。これらの日本語指導が必要な児童生徒数は 2008 年（33,470 人）からの 13 年間で 1.74 倍になっている。

　日本語指導が必要な児童生徒のうち，学校において「特別の配慮」に基づく 指導を受けている者の割合は，2021 年度では外国籍 90.9%，日本国籍 87.9% である。特別な配慮とは，「特別の教育課程」による日本語指導，並びに教科 の補習等在籍学級や放課後を含む，学校で何らかの日本語指導等を行うことを 意味する。日本語能力の伸びに応じて指導時間を変動させる「特別の教育課程」 は 2014 年から制度化されている。特別な指導を受けている児童生徒のうち，「特 別の教育課程」による指導を受けている児童生徒は外国籍 73.5%，日本国籍 67.6% である（文部科学省，2022 a）。

　日本語指導に関して文部科学省は，義務標準法に基づいて日本語指導に必要 な教員の基礎定数化（児童生徒 18 人に 1 人，2017〜2026 年度まで計画的に措 置）に着手している。また「帰国・外国人児童生徒等に対するきめ細かな支援 事業」により，日本語指導補助者・母語支援員の派遣，ICT を活用した教育・ 支援等も推進している。他にも，独立行政法人教職員支援機構における「指導 者養成研修」が実施されたり，外国人児童生徒等教育アドバイザーの教育委員 会等への派遣（2019 年度〜）がなされたりしている。そして，学齢を超過した

外国人への対応等としては「夜間中学」の活用も想定しており，夜間中学の全国的な設置を促進している（文部科学省，2021）。

　他にも日本語指導が必要な子供の支援策として，取り出しによる日本語と教科の統合的指導（「JSLカリキュラム」等）の実施，多言語文書や教材の情報検索サイト「かすたねっと」の構築・運用，外国人児童生徒等への指導のための教員加配の充実，指導・支援体制の構築を図る地方公共団体の取組への支援（学校における外国人児童生徒等に対する教育支援に関する有識者会議，2016），親子日本語教室の取組への支援（髙柳，2015）などが行われている。このように徐々に「日本語指導」の観点では支援が具体化されていると言えよう。

（4）　学習指導要領における日本語の習得に困難のある児童への指導についての記述

　「小学校学習指導要領」（2017年3月告示）では，表16-1のように海外から帰国した児童や日本語の習得に困難のある児童への指導について言及している。

　中学校，高等学校の学習指導要領にも類似の記載がある。このように，通級活用や個別の計画作成の可能性にも言及しているのであり，既存の特別支援教育も含めた制度の活用も想定されていることがうかがえる。

（5）　都道府県別日本語指導が必要な児童生徒とその支援

　都道府県別の日本語指導が必要な児童生徒についても確認したい。日本語指導が必要な外国籍の児童生徒の学校種別在籍状況は，愛知県10,749人，神奈

表16-1　「小学校学習指導要領」第1章　総則　第4　児童の発達の支援

第1章　総則
第4　児童の発達の支援
2　特別な配慮を必要とする児童への指導
（2）海外から帰国した児童などの学校生活への適応や，日本語の習得に困難のある児童に
　　対する日本語指導
ア　海外から帰国した児童などについては，学校生活への適応を図るとともに，外国におけ
　　る生活経験を生かすなどの適切な指導を行うものとする。
イ　日本語の習得に困難のある児童については，個々の児童の実態に応じた指導内容や指導
　　方法の工夫を組織的かつ計画的に行うものとする。特に，通級による日本語指導について
　　は，教師間の連携に努め，指導についての計画を個別に作成することなどにより，効果的
　　な指導に努めるものとする。

出典）文部科学省（2018）　小学校学習指導要領　平成29年3月告示

川県 5,261 人, 静岡県 3,783 人, 東京都 3,636 人, 大阪府 3,167 人, 埼玉県 3,133 人と続くなど(文部科学省, 2022 a), 特定の地域への集住化の傾向がある。そのため例えばチャイナタウンを有する地域や外国人労働者を多く受け入れている自治体では, 国際教室が開設されたり(是永, 2020), 学校の状況によっては特別支援学級が活用されたりしている。日本語指導が必要な児童生徒の課程等別・特別支援学級における在籍状況では, 2021 年度, 小中義務教育学校の特別支援学級在籍数は 2,704 人である(文部科学省, 2022 a)。このように日本語指導が必要な児童生徒が多く居住する地域では国際教室や特別支援学級における指導など支援が具体化されているが, 特定の地域の課題と認識される傾向は否めない。

16-2　日本における母語教育の現状と課題

（1）　日本における母語教育

　文部科学省(2022 a)は, 日本語指導が必要な外国籍の児童生徒の言語別在籍状況で, ポルトガル語, 中国語, フィリピノ語, スペイン語, ベトナム語, 英語, 日本語, 韓国・朝鮮語などがあげている。しかし, **母語教育**の実施状況に関する情報は少ない。母語教育は, 韓国・朝鮮学校やそのほかの民族学校において民族のアイデンティティを確立するために必要だとされ, 取り組まれてきた経緯もある(金, 2009)。また, 大阪府[注1]や京都府などでは「民族学級」が設置され, 母語教育が実践されている(金, 2006)。民族学級は正規の授業が終わってから実施される特設学級または放課後授業の形で行われている(呉, 2019)。他にもブラジルから来た子供がブラジル人学校で学んでいるケースもある[注2]。

（2）　日本における母語教育の課題

　日本では日本語指導が優先され, 母語指導は十分に言及されていない。ただ学校において外国人の子供の支援等を行う外部人材として「母語支援員」を配置する場合もある(文部科学省, 2022 a)。母語教育の事例として, 兵庫県は 2006 年度から, 新渡日の外国人児童生徒に対する母語教育支援事業を実施した(母

注1)　大阪府・大阪市にはおよそ 180 校の公立の小・中学校に在日コリアンの子供たちを主な対象にした民族学級が設置されており, 約 2500 人の子供たちが参加している(コリア NGO センター web サイトより)。
注2)　例えば, ブラジル人学校(学校法人 倉橋学園)

語教育支援センター校等連絡会，2009）。この事業は，県内の新渡日の外国人児童生徒が就学する小中学校17校で母語学習教室を開催し，母語・母文化に対する体験や理解を促進することを目的にしていた。しかし事業は3年で終了した。他にも文部科学省外国人児童生徒等の教育の充実に関する有識者会議（2020）は以下のような母語に関する支援の事例を示している。静岡県浜松市においては市立小中学校に在籍する外国人の子供を対象に，母語の読み書きや母文化に触れる活動を通して，母語によるコミュニケーション力の向上を目指している。NPO法人に委託して実施し，ポルトガル語，スペイン語，ベトナム語それぞれの教室が毎週土曜日に実施されている。大阪府豊中市においては，国際交流協会が主催し，小学生以上の外国人の子供を対象に，母語による会話や読み書き，文化（料理やダンス等）を学ぶ教室を開催している。中国語，スペイン語，ポルトガル語，タイ語について，第2・第4日曜日に教室を実施しており，同じ境遇の仲間との出会いの場にもなっている。さらに，講師は外国にルーツを持つ若者が務め，ロールモデルとしての役割も果たしている。このように，日本においては日本語指導が優先され，母語指導は体制整備がなされていないこと，外部人材として「母語支援員」が配置されている場合もあるが雇用実態はボランティアが最も多く，常勤職員が最も少ないこと，都道府県や基礎自治体レベルで母語支援が取り組まれているものの，公的な支援制度になるには基盤が脆弱なことが課題である。

17章 障害はないが特別の教育的ニーズのある子供への教育的支援（貧困）

　本章では，障害はなくとも特別な教育的ニーズのある子供の学習・生活上の困難と対応について，貧困の観点から考える。まず，「絶対的貧困」と「相対的貧困」の概念とともに，その実態について把握する。わが国における子供の貧困率は国際的にも高い水準にあり，深刻な状況が継続している。また，心身の成長や発達が見込まれる時期において，貧困が与える様々な教育的な影響を理解する。貧困により学習時間の確保や生活環境の整備に制約が生じ，十分な進路選択が難しい現状がある。それに対し，子どもの貧困対策推進法をはじめ，いくつかの施策が展開されている。それらの動向と方向性を捉え，今後の課題について探ってほしい。

【キーワード】 絶対的貧困，相対的貧困，子どもの貧困対策推進法，貧困の連鎖

17-1　子供の貧困とは

　貧困とは，一般的に「教育，仕事，食料，保険医療，飲料水，住居，エネルギーなど最も基本的な物・サービスを手に入れられない状態のこと」と定義される（国連開発計画）。また，貧困には，**絶対的貧困**と**相対的貧困**の概念がある。橋木・浦川(2007)によれば，絶対的貧困とは，「各家計がこれ以下の所得だと食べていけない，あるいは最低限度の生活を送ることができない，といった絶対的な水準」に注目する。また，「相対的貧困」とは，社会全体との相対的な比較によって定義され，「自分たちが所属する社会で慣習となっているような社会的諸活動への参加が不可能である状態，あるいは社会で必要とされる社会的資源において欠乏が生じているような状態」である。すなわち，絶対的貧困は，生きるために必要な衣食住が満たされず，人間として最低限の生活を営むことができない状態であり，相対的貧困はその国や地域の生活の水準と比べて経済的に貧しい状態といえる。

　厚生労働省が3年ごとに実施する「国民生活基礎調査」（大規模調査）は，「相

表 17-1　貧困率の年次推移

貧困率＼年	1985	1988	1991	1994	1997	2000	2003	2006	2009	2012	2015	2018 新基準
（単位：％）												
相対的貧困率	12.0	13.2	13.5	13.8	14.6	15.3	14.9	15.7	16.0	16.1	15.7	15.4 / 15.7
子どもの貧困率	10.9	12.9	12.8	12.2	13.4	14.4	13.7	14.2	15.7	16.3	13.9	13.5 / 14.0
子どもがいる現役世帯	10.3	11.9	11.6	11.3	12.2	13.0	12.5	12.2	14.6	15.1	12.9	12.6 / 13.1
大人が一人	54.5	51.4	50.1	53.5	63.1	58.2	58.7	54.3	50.8	54.6	50.8	48.1 / 48.3
大人が二人以上	9.6	11.1	10.7	10.2	10.8	11.5	10.5	10.2	12.7	12.4	10.7	10.7 / 11.2
（単位：万円）												
中央値（a）	216	227	270	289	297	274	260	254	250	244	244	253 / 248
貧困線（a/2）	108	114	135	144	149	137	130	127	125	122	122	127 / 124

注：1）1994 年の数値は，兵庫県を除いたものである。
　　2）2015 年の数値は，熊本県を除いたものである。
　　3）2018 年の「新基準」は，2015 年に改正された OECD の所得定義の新たな基準で，従来の可処分所得から更に「自動車税・軽自動車税・自動車重量税」，「企業年金の掛金」及び「仕送り額」を差し引いたものである。
　　4）貧困率は，OECD の作成基準に基づいて算出している。
　　5）大人とは 18 歳以上の者，子どもとは 17 歳以下の者をいい，現役世帯とは世帯主が 18 歳以上 65 歳未満の世帯をいう。
　　6）等価可処分所得金額不詳の世帯員は除く。
出典）厚生労働省（2020）

対的貧困率」を所得中央値の一定割合（貧困線）を下回る所得しか得ていない者の割合としている。**貧困線**とは，等価可処分所得（世帯の可処分所得〔収入から税金・社会保険料等を除いたいわゆる手取り収入〕を世帯人員の平方根で割って調整した所得）の中央値の半分（50％）の額である（厚生労働省，2015）。厚生労働省（2020）によれば，2018 年の貧困線は 127 万円であることから，「相対的貧困率」は 15.4％ となり，相対的貧困世帯に属する 17 歳以下の**子どもの貧困率**には 13.5％ が該当した。子供の貧困率は，1990 年代半ば頃から上昇傾向にあったが，2015 年調査よりも 0.4 ポイントの改善を示した（表 17-1，図 17-1）。しかし，未だに約 7 人に 1 人の子供が貧困に直面していることになる。とくに，「大人が 1 人の世帯」の貧困率が「大人が 2 人以上いる世帯」に比べて極めて高い水準であった。内閣府（2014）によれば，日本の子供の貧困率は OECD 加盟国 34 か国中 10 番目に高く，平均を上回っていた（図 17-2）。こうした貧困は，子供の学びや将来にも大きな影響を与えるため，適切な対応が重要になる。

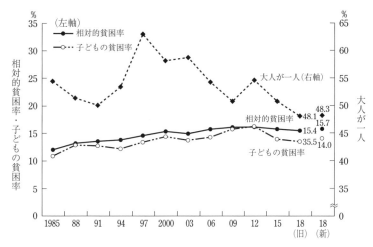

注：1）1994 年の数値は，兵庫県を除いたものである。
　　2）2015 年の数値は，熊本県を除いたものである。
　　3）2018 年の「新基準」は，2015 年に改正された OECD の所得定義の新たな基準で，従来の可処分所得から更に「自動車税・軽自動車税・自動車重量税」，「企業年金の掛金」及び「仕送り額」を差し引いたものである。
　　4）貧困率は，OECD の作成基準に基づいて算出している。
　　5）大人とは 18 歳以上の者，子どもとは 17 歳以下の者をいい，現役世帯とは世帯主が 18歳以上 65 歳未満の世帯をいう。
　　6）等価可処分所得金額不詳の世帯員は除く。

図 17-1　相対的貧困率と子供の貧困率の変化
出典）厚生労働省（2020）

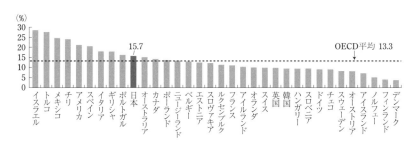

図 17-2　子供の貧困率の国際比較（2010 年）
出典）内閣府（2014）

17-2　貧困の教育的影響 ————————————

　湯澤ら(2009)は，貧困により「給食のない夏休み明け，体重が減っている」「一日の食事が菓子パン1個，インスタントラーメン」「用具が買えないため，クラブ活動に参加できない」「親が病気のために家事をしなければいけない(**ヤングケアラー**)」など子供の日常生活の多側面に影響が出ることを指摘している。特に，世帯の所得と学力の間には明確な関連が示されている(内閣府，2017)。例えば，文部科学省(2019)が全国学力・学習状況調査(2007～2019年)の結果を分析したところ，**就学援助率**が10％以上の学校は全国平均正答率よりも平均正答率が低い傾向がみられた。

　実際に，日本財団(2018)は，① 貧困状態の子供の学力は10歳(小4)を境に急激に低下する，② 貧困世帯の学力は低位に集中していく，③ 低学力のまま年齢が上がると，学力を高めることが困難になる(学力水準の固定化)，④ 基本的な非認知能力は，低学年時点から差が大きい(貧困世帯の場合，家の人への相談の可否，努力していることの有無，朝食を摂る習慣といった基礎的な項目が低水準)との傾向を明らかにしている。

　また，内閣府(2021)は，全国の中学2年生(2,715件)を対象に生活や行動実態に関して，貧困との関連性を調査した。その結果，「あなたは，学校の授業がわからないことがありますか」(図17-3)や「あなたは，将来，どの段階まで進学したいですか」(図17-4)との設問などに対し，世帯収入が低くなるととも

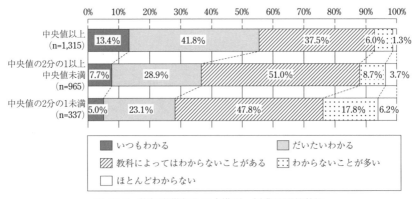

図17-3　等価世帯収入の水準別，授業の理解状況
出典)内閣府(2021)

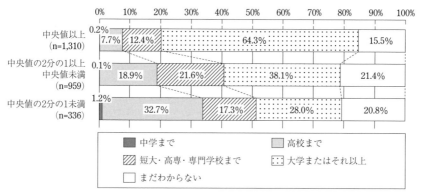

図 17-4　等価世帯収入の水準別，進学したいと思う教育段階
出典）内閣府（2021）

に，学習状況や意欲に関する教育格差が拡大することが示された。そのほか，学習時間の確保や相談相手の存在などに困難が生じている実態も見られた。

17-3　子供の貧困対策の推進

　こうした状況の改善に向けて，2013 年 6 月に「**子どもの貧困対策推進法**」（子どもの貧困対策の推進に関する法律）が成立するとともに，翌年 8 月には「子供の貧困対策に関する大綱」が閣議決定された。大綱は，子供の貧困解消と将来的な人材育成を目指し，①「教育支援」（就学の援助，学資の援助，学習の支援等のために必要な施策），②「生活支援」（子供及びその保護者に対する生活相談等に必要な施策），③「就労支援」（保護者の職業訓練や自立のための就労支援等に必要な施策），④「経済的支援」（各種の手当等の支給，貸付金の貸付け等の経済的支援に必要な施策）の主な 4 つの柱を提示した（湯澤，2015）。

　注）　夜間中学における就学機会の提供に関連する法律として，2016 年 12 月に公布された**教育機会確保法**（義務教育の段階における普通教育に相当する教育の機会の確保等に関する法律）があるが，「日本語教育の推進に関する施策を総合的かつ効果的に推進するための基本的な方針」（2020 年 6 月 23 日閣議決定）においても同様の趣旨が規定されている。また，「経済財政運営と改革の基本方針 2021」（2021 年 7 月 17 日閣議決定）において「多様な生徒を受け入れる夜間中学の設置を促進する」と規定されている。文部科学省（2022）によれば，2022 年 4 月現在，全国で 15 都道府県 40 校が設置されている。

　2019年6月には同法の改正が行われ，子供の「将来」だけでなく「現在」の生活に向けた地域や社会全体での貧困対策を総合的に推進することが明記された。それを受け，同年12月に新たな「子供の貧困対策に関する大綱」が閣議決定され，親から子への「貧困の連鎖」を断ち切るための取り組みが継続している。「教育支援」に関しては，学校を地域のプラットホームに位置づけるとともに，学力保障，高校中退予防，中退後支援の観点を含む教育支援体制の整備が図られることになった。そのほか，貧困に起因する義務教育未修了者に加え，外国籍の者，入学希望既卒者，不登校となっている学齢生徒等の多様な生徒を受け入れる重要な役割を担う夜間中学の設置促進・充実が進められている[注]。

18章　共生社会を目指したインクルーシブ教育のための交流及び共同学習

　「交流及び共同学習」は単に特別支援教育だけの問題ではなく，本来は通常学級の問題であり，通常学級における「交流及び共同学習」の教育内容と深く関わる。国連で採択され，日本も批准した障害者権利条約や児童の権利に関する条約が，交流及び共同学習には必要な基礎知識となる。ここでは，障害者基本法に記されている「交流及び共同学習」について述べ，その障害者基本法を根拠にして，小学校学習指導要領と特別支援学校学習指導要領に記されている共生社会を目指す取り組みとしての「交流及び共同学習」について述べる。それらの条約や法律を踏まえた上で，共生社会を目指す「交流及び共同学習」の教育実践のあり方を本章では考えていく。

【キーワード】共生社会，障害者権利条約，児童の権利に関する条約，障害者基本法

18-1 「交流及び共同学習」が目指すもの

　交流及び共同学習の実践は，特別支援教育の担当者や，支援を受けている子供たちの話ではなく，本来は通常学級の問題である。なおかつ「交流及び共同学習」は，現在の日本の学校教育に携わるすべての人たちにとって，そして，**共生社会**を目指す教育として必要な教育内容でもある。日本における「交流及び共同学習」の指導には，明確な人権意識を携えた中で，交流及び共同教育を進める必要がある。世界各国で推進されているインクルーシブ教育に，少しでも近づくための手段の一つとしての「交流及び共同学習」である。「障害者であること」と「障害者でないこと」によって分けられていることにおける，双方の理解のための「交流及び共同学習」を行うのではなく，共生社会を目指す人権教育としてのインクルーシブ社会の実現に向かう「交流及び共同学習」が今求められている。それが，この章の役割であると考えている。

　「交流及び共同教育」の具体的な実践資料としては，「交流及び共同学習ガイド」（文部科学省，2019）があり，一般的な交流及び共同学習の説明がなされている。また，地域での「交流及び共同学習」の実践については，各都道府県や

市町村が，地域の特性を考慮して「交流及び共同学習ガイドブック」を発行しており，WEBで閲覧も可能である。

　また，国立特別支援教育総合研究所では，「地域実践研究　交流及び共同学習の充実に関する研究(2021)」を発刊し，その中で，今後の交流及び共同学習のあり方について障害者権利条約や，ユネスコの考えるインクルーシブ教育について取り上げ，障害者を排除するのではなく，学校のシステムを変更して，いかにして教室で共に学ぶかを考えることであると解説をしている。そして，齋藤・小澤(2020)では，「障害のある子ども」と「障害のない子ども」の2グループの交流という概念を改めることを提案しており，その歴然として存在している「障害者である」グループと「障害者でない」グループを分けて考える問題を指摘している。

　交流及び共同学習の実践例は，「特別支援教育の春号(2021)」にも「交流及び共同学習」の特集を組んでおり，この中には文部科学省初等中等局特別支援教育課による，「交流及び共同学習における国動向と施策」の報告がある。そこでは，障害者基本法が障害者権利条約に対応するために改正されたことや，障害者が排除されることなくインクルーシブ教育を進める障害者権利条約の理念を踏まえて，交流及び共同学習を積極的に進め，相互理解を促進させなければならないと規定されていると述べられている。

　齋藤(2019)にも，特集として「交流及び共同学習のポイント」が取り上げられ，この中では，共生社会の担い手を育てる交流及び共同学習として，障害者権利条約を受けての障害者基本法の改正において，交流及び共同学習が明記されたことが述べられている。注目すべきことは，上記したそれぞれの参考文献においては，「障害者権利条約」を批准するために，「障害者基本法」を改正したことに言及している点である。

　また，幼稚園・小・中・高等学校等の視点から「交流及び共同学習」の理論と実践を紹介している本もある(全国特別支援教育推進連盟編集，2016)。2017年出版で旧版の学習指導要領の時に出た本であるが，交流及び共同学習の歴史や意義についても述べられ，学習指導要領に示された交流及び共同学習実施の根拠についても書かれている。

　ここで紹介した授業実践は，授業としてはよく考えられた授業であることは間違いがない。ただ，「交流及び共同学習」の目指すものが，「お互いの理解」ということに止まっていいのかという疑問がある。共に生きる共生社会を目指すには，日常的に同じ場で学ぶことが必要なのではないかと考える。共生社会

を目指す「交流及び共同学習」が，障害者権利条約を批准し，権利を守っているということを形として見せるのではなく，この交流及び共同学習の授業で，先生は子供たちに何を伝えるべきなのかを考えていきたい。

18-2　交流及び共同教育の基本的視点—障害者権利条約について

　1994年に出されたサラマンカ宣言のあとの国際社会は，インクルーシブ教育の推進に向かって動いている。国連は，2006年の総会で**障害者権利条約**を採択し，日本は，2011年に障害者基本法の改正，2012年に障害者総合支援法の成立，2013年に障害者差別解消法の成立と障害者雇用促進法の改正を行い，2013年末に国会での承認を経て，2014年1月に障害者権利条約を批准し，2月から日本でも条約が発行することになる。障害者権利条約が承認され，日本がこの条約を批准してから2022年時点では8年しか経っておらず，今後もこの条約と条約を支える国内法を，国や地方公共団体や民間団体が守っているのかを見続ける必要がある。

　障害者権利条約における教育について記されている第24条の2(a)(b)(c)(d)(障害者権利条約参照)を読むと，「一般教育から排除されない」ことが謳われており，一般教育から排除することは差別につながる危険を示している。

　日本の現在の学校教育においてインクルーシブ教育を進めるためには，先進国が配当している規模の教育予算も求められ，1クラスの児童の人数を20人程度に減らし，学習指導要領を見直し，教育課程を精選し，授業時間を減らすことも求められる。日本の教育の目的を，教育システムの面と国の人材作りという発想から，ひとりひとりのよき市民としてより幸せな人生を生きることを学ぶ教育へと，教育のシステムと教育目的を根本から変革することが，インクルーシブ教育を支える基礎として必要となる。国際社会から見れば，経済力豊かな日本なら，インクルーシブ教育は可能だと思われても当然だといえる。「交流及び共同学習」を教える側は，教育システムと教育目的のあり方も念頭に置き，この学習を進めていく必要がある。

　障害者権利条約の第24条の教育についての条文を直接読む中で，日本の特別支援教育の現状と，国際社会と肩を並べられるような支援の必要な子を含めた学校教育となるためには，どのようにすればいいのかを考える必要がある。その中で，共生教育をどのように目指し，交流及び共同学習の実践を行うのかを考えることが求められている。

障害者権利条約　第24条　教育

1　締約国は，教育についての障害者の権利を認める。締約国は，この権利を差別なしに，かつ，機会の均等を基礎として実現するため，障害者を包容するあらゆる段階の教育制度及び生涯学習を確保する。当該教育制度及び生涯学習は，次のことを目的とする。

(a)人間の潜在能力並びに尊厳及び自己の価値についての意識を十分に発達させ，並びに人権，基本的自由及び人間の多様性の尊重を強化すること。

(b)障害者が，その人格，才能及び創造力並びに精神的及び身体的な能力をその可能な最大限度まで発達させること。

(c)障害者が自由な社会に効果的に参加することを可能とすること。

2　締約国は，1の権利の実現に当たり，次のことを確保する。

(a)障害者が障害に基づいて一般的な教育制度から排除されないこと及び障害のある児童が障害に基づいて無償のかつ義務的な初等教育から又は中等教育から排除されないこと。

(b)障害者が，他の者との平等を基礎として，自己の生活する地域社会において，障害者を包容し，質が高く，かつ，無償の初等教育を享受することができること及び中等教育を享受することができること。

(c)個人に必要とされる合理的配慮が提供されること。

(d)障害者が，その効果的な教育を容易にするために必要な支援を一般的な教育制度の下で受けること。

(e)学問的及び社会的な発達を最大にする環境において，完全な包容という目標に合致する効果的で個別化された支援措置がとられること。

3　締約国は，障害者が教育に完全かつ平等に参加し，及び地域社会の構成員として完全かつ平等に参加することを容易にするため，障害者が生活する上での技能及び社会的な発達のための技能を習得することを可能とする。このため，締約国は，次のことを含む適当な措置をとる。

(a)点字，代替的な文字，意思疎通の補助的及び代替的な形態，手段及び様式並びに定位及び移動のための技能の習得並びに障害者相互による支援及び助言を容易にすること。

(b)手話の習得及び聾社会の言語的な同一性の促進を容易にすること。

(c)盲人，聾者又は盲聾者(特に盲人，聾者又は盲聾者である児童)の教育が，その個人にとって最も適当な言語並びに意思疎通の形態及び手段で，かつ，学問的及び社会的な発達を最大にする環境において行われることを確保すること。

4　締約国は，1の権利の実現の確保を助長することを目的として，手話又は点字について能力を有する教員(障害のある教員を含む。)を雇用し，並びに教育に従事する専門家及び職員(教育のいずれの段階において従事するかを問わない。)に対する研修を行うための適当な措置をとる。この研修には，障害についての意識の向上を組み入れ，また，適当な意思疎通の補助的及び代替的な形態，手段及び様式の使用並びに障害者を支援するための教育技法及び教材の使用を組み入れるものとする。

5　締約国は，障害者が，差別なしに，かつ，他の者との平等を基礎として，一般的な高等教育，職業訓練，成人教育及び生涯学習を享受することができることを確保する。このため，締約国は，合理的配慮が障害者に提供されることを確保する。

注)　下線は筆者が付した。

18-3　「交流及び共同学習」を支える「児童の権利に関する条約」

　交流及び共同学習を実施するには，障害者権利条約と並んで，**児童の権利に関する条約**（以下，**子どもの権利条約**）も必要である。子どもの権利条約は，1989年の第44回国連総会で採択され1990年に発効し，日本は1994年に批准している。こちらも是非，全文を読んでいただき，先生の気に入った条文を子どもたちに伝えることもいいかもしれない。

　子どもの権利条約の第2条（下欄参照）には「差別の禁止」が謳われ「すべての子どもは差別されない」ことが書かれており，その1では「締約国は，いかなる差別もなしにこの条約の権利を尊重する」ことが記されている。これも「交流及び共同学習」では必要な理念である。

　そして，第3条には，子どもの最善の利益（子どもにとって最もよいこと）が示され，第6条には，生命，生存及び発達に対する権利（命を守られ成長できること）が示されている。さらに，第12条には，子どもの意見の尊重（意見を表明し参加できること）すること，つまり「意見表明権」が明記され，合理的配慮としても通じ合いながら，自分の基本的人権を守るための意見を言うことも大切であることを学ぶことも，交流及び共同学習の学習内容の中に組み込まれてくる。

児童の権利に関する条約　第2条　差別の禁止（差別のないこと）

すべての子どもは，子ども自身や親の人種や国籍，性，意見，障害，経済状況などどんな理由でも差別されず，条約の定めるすべての権利が保障されます。
1　締約国は，その管轄の下にある児童に対し，児童又はその父母若しくは法定保護者の人種，皮膚の色，性，言語，宗教，政治的意見その他の意見，国民的，種族的若しくは社会的出身，財産，心身障害，出生又は他の地位にかかわらず，いかなる差別もなしにこの条約に定める権利を尊重し，及び確保する。
2　締約国は，児童がその父母，法定保護者又は家族の構成員の地位，活動，表明した意見又は信念によるあらゆる形態の差別又は処罰から保護されることを確保するためのすべての適当な措置をとる。

18-4　障害者基本法における「交流及び共同学習」

　「交流及び共同学習」の実践は，教育現場では以前から行われ，「共同学習」という名称で，「障害を持つ子も持たない子も共に学習する」という意味で「共同学習」という名称を使ってきた。文部科学省は「交流教育」という名称を推

奨しており，その趣旨としては，「主体的に特殊学級（当時の文部科学省の呼称）
と通常学級が制度上分かれている中で，お互いが関わり合う」という意味での
名称であった。学習の主体は，特殊学級と通常学級という分離教育を前提とし
た「関わりあう交流」でしかないといえる。それが，現場実践に寄り添う形で
「交流及び共同学習」とよばれるようになった。

　上記したように，障害者権利条約批准のために，**障害者基本法**の第16条（下
欄参照）に記された教育に関する条文が大きく改正されている。

　第16条のはじめの第1項は，改正で新たに加筆されたもので，「可能な限り
障害者である児童及び生徒が障害者でない児童及び生徒と共に教育を受けられ
るよう配慮しつつ」とあり，通常学級において共に学ぶことを謳っている。そ
のための「必要な施策を講じなければならない」とあり，必要な具体的な施策
を示して欲しいと思う。

　その施策が第2項も改正され，保護者への情報提供と，就学先の選択におけ
る本人と保護者の意向を尊重することがあげられている。

　そして，第3項については，改正前は「障害のある」と「障害のない」と書
かれていた文言が「障害者である」と「障害者でない」と改められている。障
害が社会的状況の中で作られることも踏まえて，「障害」が，その人個人の「障
害」ではなく，「障害を持つ人」として，より広く生活モデルの中での障害を
示していると考えられる。

　交流及び共同学習を進める上での根拠法になるといえる。国全体として，障
害者基本法と教育内容が合致する法的な整合性が求められ，学校教育としても，
「可能な限り障害者である児童及び生徒が障害者でない児童及び生徒と共に教

障害者基本法　（教育）第16条

　国及び地方公共団体は，障害者が，その年齢及び能力に応じ，かつ，その特性を踏まえた
十分な教育が受けられるようにするため，可能な限り障害者である児童及び生徒が障害者で
ない児童及び生徒と共に教育を受けられるよう配慮しつつ，教育の内容及び方法の改善及び
充実を図る等必要な施策を講じなければならない。

　2　国及び地方公共団体は，前項の目的を達成するため，障害者である児童及び生徒並び
にその保護者に対し十分な情報の提供を行うとともに，可能な限りその意向を尊重しなけれ
ばならない。

　3　国及び地方公共団体は，障害者である児童及び生徒と障害者でない児童及び生徒との
交流及び共同学習を積極的に進めることによつて，その相互理解を促進しなければならない。

　4　国及び地方公共団体は，障害者の教育に関し，調査及び研究並びに人材の確保及び資
質の向上，適切な教材等の提供，学校施設の整備その他の環境の整備を促進しなければなら
ない。

育を受けられるよう配慮」することが求められ，そのことを念頭においた交流及び共同学習の授業実践が求められる。

18-5　特別支援学校学習指導要領と小学校学習指導要領が示す交流及び共同学習

　特別支援学校学習指導要領（2017，下欄参照）では，第1章　第6節の2の(2)に，交流及び共同学習を進めることが明記され，同様に小学校学習指導要領（2017，下欄参照）では，第1章　第5　学校運営上の留意事項2イにおいて，交流及び共同学習を行うことが明記されている。

　小学校学習指導要領（2017）では，「共に尊重し合いながら協働して生活していく態度を育むようにする」という目標を達成するには，「機会を設け」というだけではなく，共生社会を目指すためにより多くの機会を設けるなど，積極的にこの学習を実施するための表記が必要だと思える。特別支援学校における交流及び共同学習の位置づけとは温度差があるように思え，「交流及び共同学習」の根底にある人権意識や共生社会を，地域の中で共に目指すことを，通常学級の先生にも意識していただく必要がある。

特別支援学校学習指導要領　第1章　第6節
2　家庭や地域社会との連携及び協働と学校間の連携

　教育課程の編成及び実施に当たっては，次の事項に配慮するものとする。
(2)　他の特別支援学校や，幼稚園，認定こども園，保育所，小学校，中学校，高等学校などとの間の連携や交流を図るとともに，障害のない幼児児童生徒との交流及び共同学習の機会を設け，共に尊重し合いながら協働して生活していく態度を育むようにすること。
　特に，小学部の児童又は中学部の生徒の経験を広げて積極的な態度を養い，社会性や豊かな人間性を育むために，学校の教育活動全体を通じて，小学校の児童又は中学校の生徒などと交流及び共同学習を計画的，組織的に行うとともに，地域の人々などと活動を共にする機会を積極的に設けること。

出典）文部科学省（2017 a）

小学校学習指導要領　第1章　第5　学校運営上の留意事項　2　イ

　イ　他の小学校や，幼稚園，認定こども園，保育所，中学校，高等学校，特別支援学校などとの間の連携や交流を図るとともに，障害のある幼児児童生徒との交流及び共同学習の機会を設け，共に尊重し合いながら協働して生活していく態度を育むようにすること。

出典）文部科学省（2017 b）

　もう一つの留意点は，小学校学習指導要領解説総則編では「交流及び共同学習」について，「児童が障害のある幼児児童生徒とその教育に対する正しい理解と認識を深めるための絶好の機会であり，同じ社会に生きる人間として，お互いを正しく理解し，共に助け合い，支え合って生きていくことの大切さを学ぶ場でもある」と記されていることである。

　この解説では，「児童が障害のある幼児児童生徒とその教育に対する正しい理解と認識を深めるための絶好の機会」とあり，この文章を率直に読むと，障害者でない児童が，障害者とその教育を正しく理解するということになり，同じ人間といいながらも明らかにその人を「理解する側と理解される側」という上下関係の視点から障害者を見ることにはならないかという危惧がある点であり，この点についても考えておきたい。

　ここでは，ICF の社会的モデルの考えを踏まえ，「障害は社会が作る」ことを前提として，障害は社会の側にあることを意識する必要がある。また，「障害者と障害者でない」という障壁は，社会の側が作り出していることも伝えていきたい。

18-6 「交流及び共同学習」の具体的な進め方と留意点 ────

　上記したように，交流及び共同学習の授業を実践するときに必要なことは，「その授業の行き着く先」である。この交流及び共同学習では，「すべての人が差別されることなく共に生きる社会のための第一歩」なのだと考えている。この授業の行き着く先を持つことは，同じ交流及び共同学習での交流会やお楽しみ会でも，その授業の意味と深みが変わってくるといえる。担任するクラスの子にも，訪れた子にも，この授業の目指すところと役割が自ずと伝わるのではないだろうか。

　交流及び共同学習では，地域の子だが，特別支援学校に在籍する子がその子の当該学年のクラスに入ることで行われることが多いと言える。それぞれの子供同志の持つ状況を踏まえての担当の教員同士の事前準備の話し合いになる。その話し合いでも，地域で共に生きるための交流及び共同学習という理念がないと，何のための交流及び共同学習なのかが見えなくなり，交流及び共同学習が続かず，子供たちにも，この授業の目指す意味が届かないことになる。共に生きる社会を作るという思いを教員一人ひとりが中心に据えて，交流及び共同学習の学習内容を考えることが求められている。

18-7　共生社会を目指す日本の特別支援教育と通常教育 ————

　共生社会を目指すこれからの日本の教育は，特別支援教育と通常教育が包括され，通常学級の中での子供一人ひとりが受ける教育そのものが，通常の支援教育となることが目標だと考えられる。

　繰り返しになるが，「交流及び共同学習」の授業を考える時に，この授業は何を目指しているのかが大切であり，この授業は，「インクルーシブ教育を目指すための授業です」と言えるような教材研究を十分に行うことが必要だといえる。インクルーシブ教育自体を考えることが大切である。この授業を担当する先生の胸の内には，「ゆくゆくは，障害を持つ人も持たないと言われる人も，共に暮らせる，一人ひとりが一人の尊厳ある人として，地域で生きられる町になって欲しい」という願いが込められていることが求められる。そのような願いのこもった授業であれば，子供たちは先生の思いを受け止めてくれるのではないだろうか。10年後，20年後には，今よりは進んだ共生社会になること目指すことが必要だと思う。

　交流及び共同学習は，障害者差別の解消だけではなく，女性差別や難民の問題など，あらゆる差別と偏見に対して敏感に感じなくてはならない。障害者の権利だけ主張しても差別の根本的な解消には向かって行かない。交流及び共同学習の授業を通じて，障害者と障害者でない人が，共に生きるインクルーシブ社会が大切であることを子供たちに伝える必要がある。それは翻って，私たち自身の人権意識を問い直す必要もあると言える。

19章 特別支援教育コーディネーター と特別支援学校のセンター的機能

　特別な教育的ニーズのある子供をよりよく支援するためには，教師らが個々の専門性を高めるとともに，小中学校等において校内支援体制を整え，共通理解し協力しながら日々の教育活動に取り組むことが大切である。さらに，こうした学校園の動きを障害の専門性に基づいてサポートする役割も肝要であり，これを特別支援学校がセンター的機能として担っている。まず，小中学校等の校内支援体制作りの中心を担う特別支援教育コーディネーターについて扱う。コーディネーターの成り立ち，役割，養成について簡単に整理した上で，校内において役割を果たす上でのポイントを「方向性の共有」「役割や手順の明示」「校内の特別支援教育の理解促進」「保護者への支援」の5点にわたり整理する。次に，特別支援学校のセンター的機能について，政策の動向を把握した上で，その具体について説明する。

【キーワード】　特別支援教育コーディネーター，コーディネーターの役割，
　　　　　　　　センター的機能

19-1　小中学校等における特別支援教育コーディネーター ───

（1）　特別支援教育コーディネーターとは

　特別支援教育コーディネーター（以下，コーディネーター）は特別支援教育の推進を担う者であり，校務分掌に位置づけられている。主に通常学級に在籍する発達障害のある子供らへの支援の充実を目指して取りまとめられた特別支援教育の推進に関する調査研究協力者会議（2003）の報告において，支援の具体的方策として，個別の教育支援計画，広域特別支援学校連携協議会と並び，コーディネーターが挙げられた。そこでは，コーディネーターは「教育的支援を行う人・機関を連絡調整するキーパーソン」とされており，「学内，または，福祉・医療等の関係機関との間の連絡調整役として，あるいは，保護者に対する学校の窓口の役割を担う者として学校に置くことにより，教育的支援を行う人，機関との連携協力の強化が重要」と述べられている。

　2007年度の特別支援教育の本格的なスタートに伴い，全国のすべての幼・小・中・高校・特別支援学校においてコーディネーターが指名されることと

表 19-1　公立学校園における**特別支援教育体制整備状況(2018 年度)**(%)

	校内委員会	実態把握	コーディネーター	校内研修	外部研修
幼稚園	95.3	99.5	96.9	88.4	94.2
小学校	100.0	99.7	99.9	91.6	95.9
中学校	99.9	99.2	99.8	85.5	94.1
高等学校	97.4	95.2	99.1	76.3	91.8

出典)文部科学省初等中等教育局特別支援教育課(2018)に基づき作成

なった(特別支援学校においてもコーディネーターは指名されているが, 19-2
節で扱う)。表 19-1 は 2018 年度における公立学校園における特別支援教育体
制整備状況を示したものである。

　いずれの校種においても, **校内委員会**, 実態把握, コーディネーターの指名
はおおよそ 100 ％となっている。研修については内部研修, 外部研修ともに高
く, それぞれの校種において校内研修が実施されており, 学校園としての体制
が整いつつあることがわかる。

(2)　コーディネーターの役割

　コーディネーターは校内の特別支援教育推進のキーパーソンとなることが求
められる。具体的な役割としては, 文部科学省(2017)において表 19-2 のよう

表 19-2　コーディネーターの役割

1. 学校内の関係者や関係機関との連絡調整
  (1)学校内の関係者との連絡調整
  (2)ケース会議の開催
  (3)個別の教育支援計画及び個別の指導計画の作成
  (4)外部の関係機関との連絡調整
  (5)保護者に対する相談窓口
2. 各学級担任への支援
  (1)各学級担任からの相談状況の整理
  (2)各学級担任とともに行う児童等理解と学校内での教育支援体制の検討
  (3)進級時の相談・協力
3. 巡回相談員や専門家チームとの連携
  (1)巡回相談員との連携
  (2)専門家チームとの連携
4. 学校内の児童等の実態把握と情報収集の推進

出典)文部科学省(2017) pp. 29-32 より抜粋

に示されている。

コーディネーターの役割は「学校内の関係者や関係機関との連絡調整」「各学級担任への支援」「巡回相談員や専門家チームとの連携」「学校内の児童等の実態把握と情報収集の推進」と多岐にわたり，子供への直接的な支援というよりも，支援の充実に向けた立役者として，校内を見渡し，仕組みを整えていく役割が重視されていることがわかる。子供，教師，学校の実態に即して柔軟に組み合わせて実施することが求められる。

（3）　コーディネーターの指名と養成

コーディネーターは教師の適性，特別支援教育に関する知識や意欲，経験，校内の状況等が総合的に判断され，指名されることになる。業務が広範にわたり，子供の実態が多様化していることから，コーディネーターの複数指名や専任化，コーディネーターとしての活動時間の確保が求められてはいるが，自治体や学校園により実態は多様である。

コーディネーターの研修として，自治体による研修会や連絡会議等が開催されている。また，コーディネーターを市町村で養成するために，初級，中級，上級といった階層的な研修を組み立てている自治体もある。最近では，インターネットを通じた学びの機会も多く用意されており，各自が関心に応じて学ぶことができ(例，国立特別支援教育総合研究所「インターネットによる講義配信　NISE学びラボ～特別支援教育eラーニング～」)，こうした学習の履歴も加味した指名のあり方も検討課題となるだろう。

19-2　コーディネーターの活動のポイント

（1）　方向性の共有

年度当初に，管理職，校内委員会，コーディネーター，さらには全教職員とで特別支援教育の方向性を共有しておくことが望まれる。コーディネーターとして年間にわたり活動していく中で，共有された方向性は活動や判断の指針となり，コーディネーター自身が安心して前進することにもつながる。ある学校では，落ち着きのない学校の実態を踏まえて「特別支援教育と生徒指導の両面から，学校を立て直す」ことを全教職員で共通理解し，コーディネーターと生徒指導担当とが連携する仕組みをつくり対応していた。またある学校では，「子供を叱る」という対応では何ら成果を生まなかったことを教職員で反省し，ま

ず「子供の話を聞く」ことを徹底したという。

　もちろん，方向性を共有するためには，管理職の特別支援教育への理解と意思疎通は必須である。管理職とは大きな方向性について共有するとともに，日々の出来事についての日常的なコミュニケーションも大切である。

（2）　役割や手順の明示

　校内でコーディネーターが円滑に機能するためには，役割が教職員や保護者らに周知される必要がある。周知する内容は，表19-2に示したコーディネーターの役割を活用したり，教育委員会が作成しているリーフレット等をもとに伝えることもできる。また，自分なりの言葉で「校内委員会で協議しながら，ニーズのある子供の支援を考えられるような場（ケース会議，外部専門家との連絡調整，研修会）やツール（個別の指導計画等）を設定していく。子供の成長に向け一緒に頑張っていきたい」等と伝えるのでも良い。ともかくも，自身の役割を校内に向けて発信しなければ，周囲も頼りづらい。

　あわせて，特別支援教育に関わる年間スケジュール，保護者対応の流れといった，手順や流れを示すことも重要である。具体的には，「学期に1度の特別支援学校の教育相談の機会に先立ち，検討したいケースをいつまでに，学年会での検討を経て申し出ること」などである。

　特に押さえておくべきことは**合理的配慮**(3章参照)についてであろう。合理的配慮の検討手順は，すべての教職員が理解しておきたい。本人や保護者から合理的配慮の提供の依頼があった場合には，必ず校内委員会での検討を経るように，あらかじめ周知しておくべきである。また，合理的配慮の提供が決まったら，内容を個別の教育支援計画等に明記するとともに，確実に実施されていることを定期的に確認すべきであろう。

（3）　校内の特別支援教育の理解促進 — 対話により学ぶ環境

　校内の特別支援教育の理解促進の一方策として，校内研修が挙げられよう。研修会の開催にあたっては，研修テーマの設定，日程，講師，時間配分など，ねらいを込めて計画を立てることが大切である。確かな知識を伝えることが目的であれば知識伝達型の研修も良いが，可能な限り対話の時間を設けたいものである。研修内容から感じたこと，日々の実践に活かせる点などを共有することができれば，より深い学びにつながる。

　若手教員の占める割合が高くなっている現状では，子供一人ひとりへの支援

というより，学級経営や授業づくりの基本を学びたい場合もあろう。知りたい内容を若手教員から募り，ベテラン教員にコツや工夫を紹介してもらえば，交流の機会となる。様々な研修動画もインターネットを通じて利用できるので，それらをうまく活用し，動画視聴の後に教職員同士の対話の場を設定するなどの方法もある。

　また，何気ない雑談の中で子供の話を聞き，「その子が意欲的に参加する時はどんな時？」「その場面であの子がそうしたのはなぜかな？」等と問いかけることができれば，気づきにつながる。こうした雑談ができる前提には，日常の些細な出来事を安心して話せる関係性が必要であり，職員の多忙化が叫ばれる今日では，関係づくりのための意図的な関わりが求められる。

（4）　保護者への支援

　保護者への相談支援は，コーディネーターの重要な役割の一つである。保護者の相談にあたる際には，何についての相談なのかを事前に把握してから相談に臨むと良い。相談内容がわかっていれば，事実関係を把握しておくこともできるし，適切な人物に同席してもらうことも可能になる。

　コーディネーターをしていると，ターニングポイントとなる相談に臨むことがある。重要な相談場面に臨む際には，「これだけは伝えたい」というゴールを持っておくことが大切である。話し合いのほとんどが傾聴であっても良いが，「これだけは伝えたいこと」を予め決めておくかどうかで，話し合いの質と結末，その後は全く異なるものとなるだろう。

（5）　関係機関との連携

　コーディネーターは「人と人をつなぐ仕事」である。それは校内の人とは限らない。学校外の機関や人とつなぐこともある。どの療育機関がどのような子供を対象にどのような療育を実施しているのか，どの医療機関が発達障害に詳しいのか，どの特別支援学校，巡回相談が「この」ニーズに適切なアドバイスをしてくれそうなのか―こうした情報をコーディネーター自身が持っていれば良いが，必ずしもそうとも限らない。活用できるリソースを市内コーディネーター部会で集約し共有している場合もあるし，市町村教育センター等で集約されていることもある。特別支援学校への相談や，地域の保健師が持つ地域の情報を頼りにするコーディネーターもいる。要は，自分が情報を持っていなくても，誰とつながれば情報を得ることができるかを知り，つながりを持っておく

ことが大切である。

　また，次節で述べる特別支援学校のセンター的機能をはじめとする学校外の機関や専門家のアドバイスを求める場合には，事前の準備が肝要である。学級での子供の様子を参観した後にケース会議を開くという流れは多くあるが，教室に大人が詰めかけると，子供たちはいつもよりずっと良い態度で授業を受け，ケース会議で担任の先生が「いつもとは様子が全く違います」と述べられることは常である。アドバイスしてほしい点，困っている点，うまくいった手立て，うまくいかなかった手立て，トラブルが多い場面など，できるだけ多くの情報が事前にあれば，専門家のアドバイスはより的確なものになるだろう。

（6）　次なるステップへ向けて

　特別支援教育はインクルーシブ教育へ向け，次なる転換点を迎えつつある（1章，2章参照）。しかし，どのようなスピード感をもって，どのような順で物事が進んでいくのか，先行きは不透明であり，コーディネーターにとっても舵取りが難しい時代である。様々な変化の中で，行政と保護者との間で苦しい立場に置かれることも予想される。コーディネーターは情報収集に努め，動向が自校園にどのように影響するのか，校内で情報を共有して管理職や教職員と共に判断し運営にあたることが求められる。

19-3　特別支援学校のセンター的機能 ————————

（1）　センター的機能とは

　特別支援学校は在籍する子供への専門性に基づいた教育的支援に加え，障害や特別支援教育に関連する相談や情報提供などの地域支援活動を実施しており，こうした地域支援活動を特別支援学校のセンター的機能という。この**センター的機能**は，特別支援学校が従来から教育相談という形で実施してきた役割をより強化させ，発達障害のある児童生徒らの支援にあたることを求めた。

　中央教育審議会（2005）において「特に，小・中学校に在籍する障害のある児童生徒について，通常の学級に在籍するLD・ADHD・高機能自閉症等の児童生徒を含め，その教育的ニーズに応じた適切な教育を提供していくためには，特別支援学校（仮称）が，教育上の高い専門性を生かしながら地域の小・中学校を積極的に支援していくことが求められる」と，センター的機能を果たすことが求められた。2007年に一部改正された学校教育法第74条において，「特別

支援学校においては，第72条に規定する目的を実現するための教育を行うほか，幼稚園，小学校，中学校，高等学校又は中等教育学校の要請に応じて，第81条第1項に規定する幼児，児童又は生徒の教育に関し必要な助言又は援助を行うよう努めるものとする」と記され，特別支援学校が地域のセンター的機能を果たすことが明示された。さらに中央教育審議会(2012)においては，「域内の教育資源の組合せ(スクールクラスター)の中でコーディネーター機能を発揮し，通級による指導など発達障害をはじめとする障害のある児童生徒等への指導・支援機能を拡充するなど，インクルーシブ教育システムの中で重要な役割を果たすことが求められる」と記述されており，インクルーシブ教育システムの実現に向け，センター的機能に更なる期待が寄せられた。

　このように，センター的機能が明示されるとともに，法令上においても特別支援学校の役割として位置づけられていった。次に，センター的機能の充実に向けた学校の取り組みについて述べる。

(2)　センター的機能の充実に向けて

a. センター的機能の組織

　こうしたセンター的機能を持続的に担っていくためには，適切な組織編成を行うことが大切である。特別支援学校にも地域支援を主として担うコーディネーターが指名されており，コーディネーターを中心とする組織が整備されている。こうした組織は「地域支援部」「教育相談部」「地域支援センター」等，校内外にわかりやすい名称で設置されている。

　適切な組織編成は，地域支援のノウハウを学校として蓄積する仕組みや体制づくりへとつながり，学校の役割として校内外に明確に位置づき根づくことにつながる。組織編成をうまく校内の教職員の意識変容や力量形成と関連づけている学校もあり，仕組みづくりとその運営は肝要である。

b. センター的機能の具体

　センター的機能は特別支援教育及び障害に関するセンターとして，子供や学校をサポートし，さらに関係機関と連携しながら地域全体の力量向上を目指すものであるが，具体的にはどのような内容だろうか。中央教育審議会(2005)において6項目に整理されており(表19-3)，各学校が学校や地域の実情に応じて展開していくものとされている。さらに，地域や時代，学校，対象とする障害種別により求められる内容や重心の置き方は変化するであろう。各学校のセンター的機能がどのような特徴を持ち，何に力点をおいているのかは，学校の

表 19-3　センター的機能の内容

| ① 小・中学校等の教員への支援機能 |
| ② 特別支援教育等に関する相談・情報提供機能 |
| ③ 障害のある幼児児童生徒への指導・支援機能 |
| ④ 福祉，医療，労働などの関係機関等との連絡・調整機能 |
| ⑤ 小・中学校等の教員に対する研修協力機能 |
| ⑥ 障害のある幼児児童生徒への施設設備等の提供機能 |

出典）中央教育審議会(2005)

ホームページを見比べると意外なほどよくわかる。

　以下，6項目それぞれについて説明する。

　① 小・中学校等の教員への支援機能：小中学校等からの依頼を受け，子供の実態や指導方法等について，コーディネーターや担任等へアドバイスを行う機能である。ケース会議で担任等から様子を聞き取り，それをもとに検討する場合もあるし，授業参観の後にケース会議を行うこともある。話し合った内容を学校での日々の取り組みに反映できるようにするためには，ニーズをうまく引き出し，教室での様子など，実態と結びつけた上で，具体的な提案を行い，方向性を示すなどを短時間で行うことが求められ，高い専門性ときめ細やかな配慮が必要である。

　② 特別支援教育等に関する相談・情報提供機能：障害のある子供の子育てに不安のある保護者等からの相談を受けたり，情報提供を行う機能である。特別支援学校において相談窓口を設けるほかに，教育委員会や特別支援学校等と協力して，都道府県内をカバーできるよう各地域に出向いて相談会を定期的に開催している学校もある。

　③ 障害のある幼児児童生徒への指導・支援機能：特別支援学校がもつ高い専門性に基づき，障害のある子供たちに直接指導するものである。地域の小中学校等に通う子供たちが集い，自己理解やスキルトレーニングを学ぶプログラムを実施している学校もある。また，特別支援学校が地域の学校園に出向いて通級による指導を行っている場合があり，これも該当しよう。

　④ 福祉，医療，労働などの関係機関等との連絡・調整機能：他機関への橋渡しが有効なケースや教育機関のみでは十分にサポートできないケース等について，福祉，医療，労働などの機関と連携することである。これにより，子供の成長を継続的，横断的に見守ることが可能となる。

　⑤ 小・中学校等の教員に対する研修協力機能：教職員のスキルアップに寄

与する研修に協力する機能である。小中学校等が実施する研修会の講師として
出向く場合もあるし，特別支援学校が主催する研修会に小中学校等の教師らが
参加する場合もある。日頃から地域の学校園の相談に応じ，地域や学校の実情
を熟知しているからこそ伝えられる内容がある。

　⑥**障害のある幼児児童生徒への施設設備等の提供機能**：障害のある子供が
利用しやすい器具等を貸し出したり，施設を提供したりするものである。例え
ば，障害理解教育のために，小学校に車椅子を貸し出すとともに使い方の講習
を行うことや，バリアフリーの施設を利用し，同窓会の会場として開放すると
いったことである。

　ここで挙げた取り組みは一例であり，各学校において地域支援の実情を踏ま
え，より良い支援のあり方が常に模索され，改善が続けられている。

c. センター的機能の取り組み

　センター的機能の取り組みの状況を示したものが，表 19-4 である。「Ⅰ校内
体制の整備に関する項目」を見ると，9 割を超える学校が独立した分掌・組織
を設けて実施にあたっていることがわかる。特別支援教育コーディネーターの
複数配置は，全体の 4 分の 3 程度にとどまっており，課題であろう。「Ⅱセン
ター的機能の取組の実際」を見ると，教員や子供・保護者から多くの相談を受
けていることが分かる。なかでも，インクルーシブ教育時代を見据えて求めら
れるのは，「（自校以外に在籍する）子供への直接的な指導」であろう。

表 19-4　2017 年度における特別支援学校のセンター的機能の取り組み（公立特別支援学校）

Ⅰ　**校内体制の整備に関する項目**	
センター的機能を主として担当する分掌・組織を設けている	93.1%
定期的にセンター的機能の評価を行っている	62.1%
特別支援教育コーディネーターを複数配置している	76.2%
Ⅱ　**センター的機能の取組の実際**	
1　小・中学校等の教員への支援機能	
小・中学校等の教員からの相談（年間のべ件数）	153.2 件
2　特別支援教育等に関する相談・情報提供機能	
子供及び保護者からの相談（年間のべ件数）	140.5 件
3　障害のある幼児児童生徒への指導・支援機能	
（自校以外に在籍する）子供への直接的な指導を実施	35.0%
4　小中学校等の教員に対する研修協力機能	
研修協力（年間のべ件数）	11.2 回

出典）文部科学省初等中等教育局特別支援教育課（2017）のデータに基づき作成

（4）　センター的機能の次なるステップへ向けて

　今後インクルーシブ教育が進み，地域の学校園で障害のある子供が学ぶ機会が増えると，センター的機能はさらなる拡充を求められるだろう。そのためにはセンター的機能の人的配置及び組織の強化が必要であろう。しかし，現状のままでは，ニーズの質と量が特別支援学校のキャパシティを超え，センター的機能では対応しきれない可能性もある。新しい支援のあり方や枠組みを小中学校等，教育委員会，国等とともに模索し，創造することも必要になるだろう。

20章　個別の教育支援計画の立案と活用

　本章は，「個別の教育支援計画」の目的と対象，立案・活用の全体像と留意点，教育支援連携と活用事例，課題について学ぶ。「個別の教育支援計画とは？」「立案・活用する時は何に気をつければいいのか？」「実際どうなのか？」等の問いに対して，教師の立場で学習する。子供たちの自立と社会参画を目指す時，教師や保護者，関係者による切れ目のない継続した教育支援連携は欠かせない。この教育支援連携のための情報共有ツールとなる「個別の教育支援計画」について，一緒に考えていきたい。

【キーワード】　個別の教育支援計画，教育支援連携，ICT 情報共有ツール

20-1　個別の教育支援計画の目的と対象

　個別の教育支援計画[注]とは，特別な支援を必要とする幼児や児童・生徒(以下，子供)を対象に，本人や保護者の願い，障害による困難な状況，支援の内容，生育歴，相談歴など，子供に関する情報(以下，子供情報)を，本人・保護者や学校・関係機関も含めた関係者間で共有し活用するための情報共有ツールである。その目的は，「家庭及び地域並びに医療，福祉，保健，労働等の業務を行う関係機関との連携を図り，長期的な視点で児童又は生徒への教育的支援を行うため(小学校学習指導要領　総則編(2017 年告示))」にある。この個別の教育支援計画の対象は，現在，特別支援学級や特別支援学校に在籍している，もしくは通級による指導を受けている子供である。対象となる障害の範囲には，視覚障害，聴覚障害，知的障害，肢体不自由，病弱，言語障害，情緒障害，LD，ADHD，高機能自閉症などが含まれるが，通常学級に在籍している子供や，発達障害の診断が出ていない子供でも，特別な教育支援を必要とする場合は，「個別の教育支援計画」及び「個別の指導計画」を立案し，活用に努めることとなっている。

　注)「個別の教育支援計画」については，文部科学省『学習指導要領』等で数多く明記されている。詳細を知りたい場合は，文部科学省『学習指導要領』のサイト(pdf)を開き，文書内検索で「個別の教育支援計画」を検索するとよい。

20-2　「個別の教育支援計画」立案・活用の全体像と留意点 ───

（1）「個別の教育支援計画」立案・活用の全体像

　長期的な視点で子供を効果的に教育支援するためには，関係者間が連携を図ることが必要であり，子供情報の共有が欠かせない。したがって教育支援連携は，情報共有ツールとなる個別の教育支援計画の Plan（立案）－Do（活用）－

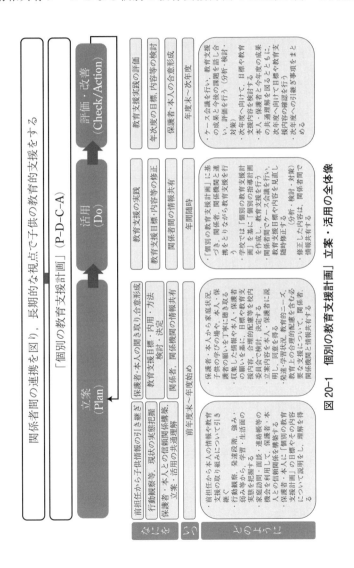

図 20-1　個別の教育支援計画」立案・活用の全体像

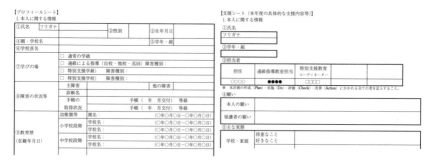

図 20-2　「個別の教育支援計画」参考様式
出典）文科省特別支援教育課（2021）より一部抜粋

Check（評価）－Action（改善）サイクルを，円滑に展開することが大切である。図 20-1は，年度初めに子供の担当者（担任教師）が決定し，個別の教育支援計画を立案（Ｐ）するところから，活用（Ｄ），年度末に評価（Ｃ），改善（Ａ）するまでのプロセスの全体像を表している。

　実際の個別の教育支援計画の様式については，都道府県教育委員会や各学校等が作成したものや，文部科学省「個別の教育支援計画の参考様式（2021 年 6月）」を参考にするとよい（図 20-2）。文科省特別支援教育課のサイトから検索できる。

（2）「個別の教育支援計画」立案・活用の留意点

　以下は，個別の教育支援計画を立案・活用する際留意するポイントである。

a. 立案における留意点

　計画の立案は，具体的な記述にしよう。例えば，「学習内容が理解できるように支援していく」という計画になったとする。しかしこれでは，何をどう支援すればよいのかわからない。この場合，支援という言葉で片づけるのではなく，過去の個別の教育支援計画や学習指導要領等を活用しながら，抽象的な用語ではなく，実現性のある具体的な記述にすることが大切である。教育支援関係者が，個別の教育支援計画を共有し，具体的な支援を共通にイメージできることが重要である。

　実現可能な計画を立案しよう。あまりにも手順が複雑だったり，学校や家庭で行うことが困難だったりすることは立案しないようにしよう。子供本人や教育支援関係者が無理なくできること，こうすればがんばれる，これならできる

というプラス思考で，実現可能性のある教育支援ができる計画を立案しよう。

　教育支援関係者全員の参加で立案しよう。初めは担任がわかっているところから立案し始めるとよいが，本人・保護者の積極的な参画を促し，意見を十分聞き，管理職や特別支援教育コーディネーター等と相談しながら共に，学校チームとなって立案していこう。

b. 活用における留意点

　活用において大切なことは，P–D–C–Aサイクルを着実に実行，展開することである。

　そのために，子供本人や保護者，教師たちも，個別の教育支援計画を共通理解し，前向きに活動に取り組み，子供自身が成功体験を積み重ねられるようにしよう。もし，当初の計画と照合し，子供の姿や教育支援にズレが生じた場合は，その原因を分析し，解決方法を考え，随時，改善をしよう。

　保護者や関係者間で意見が食い違う際には，再度，個別の教育支援計画を再確認しながら，うまくいった指導方法や支援内容など，お互いに意見交換し，情報共有をして進めていこう。子供の成長・発達のための教育支援活動であることを再確認することが大切である。

　関係機関と連携を図る際には，保護者や本人の同意を事前に得るなど，個人情報の適切な取り扱いには十分留意しよう。

　学期末等，定期的に個別の教育支援計画の達成状況や分析の検討会を開き，関係者間で，子供の成長・発達や実施した教育支援を振り返り，次なる計画や教育支援を確認し合う機会を積極的に実施しよう。

20–3　「個別の教育支援計画」による教育支援連携と活用事例 ──

(1)　「個別の教育支援計画」による教育支援連携

　学校に在籍する子供たちの日常生活は，学校と家庭だけではなく，放課後等デイサービスの福祉施設や医療機関等との接点があり，教育(学校・家庭)，医療，保健，福祉，労働等，様々な側面から教育支援を受けている。子供たちは，教師(管理職，学級担任，教科担任，進路指導担当等)，保護者，介護従事者，医師，看護師，作業療法士，言語聴覚士，理学療法士等，これら子供の教育支援に携わる関係者との関わりがある。子供情報を正確に把握し，継続的に一貫した教育支援を行うためには，これら関係者間の連携協力は欠かせない。この教育支援連携のためには，子供情報の共有が必要であり，個別の教育支援計画

の活用が有効である。活用には横断的活用と縦断的活用がある。

　① **横断的活用**：現在教育支援している関係者が長期的な視点で教育支援を行うために連携し，個別の教育支援計画のPDCAサイクルを円滑に進め，個別の教育支援計画を活用することである。例えば，子供に困りごとが生じた場合，担任教師や保護者，校内関係教員等で，ケース会議を行うことがある。ケース会議では，日々の学習や生活の中で，子供が困っていることに焦点を当て，その解決策を関係者で検討する。この時まず，子供の現状を関係者間で情報共有する必要がある。ここで，個別の教育支援計画を活用しながら，目標や教育支援内容を検討し，その結果，個別の教育支援計画を修正・追記して実践活動

図 20-3　「**個別の教育支援計画**」横断的活用

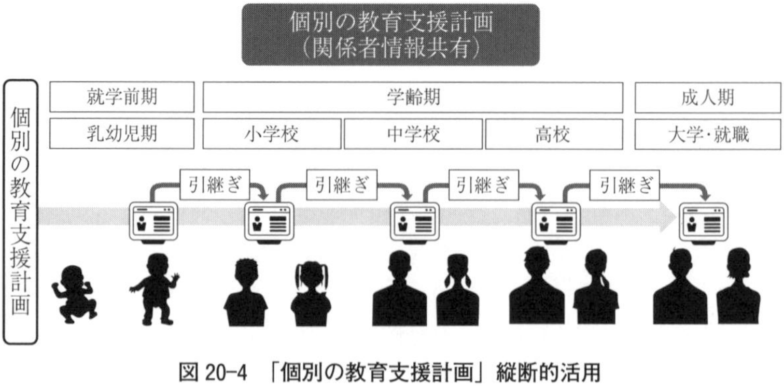

図 20-4　「**個別の教育支援計画**」縦断的活用

に反映する。関係者は更新した個別の教育支援計画を再び活用して情報共有し，教育支援を展開する。横断的活用は，教育支援関係者間の横のつながり，つまり教育支援連携を強化するための個別の教育支援計画の共有活用である。図に示すと，図20-3となる。

　② **縦断的活用**：就学前から就学時，小中高等学校の進級・進学，そして卒業後の進路先へと，教育支援が途切れないよう関係者が連携するために，個別の教育支援計画を長期時系列的に活用することである。例えば，進級に伴い担任教師が変わる場合，新しい担任教師は個別の教育支援計画に目を通して子供の実態やこれまでの教育支援の経緯を知る。これをもとにさらに詳しく，前任の担任教師や保護者から子供情報を引き継ぎ，個別の教育支援計画を立案する。また進学時や卒業時には，個別の教育支援計画の内容を，進学先・就職先に伝え，子供にとって有効だった教育支援が継続できるようにする。縦断的活用は，関係者間の縦のつながり，つまり教育支援連携を継続するための個別の教育支援計画の長期時系列的活用である。図に示すと，図20-4となる。

　このように，個別の教育支援計画を横断的・縦断的に活用することで，それぞれがバラバラの子供情報をもとに，バラバラの教育支援をするのではなく，関係者がチームとなって連携し，学習や生活場面全体を視野にいれた包括的かつ一貫した長期的な視点で教育支援をすることが重要である。

（2）　「個別の教育支援計画」の活用事例

　個別の教育支援計画の活用事例として，2つの事例を紹介しよう。

【事例1：学校・家庭・地域の教育支援連携（横断的活用）】
○小学校3年生　Aさん
○通常の学級に在籍，情緒障害の通級指導教室に通室

　Aさんは，離席や友だちのトラブルから，学校生活で注意を受けることが多くなり，次第に授業に参加できなくなった。Aさんの願いは「周囲が気になる。落ち着いて勉強がしたい」ということだった。まず校内委員会を実施した。参加者は，校長，学年主任，担任教師，特別支援教育コーディネーター，通級指導教室担当者，養護教諭である。過去の「個別の教育支援計画」をもとに，Aさんの実態について情報共有し，現状を共通理解した上で，今後の「個別の教育支援計画」の立案，校内支援体制の検討，通級による指導について検討した。担任教師はこれらのことを「個別の教育支援計画」上で整理し，これをもとに保護者と面談を実施する。面談では，Aさんや保護者の願いの確認，学校や家庭，地域（学童保育），それぞれの場

で教育支援が必要なことを共通理解し，各関係機関で行われている教育支援の現状と，今後必要な教育支援について整理，そして本人や保護者の希望をもとに，「個別の教育支援計画」を立案し，通級指導教室でソーシャルスキルの学習を実施することについて合意形成を図った。

　教育支援の実施では，校内の連携において，担任教師を中心とした校内関係者で随時「個別の教育支援計画」をもとに話し合い，教育支援の検討，改善を行った。また学期末，学年度末の校内委員会では，教育支援の評価や，今後の教育支援について検討し，検討結果は「個別の教育支援計画」に反映していった。

　一方，保護者との連携においては，学童保育での教育支援について保護者と検討することになり，学童保育には，「個別の教育支援計画」をもとに学校や家庭の状況を伝え共通理解をした。そして，教育支援方法として，学校，家庭，学童保育が連携して，Aさんに活動の予定や活動時のルールを，タブレットを使って提示したり，できたことを積極的に称賛したりするなど，共通して行うことで，Aさんの学習の強化を図った。これらの教育支援連携の結果，学年度末のAさんは，授業に参加できるようになり，授業中の離席も減り，学習に集中できるようになった。また家庭や学童保育では，自分の主張をするだけでなく，家族や友だちの意見を聞くようになり，一緒に活動できる機会が増えた。

　このように個別の教育支援計画を，学校内，学校と家庭，家庭と地域（学童保育）間で活用することで，子供情報を関与者間で正確に共有でき，その時，その場所で，適切な教育支援連携ができた横断的活用事例である。

【事例2：合理的配慮の引き継ぎによる教育支援連携（縦断的活用）】
○中学部1年生　Bさん
○小学校通常の学級・学習障害通級指導教室から，特別支援学校中学部へ進学

　Bさんは4月から，特別支援学校中学部への進学である。文字を書くことが苦手なので，教科の学習についていけるか，新しい先生や友だちに自分のことを理解してもらえるか，本人も保護者も不安に思っている。できれば小学校と同様に，パソコンやタブレットを使って勉強したいという願いがある。

　中学部担任教師は小学校前担任教師から，「個別の教育支援計画」をもとに，Bさんの実態や小学校での教育支援の経緯について引き継いだ。Bさんの実態は，小4の頃から書字に時間がかかる，4年生後半に学習障害と診断される，5年生より通級による指導を行っている等であった。また小学校時の教育支援には，通級指導教室でタブレットを使うと文章入力がスムーズ，カメラ機能を使って板書を撮影，テストは解答用紙を拡大し時間は延長等であった。

特別支援学校中学部へ入学する前に，小学校での授業参観と小中連携会議を実施することになった。参加者は，小学校から，校長，担任教師，特別支援教育コーディネーター，通級指導教室担当者，特別支援学校中学部からは担任教師，養護教諭であった。授業参観では，教材や指導方法について確認し，小中連携会議では，「個別の教育支援計画」をもとに情報共有をし，共通理解を図った。中学部に入学後も必要に応じて小中連携会議を実施し，教育支援内容の検討を計画した。Bさんの入学後，特別支援学校では校内委員会を実施し，全教職員間でBさんの実態を情報共有した後，タブレットの使用等合理的配慮の内容を共通理解した。Bさん本人には，随時，教育支援内容や合理的配慮が適切であるかを確認しながら，学習を進めていった。必要に応じて，担任教師や教科担任を中心に校内委員会を実施した。

　結果，Bさんは「自分に合った方法で皆と一緒に勉強することができて嬉しい」と言って，中学部での学習も安心して順調に進めることができた。

　このように個別の教育支援計画を，小学校から中学校への引き継ぎの際に活用することで，小中学校間，特別支援学校内で，子供情報を教育支援関係者間で共有でき，合意的配慮を継続できるようになった縦断的活用事例である。

　事例1，事例2に共通していることは，子供自身が安心して，学習や学校生活に取り組めるようになったことである。このことは，教育支援をする関係者にとって，何より嬉しいことだ。子供の学習や生活上の困りや願いを把握するのも，またその困りを解決し願いをかなえるのも，担任教師や保護者一人の教育支援でできるものではない。様々な立場から，多面的・多角的な視点や教育支援観が合わさり，チームとして協力，連携することによって，子供への最善な教育支援を選択し実践することができる。個別の教育支援計画は，この教育支援連携のために欠かせない情報共有ツールとして位置づけることができる。

20-4　「個別の教育支援計画」の課題

　個別の教育支援計画の課題は，「個別の教育支援計画」の内容が形骸化し，活用のための情報共有ツールになっていないことである。例えば，立案において，目標や教育支援が適切に設定できないことがある。この原因は，立案のもととなる本人・保護者の願いを十分に聴き取れなかったり，対象となる範囲が広がり何を拠り所に優先順位を決めればよいのかがわからなかったりするからである。また，立案や随時修正に手間がかかることも問題となっている。担任教

師が立案や修正を担当した場合（実際担当する場合が多い），複数の子供の個別の教育支援計画を作成する。必要となれば関係諸機関を現場調査して情報を収集することもある。また個別の教育支援計画の立案後は，個別の指導計画の作成や明日の授業準備，保護者対応といった日々の業務にあたり，結果，個別の教育支援計画は，年度当初に書式の空白を埋めていく書類になっていることが多々ある。「個別の教育支援計画の検討会は年に一度しか開かない」といった声も聞かれるほどで，これでは子供の成長・発達や教育支援のための情報共有ツールとして活用できているとはいえない。

　以上のような現場の声とともに，個別の教育支援計画の課題については，『令和の日本型学校教育』（答申）（2021年1月26日中央教育審議会）においても明記された。ここでは，個別の教育支援計画や個別の指導計画がICTを介して学校内外で的確に共有されていないことや統合型校務支援システムの活用が課題であることを指摘している。

　今後，特別支援教育において，全国共通の統合型校務支援システム活用が進み，その中の一つとして個別の教育支援計画が位置づけられれば，校内関係者であれば，いつでも簡単に子供情報を記録し，蓄積した子供情報を活用したチーム学校としての教育支援連携ができるようになる。また，ICT活用により，担任教師等が抱える個別の教育支援計画に関する問題を見える化し，情報共有されれば，問題解決に向けた実践研究が進み，内容の充実やシステム開発の促進が期待できる。個別の教育支援計画はまさに，子供の自立と社会参画を目指した教育支援連携関係者のためのICT情報共有ツール（教育支援プラットフォーム）となる。

　では個別の教育支援計画がICT情報共有ツールになった先に問われるのは何か？それは教育支援者の専門性であろう。子供の実態をどう把握するのか？本人や保護者の願いの真意をどのように聴き取るのか？目の前の子供に必要な学習・教育支援は何なのか？どのように連携するのか？というように，教育支援者には，専門的知識や指導技術が求められる。例えば，教師に求められる資質能力は，教育者としての使命感，人間の成長・発達についての深い理解，幼児・児童・生徒に対する教育的愛情，教科や特別支援教育に関する科学的データに基づく専門的知識，広く豊かな教養，これらを基盤とした実践的な指導力等といえるだろう。

　やがてAIが発達し，AIロボットから「Aさんの個別の教育支援計画はこれです」と提示されるようになったとしても，子供の教育支援連携を実際に実践

するのは，教育支援連携関係者であり，教育支援者である「あなた」である。さぁ今日から，自分自身の専門性を益々高められるよう研鑽し，子供たちの自立と社会参画を目指す使命感を持って，共に教育支援連携していこう！

注）「個別の指導計画」とは，「個別の教育支援計画」を踏まえながら，教育課程における目標や指導内容，指導方法等を具体化するために作成するものである。単元や教科，学期ごと等に応じて作成し，定期的に指導の成果を評価しながら，指導の進め方についてその都度見直していく。個別の指導計画の作成と活用によって，指導と評価を重ね，個々の児童生徒への適切な指導の充実を図る。

補足　インクルーシブ教育と交流及び共同学習

　文部科学省(2012)は，インクルーシブ教育の具現策の一つとして，「交流及び共同学習」を推進している。1994年の改正障害者基本法(第4条)は，「交流教育」という呼称を「交流及び共同学習」に改め，法的な規定を示した。文部科学省(2019)によれば，「交流及び共同学習は，相互の触れ合いを通じて豊かな人間性を育むことを目的とする交流の側面と，教科等のねらいの達成を目的とする共同学習の側面があり，この二つの側面を分かちがたいものとして捉え，推進していく必要」がある。とくに，障害のある児童生徒が自らの居住地の通常の学校と「交流及び共同学習」を行うこと(居住地校交流)が重視されている。ただし，居住地校交流の実施状況は，学校段階が上がると共に乏しくなる傾向があり，一層の充実が求められている(表1，2)。近年，居住地校交流を発展させた取り組みとして，特別支援学校に在籍する児童生徒が，地域の通常の学校に副次的な籍を置く取り組みが広がりつつある。寺島・吉井(2020)によれば，「交流籍」(岩手県，岐阜県，浜松市)，「支援籍」(埼玉県，長崎県)，「副学籍」(長野県，横浜市)，「副籍」(東京都)，「ふくせき制度」(福岡市)といった試みがみられる。

表1　通常の学校における「交流及び共同学習」の実施状況　　　(%)

形態＼学校種	小学校	中学校	高等学校
学校間交流	16	18	26
居住地校交流	37	23	4
特別支援学級との交流*	81	80	−(設置なし)
障害のある人の交流	40	29	21

　注)　「特別支援学級との交流」の回答には，特別支援学級が設置されていない小学校(17%)，中学校(17%)が含まれる。調査は2017年3月時点。
　出典)　文部科学省(2017)p.12より引用

表2　特別支援学校における「交流及び共同学習」の実施状況　　　(%)

形態＼学校種	学校数					幼児児童生徒				
	全　体	幼稚部	小学部	中学部	高等部	全　体	幼稚部	小学部	中学部	高等部
学校間交流	91.5	76.9	90.0	82.2	73.9	68.8	68.7	81.9	76.0	56.7
居住地校交流	76.6	38.5	86.1	60.0	1.7	12.4	15.6	31.0	12.2	0.4

　注)　調査は2016年10月時点
　出典)　国立特別支援教育総合研究所(2018)

引用・参考文献

◆1章

荒川 勇(1974). 聾教育史　梅根悟監修　世界教育史体系 33 障害児教育史　第 2 章　講談社

e-Stat　政府統計(2017). 学校基本調査　昭和 27 年度, 昭和 35 年度

福沢諭吉(2013). 西洋事情　初編(初版 1866)　福沢諭吉著作集 7　常葉書房

加藤康昭(1974). 日本盲人社会史研究　未来社

河合 康(1990). イギリス特殊教育に対する「1980 年教育改革法」の影響　上越教育大学紀要, *10*(1), 153-167.

岸 博美(2019). 視覚障害教育の源流をたどる　京都盲唖院モノがたり　明石書店

京都府立盲学校(2022). 資料室
　　　http://www.kyoto-be.ne.jp/mou-s/gakkou/siryousitsu/1page.html

文部省(1978). 学制百年史　ぎょうせい

文部省(1992). 学制百二十年史　第六節　特殊教育　ぎょうせい
　　　https://www.mext.go.jp/b_menu/hakusho/html/others/detail/1318248.htm (最終閲覧 2022/6/24)

文部科学省(2004). 小・中学校における LD(学習障害), ADHD(注意欠陥/多動性障害), 高機能自閉症の児童生徒への教育支援体制の整備のためのガイドライン(試案)

中野善達・加藤康昭(1967). わが国特殊教育の成立　東峰書房

精神薄弱問題史研究会(1988). 人物でつづる障害児教育史(日本編)　日本科学社

津曲裕次(2002). 石井亮一　シリーズ福祉に生きる 51　大空社

全米リハビリテーション協会(The National Rehabilitation Association) ホームページ(national-rehab.org)

社会福祉法人滝乃川学園　https://www.takinogawagakuen.jp

The Warnock Report(1978) Special Educational Needs. London : Her Majesty's Office 1978.
　　　http://www.educationengland.org.uk/documents/warnock/warnock1978.html

WHO(2001). ICF-CY, Children & Youth Version, WHO Library Cataloguing-in-Publication Data, p.17.

◆2章

中央教育審議会(2021).「令和の日本型学校教育」の構築を目指して～全ての子供たちの可能性を引き出す, 個別最適な学びと, 協働的な学びの実現～(答申)」(中教審第 228 号)

文部省(1992). 学制百二十年史　ぎょうせい

文部科学省(2003). 今後の特別支援教育の在り方について(最終報告)　初等中等教育局特別支援教育課

文部科学省(2018). 障害に応じた通級による指導の手引　解説と Q&A　改訂第 3. 海文堂出版

文部科学省(2021). 障害のある子供の教育支援の手引き～子供たち一人一人の教育的ニーズを

　　　踏まえた学びの充実に向けて〜　初等中等教育局特別支援教育課

文部科学省(2022 a)．令和3年度学校基本調査報告書［初等中等教育機関・専修学校・各種学校編］　ブルーホップ

文部科学省(2022 b)．令和3年度特別支援学校教員の特別支援学校教諭等免許状保有状況等調査結果の概要

文部科学省(2022 c)．特別支援教育を担う教師の養成の在り方等に関する検討会議報告　特別支援教育を担う教師の養成の在り方等に関する検討会議

文部科学省(2022 d)．特別支援教育に関する調査の結果(通級による指導実施状況調査，学校における医療的ケアに関する実態調査)

文部科学省(2022 e)．通常の学級に在籍する特別な教育的支援を必要とする児童生徒に関する調査結果について

文部科学省(2022 f)．特別支援教育資料(令和3年度)　初等中等教育局特別支援教育課

衆議院(2004)．「憲法と国際法(特に，人権の国際的保障)」に関する基礎的資料，最高法規としての憲法のあり方に関する調査小委員会(平成16年4月22日の参考資料)　憲法調査会事務局

参議院(2006)．第164回国会　参議院文教科学委員会　第8号　平成18年4月18日会議録

◆3章

新井英靖(2016)．アクション・リサーチでつくるインクルーシブ授業　ミネルヴァ書房

新井英靖(2022)．特別支援教育のアクティブ・ラーニングとカリキュラム開発に関する実践研究　福村出版

新井英靖・茨城大学教育学部附属特別支援学校(2022)．発達障害・知的障害「自立活動」の授業づくり—指導課題・教材開発・指導案づくり　明治図書

国立特別支援教育総合研究所(2014)．共に学び合うインクルーシブ教育システム構築に向けた児童生徒への配慮・指導事例集—小・中学校で学習している障害のある児童生徒の12事例　ジアース教育新社

文部科学省(2017)．「特別支援学校教育要領・学習指導要領解説」　自立活動編(幼稚部・小学部・中学部)　平成30年3月版

湯浅恭正・新井英靖(2018)．インクルーシブ授業の国際比較研究　福村出版

◆4章

川上佳奈・重永多恵・角原佳介・高下心輔・仲矢明孝(2023予定)．知的障害特別支援学校における自立活動の個別の指導計画作成に関わるチームによる検討の在り方　岡山大学教師教育開発センター紀要第13号

北川貴章・安藤隆男(編著)(2019)．自立活動の指導のデザインと展開　ジアース教育新社

文部科学省(1991)．特殊教育諸学校小学部・中学部・高等部学習指導要領解説—養護学校(精神薄弱教育)編—　東洋館出版社

文部科学省(2000)．盲学校，聾学校，及び養護学校学習指導要領(平成11年3月)解説—自立活動編—　海文堂出版

文部科学省(2009)．特別支援学校学習指導要領解説自立活動編　海文堂出版

文部科学省(2018 a)．特別支援学校幼稚部教育要領・特別支援学校小学部・中学部学習指導要領　海文堂出版

文部科学省(2018 b)．特別支援学校教育要領・学習指導要領解説自立活動編　開隆堂出版
文部科学省(2018 c)．小学校学習指導要領　東洋館出版社
文部科学省(2018 d)．小学校学習指導要領解説　東洋館出版社
岡山県総合教育センター(2019)．　自立活動ハンドブック─知的障害のある児童生徒の指導の
　　ために─Ver. 2.
全国特別支援学校知的障害教育校長会(2018)．知的障害特別支援学校の自立活動の指導　ジ
　　アース教育新社

◆5章

青柳まゆみ・鳥山由子(編)（2020)．新・視覚障害教育入門　ジ・アース教育新社
香川邦生(1974)．視覚障害その教育と福祉　ミネルヴァ書房　pp. 98-109.
香川邦生(2013)．障害のある子どもの認知と動作の基礎支援─手による観察と操作的活動を中
　　心に─　教育出版
香川邦生(編)(2016)．視覚障害教育に携わる方のために　慶應義塾大学出版会
小枝達也(1998)．ヒトの視覚の発達と発達心理学　*BME, 12,* 89-94.
文部科学省(2017)．特別支援学校幼稚部教育要領・小学部・中学部学習指導要領
文部科学省(2020)．点字教科書編集資料
　　https : //www.mext.go.jp/a_menu/shotou/tokubetu/material/1402966_00001.htm（2022 年
　　9 月 14 日参照）
日本視覚障害者団体連合.視覚障害者に関する諸問題
　　http ://nichimou.org/impaired-vision/preface/（2022 年 9 月 14 日参照）

◆6章

我妻敏博(2011)．改訂版　聴覚障害児の言語指導～実践のための基礎知識～　田研出版
井坂行男(2016)．第 4 章　日本型インクルーシブ教育システムの構築　村田翼夫・上田 学・
　　岩槻知也(編著)　日本の教育をどうデザインするか　東信堂
上福井彩・井坂行男(2016)．聴覚特別支援学校における一貫性のある教育の現状と課題　特殊
　　教育学研究, *54 (1),* 11-21.
厚生労働省難聴児の早期支援に向けた保健・医療・福祉・教育の連携プロジェクト(2019)．難
　　聴児の早期支援に向けた保健・医療・福祉・教育の連携プロジェクト　報告
　　https : //www.mhlw.go.jp/content/12200000/000517014.pdf
文部科学省中央教育審議会初等中等教育分科会特別支援教育のあり方に関する特別委員会
　　(2012)．共生社会の形成に向けたインクルーシブ教育システム構築のための特別支援教育
　　の推進(報告)
　　http ://www.mext.go.jp/b_menu/shingi/chukyo/chukyo3/044/attach/1321669.htm
文部科学省中央教育審議会初等中等教育分科会特別支援教育のあり方に関する特別委員会
　　(2012)．合理的配慮等環境整備検討ワーキンググループ報告
　　https : //www.mext.go.jp/b_menu/shingi/chukyo/chukyo3/046/houkoku/1316181.htm
文部科学省(2020)．聴覚障害教育の手引　言語に関する指導の充実を目指して
　　https : //www.mext.go.jp/content/20200324-mxt_tokubetu02-100002897_003.pdf
文部科学省初等中等教育局特別支援教育課(2021)．特別支援教育資料(令和 2 年度)
　　https : //www.mext.go.jp/a_menu/shotou/tokubetu/material/1406456_00009.htm

内閣府障害者施策(2012)．障がい者制度改革推進本部
　　　http：//www 8.cao.go.jp/shougai/suishin/kaikaku/kaikaku.html
中野善達・根本匡文(編著)(2008)．改訂版　聴覚障害教育の基本と実際　田研出版
日本学生支援機構(2021)．「令和3年度(2021年度)大学，短期大学及び高等専門学校における
　　　障害のある学生の修学支援に関する実態調査」結果の概要等について
　　　https：//www.jasso.go.jp/statistics/gakusei_shogai_syugaku/__icsFiles/
　　　afieldfile/2022/08/17/2021_press.pdf
日本聴覚医学会　原晃監修　山岨達也・岡本牧人編集委員(2020)．聴覚検査の実際(改訂4版)
　　　南山堂
岡本途也監修(2003)．補聴器コンサルタント手引(第6版)　リオン
大鹿　綾・渡部杏菜・濱田豊彦(2019)．「特別支援教育制度開始以降の発達障害の可能性のある
　　　聴覚特別支援学校在籍児に関する研究　過去10年の全国聴覚特別支援学校調査の動向」
　　　聴覚言語障害，*48(2)*，91-105
聴覚障害者教育福祉協会・聴覚障害乳幼児教育相談研究委員会(2019)．聴覚障害乳幼児の教育
　　　相談指導の現状と課題─特別支援学校(聴覚)乳幼児教育相談の専門性を高め安定的運営が
　　　できるようにするために─
　　　http：//choukaku.com/file/2018 houkokusho1.pdf
脇中起余子(2009)．聴覚障害教育　これまでとこれから　コミュニケーション論争・9歳の
　　　壁・障害認識を中心に　北大路書房
四日市章監修・聾教育実践研究会(編著)(2012)．はじめの一歩─聾学校の授業─　聾教育研
　　　究会
四日市章・鄭　仁豪・澤　隆史・ハリー・クノールス・マーク・マーシャーク(編集)(2018)．聴
　　　覚障害児の学習と指導─発達と心理学的基礎─　明石書店

◆7章

AAIDD(2010)．*Intellectual disabilities : Definition, classification, and systems of supports.* 11 th ed.
　　　Wasington, DC : Author.（太田俊彦・金子　健・原　仁・湯汲英史・沼田千好子(共訳)
　　　(2012)．知的障害─定義，分類および支援体系　日本発達福祉連盟）
APA(2013)．*Diagnostic and statistical manual of mental disorders.* 5 th ed. : DSM-5.（日本精神
　　　神経学会日本語版用語監修　高橋三郎・大野　裕(監訳)(2014)．DSM-5　精神疾患の分類
　　　と診断の手引　医学書院）
AAMR(2002)．*Mental retardation : Definition, classification, and systems of supports.* 10th ed.
　　　Washington, DC : AAMR.（栗田　広・渡辺勧持(訳)(2004)．知的障害─定義，分類およ
　　　び支援体系─(第10版)　日本知的障害福祉連盟）
笠井新一郎・坂井　聡・苅田知則(編)(2021)．特別支援教育免許シリーズ　知的障害教育領域
　　　認知機能・知的機能の困難への対応　建帛社
木舩憲幸・阿部敬信(編)(2021)．特別支援教育における「学びの連続性」の理論と実際─特別
　　　支援教育の推進からインクルーシブ教育の構築へ─　学事出版
厚生労働省(2007)．「平成17年度知的障害児(者)基礎調査：調査の結果」
　　　https：//www.mhlw.go.jp/toukei/list/101-1c.html(2022年5月29日参照)
文部科学省(2013)．特別支援教育資料文部科学省初等中等教育局特別支援教育課
文部科学省(2018 a)．特別支援学校学習指導要領解説　各教科編(小学部・中学部)

文部科学省(2018 b)．特別支援学校教育要領・学習指導要領　総則編(幼稚部・小学部・中学部)

名古屋恒彦(2022)．「各教科等を合わせた指導」と教科の考え方―知的障害教育現場での疑問や懸念にこたえる―　教育出版

勝二博亮(編)(2022)．知的障害児の心理・生理・病理―エビデンスに基づく特別支援教育のために―　北大路書房

梅谷忠勇(2004)．知的障害児の認知と学習―特性理解と援助―　田研出版

WHO(2018)．*International classification of diseases for mortality and morbidity statistics*(ICD-11)． https://icd.who.int/browse 11/l-m/en(2022年9月29日参照)

吉田ゆり(編)(2020)．特別の支援を必要とする多様なこどもの理解―「医教連携」で読み解く発達支援　北大路書房

◆8章

国立特殊教育総合研究所(2004)．21世紀の特殊教育に対応した教育課程の望ましいあり方に関する基礎的研究

国立特別支援教育総合研究所(2016)．小・中学校に在籍する肢体不自由のある児童生徒及び学習状況等に関する調査研究

国立特別支援教育総合研究所(2021)．小・中学校における肢体不自由のある児童生徒への指導及び支援のための地域資源を活用した授業改善に関する研究

国立特殊教育総合研究所(2022)．肢体不自由特別支援学級の指導ガイドブック日々の指導に生かす肢体不自由教育の基礎・基本

黒田吉孝・小松秀茂(共編)(2003)．発達障害の病理と心理　障害児教育シリーズ3　培風館

文部科学省(2003)．今後の特別支援教育の在り方(最終報告)

文部科学省(2021)．小学校等における医療的ケア実施支援資料～医療的ケア児を安心・安全に受け入れるために～

西川公司・川間健之助(2020)．新訂　肢体不自由の教育　放送大学教育振興会

太田正己(2005)．障害児と共につくる学級活動　黎明書房

全国肢体不自由特別支援学校校長会(2020)．令和2年度「児童生徒病因別調査」

◆9章

平賀健太郎(2014)．院内学級のことばの授業　難波博孝・原田大介(編)　特別支援学級と国語教育をつなぐ　ことばの授業づくりハンドブック　溪水社

平賀健太郎(2022)．病弱児への復学支援の実際　山本昌邦・島 治伸・滝川国芳(編)　標準「病弱児の教育」テキスト　改訂版　ジアース教育新社　pp. 151-158.

国立特別支援教育総合研究所(2020)．病弱・身体虚弱　特別支援教育の基礎・基本2020　ジアース教育新社　pp. 212-235.

久保田佳・平賀健太郎(2014)．小学校における病弱教育を対象とした障がい理解教育の実践：1型糖尿病を扱った実践報告　大阪教育大学障害児教育研究紀要，36・37，51-58.

日下奈緒美(2015)．転入生の学習状況を踏まえた指導内容等の調整　丹羽 登(監)　全国特別支援学校病弱教育校長会(編)　病弱教育における各教科等の指導　合理的配慮の観点から各教科等の指導と配慮を考える　ジアース教育新社　pp. 57-62.

副島賢和(2015)．あかはなそえじ先生のひとりじゃないよ　ぼくが院内学級の教師として学ん

だこと　学研教育みらい

◆10章

文部科学省初等中等教育局(2002)．障害のある児童生徒の就学について

文部科学省初等中等教育局(2006)．通級による指導の対象とすることが適当な自閉症者，情緒障害者，学習障害者又は注意欠陥多動性障害者に該当する児童生徒について(通知)

文部科学省初等中等教育局(2009)．「情緒障害者」を対象とする特別支援学級の名称について(通知)

文部科学省初等中等教育局(2013)．障害のある児童生徒等に対する早期からの一貫した支援について(通知)

文部科学省初等中等教育局特別支援教育課(2013)．教育支援資料

文部科学省(2017)．義務教育の段階における普通教育に相当する教育の機会の確保等に関する基本指針

文部科学省初等中等教育局特別支援教育課(2021)．障害のある子供の教育支援の手引～子供たち一人一人の教育的ニーズを踏まえた学びの充実に向けて～

文部科学省(2022)．生徒指導提要

日本精神神経学会日本語版用語監修　髙橋三郎・大野　裕(監訳)(2014)．DSM-5 精神疾患の分類と診断の手引　医学書院

髙木潤野(2021)．臨床家のための場面緘黙改善プログラム　学苑社

◆11章

加藤正子・竹下圭子・大伴　潔(2012)．特別支援教育における構音障害のある子どもの理解と支援　学苑社

菊池良和・福井恵子・長谷川愛(2021)．吃音 Q&A　吃音のエビデンスを知りたい方へ　日本医事新報社

小林宏明・川合紀宗(2013)．特別支援教育における吃音・流暢性障害のある子どもの理解と支援　学苑社

国立特別支援教育総合研究所(2017)．平成 28 年度全国難聴・言語障害学級および通級指導教室実態調査報告書　平成 29 年 9 月

文部科学省(2013 a)．障害のある児童生徒に対する早期からの一貫した支援について(通知)(25 文科初第 756 号初等中等教育局長通知)　平成 25 年 10 月 4 日

文部科学省(2013 b)．教育支援資料　6 言語障害

文部科学省(2016)．学校教育法施行規則第 140 条の規定による特別の教育課程について定める件の一部を改正する告示(初等中等教育局長平成 28 年文部科学省告示第 176 号)　平成 28 年 12 月 9 日

文部科学省(2021)．障害のある子どもの教育支援の手引き　子どもたち一人一人の教育的ニーズを踏まえた学びの充実に向けてについて(通知)(3 文科初第 608 号)　令和 3 年 6 月 30 日

Mansson, H.（2000）．Childhood stuttering : Incidence and development. *Journal of Fluency Disorders, 25*, 47-57.

Newbury, D. F., & Monaco, D. F.（2010）．Genetic Advances in the Study of *Speech and Language Disorders. Neuron, 68*, 311-320.

日本精神神経学会日本語版用語監修　髙橋三郎・大野　裕(監訳)（2014）．DSM-5 精神疾患の
　　分類と診断の手引　医学書院

田中裕美子(2015)．標準言語聴覚障害学　言語発達障害学第 2 版　第 4 章　特異的言語発達障
　　害　医学書院

Tomblin, B. et al.（1997）．Prevalence of specific language impairment in kindergarten children.
　　Journal of Speech and Hearing Research, 40, 1245-1260.

◆12 章

Coyne, P., Ganley, P., Hall, T. E., Meo, G., Murray, E. A., & Gordon, D.（2006）．Applying universal
　　design for learning in the classroom. In D. H. Rose & A. Meyer（Eds.）, *A practical reader in*
　　universal design for learning（pp. 1-13）. Cambridge, MA : Harvard Education Press.

Johnson, E., Mellard, D. F., Fuchs, D., McKnight, M. A.（2006）．Responsiveness to Intervention
　　（RTI）: How to Do It.［RTI Manual］

海津亜希子(2010)．多層指導モデル MIM　読みのアセスメント・指導パッケージ：つまずき
　　のある読みを流暢な読みへ　学研教育みらい

海津亜希子(2019)．LD をどう正確に診断・判断し〈対応〉に結び付けるのか．小貫　悟・村
　　山光子・小笠原哲史(編著)　LD の「定義」を再考する　金子書房　pp. 60-68.

海津亜希子・杉本陽子(2019)．多層指導モデル MIM　アセスメントと連動した効果的な読み
　　の指導　学研教育みらい

片岡美華(2012)．青年期発達障害者のセルフ・アドボカシー・スキル獲得にむけた教育プログ
　　ラム開発：平成 21〜23 年度科学研究費補助金(若手研究(B)研究成果報告書

片岡美華・小島道生(2017)．事例で学ぶ発達障害者のセルフアドボカシー：「合理的配慮」の
　　時代をたくましく生きるための理論と実践　金子書房

Kavkler, M., Magajna, L., Babuder, M. & Lah, S. P.（2010）．Improving school interventions for
　　students with learning difficulties in Slovenia, Paper presented at the ISEC.

小池敏英・雲井未歓(2013)．教室で行う特別支援教育 8 "遊び活用型" 読み書き支援プログラ
　　ム：学習評価と教材作成ソフトに基づく統合的支援の展開　図書文化社

LITALICO ジュニア 学習障害と RTI モデル
　　https : //junior.litalico.jp/about/hattatsu/news/detail/nursing-etc 001/(2022 年 9 月 20 日閲
　　覧)

文部省(1999)．学習障害に対する指導について(報告)

文部科学省(2012)．通常の学級に在籍する発達障害の可能性のある特別な教育的支援を必要と
　　する児童生徒に関する調査結果について

文部科学省(2021)．障害のある子供の教育支援の手引き：子供たち一人一人の教育的ニーズを
　　踏まえた学びの充実に向けて

文部科学省(2022)．通常の学級に在籍する特別な教育的支援を必要とする児童生徒に関する調
　　査結果について

日本精神神経学会(2018)．ICD-11 新病名案　https : //www.jspn.or.jp/uploads/uploads/files/
　　activity/ICD-11 Beta_Name_of_Mental_Disorders％20 List(tentative)20180601.pdf

日本精神神経学会日本語版用語監修　髙橋三郎・大野　裕(監訳)（2014）．DSM-5 精神疾患の
　　分類と診断の手引　医学書院

小笠原哲史(2019)．LD-SKAIP による判断　小貫　悟・村山光子・小笠原哲史(編著)　LD の

「定義」を再考する　金子書房　pp. 133-140.

Research Center for Advanced Science and Technology, The University of Tokyo (2019). DO-IT Japan について　https：//doit-japan.org/about/

滋賀大学キッズカレッジ・窪島 務(編著)(2005).　読み書きの苦手を克服する子どもたち：「学習障害」概念の再構築　文理閣

上野一彦・篁 倫子・海津亜希子(2008).　LDI-R(LD 判断のための調査票)　日本文化科学社

◆13 章

Barkley, R. (1998). *Attention-Deficit-Hyperactivity Disorder : A handbook for diagnosis and treatment*. 2 nd ed. New York : Guilford Press.

Kessler, R., Adler, L., Barkley, R., Biederman, J., Conners, K., Demler, O., Faraone, S., Greenhill, L., Howes, M., Secnik, K., Spencer, T., Ustun, B., Walters, E., & Zaslavsky, A. (2006). The prevalence and correlates of adult ADHD in the United States : results from the National Comorbidity Survey Replication. *The American Journal of Psychiatry, 163*, 716-723.

Minatoya, M., Araki, A., Itoh, S., Yamazaki, K., Kobayashi, S., Miyashita, C., Sasaki, S., & Kishi, R. (2019). Prenatal tobacco exposure and ADHD symptoms at pre-school age : the Hokkaido Study on Environment and Children's Health. *Environmental Health and Preventive Medicine, 24*, 1-9.

中村和彦・大西将史・内山 敏・竹林淳和・二宮貴至・鈴木勝昭・辻井正次・森 則夫(2013).　おとなの ADHD の疫学調査　精神科治療，*28*, 155-162.

日本精神神経学会日本語版用語監修　高橋三郎・大野 裕(監訳)(2014).　DSM-5 精神疾患の分類と診断の手引　医学書院

島田隆史・佐々木司(2008).　AD/HD と遺伝子　精神科，*12*, 262-268.

The MTA Cooperative Group (1999). MTA group : A 14-month randomized clinical trial of treatment strat-egies for attention-deficit/hyperactivity disorder. *Arch Gen Psychiatry, 56*, 1073-1086.

渡部京太(2006).　AD/HD の中長期経過　齋藤万比古・渡部京太(編).　注意欠陥／多動性障害の診断・治療イドライン　じほう　pp. 119-200.

吉益光一(2021).　ADHD の疫学と病態―成人期の特性を中心に―　臨床精神医学，*50*, 317-323.

◆14 章

American Psychiatric Association. (2013). *Diagnostic and Statistical Manual of Mental Disorders Fifth Edition : DSM-5* American Psychiatric Press. (日本精神神経学会日本語版用語監修　高橋三郎・大野 裕(監訳)(2014).　DSM-5 精神疾患の分類と診断の手引　医学書院)

Baron-Cohen, S., Leslie, A. M., & Frith, U. (1985). Does the autistic child have a "theory of mind"? *Cognition, 21*, 37-46.

Bondy, A. & Frost, L. (2011). *A picture's worth : PECS and other visual communication strategies in autism*. Woodbine House. (園山繁樹・竹内康二・門眞一郎(訳) (2020).　自閉症児と絵カードでコミュニケーション―PECS と AAC―第 2 版　二瓶社)

Happé, F., & Frith, U. (2006). The weak coherence account : Detail-focused cognitive style in autism spectrum disorders, *Journal of Autism and Developmental Disorders, 36*, 5-25.

軍司敦子(2019).　自閉症スペクトラム障害の心理学研究の今後　北 洋輔・平田正吾(編)　発

達障害の心理学　福村出版　**pp. 85-93.**

平田正吾(2019)．自閉症スペクトラム障害の心理学研究　北 洋輔・平田正吾(編)　発達障害の心理学　福村出版　**pp. 69-84.**

井手正和(2022)．科学から理解する自閉スペクトラム症の感覚世界　金子書房

森野百合子・海老島健(2021)．ICD-11 における神経発達症群の診断について— ICD-10 との相違点から考える—　精神神経学雑誌，*123*，214-220.

Rieth, S. R., Stahmer, A. C., Suhrheinrich, J., & Schreibman, L.（2015）．Examination of the prevalence of stimulus overselectivity in children with ASD. *Journal of Applied Behavior Analysis, 48*, 71-84.

島宗 理(2019)．応用行動分析学—ヒューマンサービスを改善する行動科学—　新曜社

内山登紀夫(2006)．本当の TEACCH—自分が自分であるために—　学研

梅永雄二(2016)．自閉症スペクトラムのための環境づくり—事例から学ぶ「構造化」ガイドブック—　学研

若杉亜紀・藤野 博(2009)．PECS 指導に伴う音声言語と非言語的コミュニケーション行動の変化　特殊教育学研究，*47*，119-128.

◆15 章

Dewey. J.（1915）．*School and Society*. University of Chicago Press.

Dewey. J.（1916）．*Democracy and Education*. Macmillan Publishing.

特殊教育の改善に関する調査研究会(1975)．重度・重複障害児に対する学校教育の在り方について(報告)文部省初等中等教育局長宛

中田基昭(1984)．重症心身障害児の教育方法　東京大学出版会

大沼直樹(2002)．重度・重複障害児の興味の開発法　明治図書

大沼直樹(2009)．重度・重複障害のある子どもの理解と支援　明治図書

大沼直樹(2013)．［インクルーシブ教育に向けた特別支援教育］ブレないための六原則—悩む若い教師へのメッセージ—　明治図書

◆16 章

母語教育支援センター校等連絡会(2009)．新渡日の外国人児童生徒にかかわる母語教育支援事業実践報告書，平成 21 年(2009 年)　平成 20 年度 3 月

学校における外国人児童生徒等に対する教育支援に関する有識者会議(2016)．学校における外国人児童生徒等に対する教育支援の充実方策について(報告)

金 兌恩(2006)．公立学校における在日韓国・朝鮮人教育の位置に関する社会学的考察：大阪と京都における「民族学級」の事例から　京都社会学年報，*14*，21-41.

金 美善(2009)．変わる移民政策：朝鮮総連系民族学校のバイリンガル教育　国立民族学博物館調査報告，*83*，299-315.

是永かな子(2020)．特別ニーズ教育の観点からの外国の背景のある子どもの支援に関する一考察　高知大学学術研究報告，*69*，59-68.

文部科学省(2021)．外国人児童生徒等教育の現状と課題

文部科学省(2022 a)．「日本語指導が必要な児童生徒の受入状況等に関する調査の概要」(速報)，令和 4 年 3 月

文部科学省(2022 b)．「外国人の子供の就学状況等調査(令和 3 年度)」の結果について

文部科学省外国人児童生徒等の教育の充実に関する有識者会議(2020). 外国人児童生徒等の教育の充実について(報告)
　　https : //www.mext.go.jp/content/20200528-mxt_kyousei 01-000006118-01.pdf(2022 年 9 月 25 日参照)
OECD(2020). International Migration Outlook 2020, Table. 1. Inflows of foreign population into selected OECD countries and Russia.
呉　恵卿(2019). 民族学級における「民族」, その限界と可能性　国際基督教大学学報　I−A 教育研究 = *Educational Studies, 61*, 49−56.
出入国在留管理庁(2022). 令和 3 年末現在における在留外国人数について　令和 4 年 3 月 29 日　報道発表資料
高橋明子(2007). ダブルリミテッドの子どもたちの言語能力を考える　母語・継承語・バイリンガル教育(MHB)研究, *3*, 27−49.
髙栁なな枝(2015). 親子日本語教室の実践―活動を通じた学び―　桜美林言語教育論叢, *11*, pp. 151−164.

◆17 章

厚生労働省(2015). 国民生活基礎調査(貧困率)　よくあるご質問
厚生労働省(2020). 2019 年国民生活基礎調査の概況
国連開発計画(United Nations Development Programme, UNDP)貧困のさまざまな側面：貧困とは
文部科学省(2019). 全国学力・学習状況調査について. 総合教育政策局調査企画課学力調査室
文部科学省(2022). 夜間中学設置応援資料　夜中を全国に！
内閣府(2014). 平成 26 年版子ども・若者白書　日経印刷
内閣府(2017). 子供の貧困に関する新たな指標の開発に向けた調査研究報告書
内閣府(2021). 令和 3 年子供の生活状況調査の分析報告書
日本財団(2018). 家庭の経済格差と子どもの認知能力・非認知能力格差の関係分析―2.5 万人のビッグデータから見えてきたもの
橘木俊詔・浦川邦夫(2007). 日本の貧困と労働に関する実証分析日本労働研究雑誌, *49*(6), 4 −19.
湯澤直美・中西新太郎(編) (2009). 子どもの貧困白書　明石書店
湯澤直美(2015). 子どもの貧困をめぐる政策動向家族社会学研究, *27*(1), 69−77.

◆18 章

国立特殊教育研究所(2021). 地域実践研究　交流及び共同学習の充実に関する研究　独立行政法人国立特殊教育研究所
文部科学省(2017 a). 特別支援学校学習指導要領　文部科学省
文部科学省(2017 b). 小学校学習指導要領　文部科学省
文部科学省(2019). 交流及び共同学習ガイド　文部科学省
文部科学省初等中等教育局特別支援教育課(2021). 交流及び共同学習における国動向と施策特別支援教育　令和 3 年春　No.81　4−9　東洋館出版社
齋藤由美子(2019). 概論　一人一人の学びを大切にすることで共生社会の担い手を育てる交流及び共同学習　月刊実践障害児教育　2019 年 6 月号　10−13　学研教育みらい

齋藤由美子・小澤至賢(2020)．我が国の小・中学校内における交流及び共同学習の展望についての一考察　独立行政法人国立特殊教育研究所研究紀要，*47*，21-38.
全国特別支援教育推進連盟編集(2016)．交流及び共同学習を進めるために　ジアース教育新社

◆19章

中央教育審議会(2005)．特別支援教育を推進するための制度の在り方について(答申)
中央教育審議会(2012)．共生社会の形成に向けたインクルーシブ教育システム構築のための特別支援教育の推進(報告)．初等中等教育分科会
特別支援教育の推進に関する調査協力者会議(2003)．今後の特別支援教育の在り方について(最終報告)
文部科学省(2017)．発達障害を含む障害のある幼児児童生徒に対する教育支援体制整備ガイドライン～発達障害等の可能性の段階から，教育的ニーズに気付き，支え，つなぐために～
文部科学省初等中等教育局特別支援教育課(2017)．平成27年度特別支援学校のセンター的機能の取組に関する状況調査について
文部科学省初等中等教育局特別支援教育課(2018)．平成30年度特別支援教育に関する調査結果について

◆20章

文部科学省(2017 a)．幼稚園教育要領
文部科学省(2017 b)．小学校学習指導要領
文部科学省(2017 c)．中学校学習指導要領
文部科学省(2017 d)．特別支援学校教育要領・学習指導要領(幼稚部・小学部・中学部)
文部科学省(2018)．高等学校学習指導要領
文部科学省(2019)．特別支援学校高等部学習指導要領
新しい時代の特別支援教育の在り方に関する有識者会議(2021)．新しい時代の特別支援教育の在り方に関する有識者会議報告
中央教育審議会(2021)．「令和の日本型学校教育」の構築を目指して～全ての子供たちの可能性を引き出す，個別最適な学びと，協働的な学びの実現～(答申)
文部科学省初等中等教育局特別支援教育課(2021)．障害のある子供の教育支援の手引～子供たち一人一人の教育的ニーズを踏まえた学びの充実に向けて～
文部科学省初等中等教育局特別支援教育課(2021)．個別の教育支援計画の参考様式について(別添1)プロフィールシートと支援シート

◆補　足

文部科学省(2012)．共生社会の形成に向けたインクルーシブ教育システム構築のための特別支援教育の推進(報告)
文部科学省(2017)．障害のある児童生徒との交流及び共同学習等実施状況調査結果
国立特別支援教育総合研究所(2018)．交流及び共同学習の推進に関する研究(平成28～29年度)研究成果報告書
文部科学省(2019)．交流及び共同学習ガイド.
寺島和彦・吉井勘人(2020)．特別支援学校在籍児童生徒の「副次的な学籍」の現状と課題—交流及び共同学習の視点から　教育実践学研究，*25*，265-283.

年表 1　日本の特殊教育・障害児教育史

年	内　容
1872 年	学制公布，小学校の種類に「廃人学校」が記載される
1878 年	京都盲唖院　開設（翌年に京都府立盲唖院と改称）
1880 年	楽善会訓盲院　開設（1887 年に東京盲唖学校と改称）
1886 年	第一次小学校令（疾病，家計貧窮，やむを得ざる事故による就学猶予）
1890 年	長野県松本尋常小学校に落第生学級設置（最初の特別学級） 第二次小学校令（貧窮，疾病，やむをえざる事故による就学猶予・免除） 石川倉次と小西信八により紹介・改良された 6 点点字が正式採用される
1891 年	石井亮一が東京で「孤女学院」（後の滝乃川学園）を創設
1900 年	第三次小学校令（疾病又は発育不完全，貧窮の就学猶予，瘋癲，白痴又は不具廃疾，貧窮の就学免除）
1909 年	脇田良吉が京都に白川学園を創設
1917 年	川田貞治郎が大島に藤倉学園を創設
1920 年	東京で日本聾話学校（私立）が開校
1921 年	柏倉松蔵が東京に「柏学園」を創設（最初の肢体不自由児施設）
1923 年	聾学校及聾唖学校令　公布
1932 年	東京市立光明学校　創設（最初の公立肢体不自由学校）
1940 年	大阪市立思斉学校　創設（最初の公立精神薄弱学校）
1946 年	糸賀一雄が田村一二，池田太郎らと近江学園を開設（精神薄弱施設）
1947 年	児童福祉法（2 月），教育基本法および学校教育法（3 月）の公布
1948 年	盲・聾学校が学年進行で義務制に移行
1954 年	盲学校，聾学校及び養護学校への就学奨励に関する法律　公布
1970 年	心身障害者対策基本法　制定
1979 年	養護学校の義務制実施により重度・重複障害児も公教育の対象に
1987 年	臨時教育審議会第 3 次答申で「いわゆる通級学級」が言及される
1990 年	文部省（当時）が通級学級に関する研究協力者会議を設置
1993 年	通級による指導が制度化される 障害者基本法の制定（1970 年の心身障害者対策基本法を改正）
2001 年	「21 世紀の特殊教育の在り方について」（最終報告）
2002 年	学校教育法の施行令の改正（認定修学制度）により就学手続きの弾力化
2003 年	「今後の特別支援教育の在り方について」（最終報告）
2005 年	「特別支援教育を推進するための在り方について」（答申）　発達障害者支援法の施行
2007 年	学校教育法の改正により特別支援教育が制度化される 日本政府が国連の障害者権利条約に署名する（2014 年に批准・発効）
2013 年	障害者差別解消法の制定（2016 年に施行）

出典）　文部省（1978）『特殊教育百年史』東洋館出版社
精神薄弱問題史研究会編（1988）『人物でつづる障害者教育史』日本文化科学社
認定 NPO 法人 DPI 日本会議公式ホームページ https://www.dpi-japan.org/

年表2　世界の特殊教育・障害児教育史

年	内　　容
1750年代	フランスの「ろう学校」でフランス手話が用いられる
1825年	フランスの盲学校でルイ・ブライユが6点点字を考案
1839年	エドワード・セガンが米国で世界初の知的障害児の学校を開校
1900年	初版の国際疾病分類（ICD）がWHOで承認される
1902年	英国の小児科医スティル（Still, G. F.）が「多動で落ち着きのない子供」を報告（ADHDの初期概念）
1905年	フランスでビネー（Binet, A.）とシモン（Simon, Th.）が異常児の知的水準に関する診断方法を発表
1914年	第一次世界大戦（～1918年）による負傷兵や障害者の急増により整形外科とリハビリテーション医学が発展
1916年	米国のターマン（Terman, L. M.）がビネー・シモン知能検査を改訂し、スタンフォード・ビネー知能検査を発表
1939年	第二次世界大戦（～1915年）の期間中：ドイツのナチス政権が障害者を虐殺（ホロコースト）、英国で障害者雇用法の制定（1944）
1943年	児童精神科医レオ・カナーが米国で「早期幼児自閉症」を報告
1944年	英国政府の要請でグッドマン（Guttmann, L.）医師が脊損の治療センター病院でリハビリテーション・スポーツの競技大会を開催
1949年	ウェクスラー（Wechsler, D.）が初版のWISC（知能検査）を発表
1960年	第1回パラリンピック大会（夏季）がイタリアのローマで開催される
1963年	米国で心理学者サミュエル・カークが学習障害を報告
1969年	S.B. ニーリエが知的障害者の施設に対してノーマライゼーションを提唱
1971年	国連「精神遅滞者の権利に関する宣言」の決議
1973年	米国でリハビリテーション法の制定（504条項による差別禁止と社会参加）
1975年	米国で全障害児教育法（PL 94-142）の制定
1976年	パラリンピック冬季大会が初めて開催される（スウェーデン）
1978年	英国のウォーノック報告で特別な教育的ニーズの概念が提起される
1981年	国連の「国際障害者年」で完全参加と平等を目指す
1983年	国連「障害者の10年：完全参加と平等」（1983～92年）
1989年	国連「児童の権利に関する条約」制定
1990年	WHOが「国際疾病分類第10版（ICD-10）」発表
1992年	AAMRの精神遅滞・定義・分類・支援システム第9版
1994年	ユネスコ「特別なニーズ教育に関するサラマンカ声明と行動大綱」
1995年	英国で障害者差別禁止法（DDA）の制定
2001年	WHOが「国際生活機能分類（ICF）」で新しい障害概念を発表
2006年	国連で障害者権利条約が採択される（2008年発効）
2010年	英国で平等法（障害者・年齢・人種・宗教・信条・性別・性的指向・性適合、婚姻等による直接・間接差別の禁止）の制定

注）　AAMR＝American Association on Mental Retardation（アメリカ精神遅滞学会）
APA＝American Psychiatric Association（アメリカ精神科学会）
ICD＝International Classification of Diseases（国際疾病分類）
WHO＝World Health Organization（世界保健機構）

索　引

編著者紹介

吉 利 宗 久
よし　とし　むね　ひさ

岡山大学学術研究院教育学域教授　博士(学校教育学)

主要著書

アメリカ合衆国におけるインクルージョンの
　　支援システムと教育的対応(単著, 渓水社)
共生社会の時代の特別支援教育　第 1 巻
　　新しい特別支援教育(共編著, ぎょうせい)
新しい特別支援教育のかたち──
　　インクルーシブ教育の実現に向けて(共編著, 培風館)

千 賀 愛
せん　が　あい

北海道教育大学札幌校准教授　博士(教育学)

主要著書

デューイ教育学と特別な教育的配慮のパラダイム
　　　　　　　　(単著, 風間書房)
特別ニーズ教育と国際情勢　主要国における動向
　　　　　　　　(分担執筆, 文理閣)
ドイツのインクルーシブ教育と障害児者の余暇・スポーツ:
　　移民・難民を含む多様性に対する学校と地域の挑戦
　　　　　　　　　　　　(共著, 明石書店)

© 吉利宗久・千賀 愛 2023

2023 年 3 月 10 日　初 版 発 行

特別支援教育・
インクルーシブ教育のかたち

編著者　吉 利 宗 久
　　　　千 賀 　 愛
発行者　山 本 　 格

発 行 所　株式
会社　培 風 館
東京都千代田区九段南 4-3-12・郵便番号102-8260
電 話(03)3262-5256(代表)・振 替 00140-7-44725

港北メディアサービス・牧 製本
PRINTED IN JAPAN

ISBN978-4-563-05260-7 C3037